Hier schmeckt es uns!

Hier schmeckt es uns!

Schöne Restaurants und
Gasthöfe in Südwestsachsen

Chemnitz | Zwickauer Land
Vogtland | Erzgebirge | Mittelsachsen

Chemnitzer Verlag

Inhalt

Symbole:

 Terrasse, Freisitz oder Biergarten

 behindertenfreundlicher Zu- oder Aufgang

 Sehenswürdigkeiten in der Umgebung des Restaurants

 Parkmöglichkeit

 ausgewähltes Weinsortiment

Chemnitz

Zwickauer Land

Vogtland

Erzgebirge

Mittelsachsen

Vorwort

Es gibt hunderte Gaststätten in Chemnitz, im Zwickauer Land, im Vogtland, im Erzgebirge und in Mittelsachsen. Die einen bestechen vor allem durch eine exzellente Küche und erfindungsreiche Kreationen, andere durch ihre originelle Atmosphäre, alle sind sie darauf bedacht, ihren Gästen angenehme Stunden zu bereiten.

100 Restaurantempfehlungen in diesem Buch sollen den Leserinnen und Lesern die Qual der Wahl nach der richtigen Gaststätte erleichtern. Gourmet-Restaurants sind eben so vertreten wie gemütliche Bars und kleine Gasthöfe, Häuser in den großen Städten eben so wie Lokale für Ausflügler in die Natur. Gaststätten für Familienfeiern und Hotelrestaurants finden sich eben so wie das kleine Bistro.

Jedes Restaurant stellt sich mit seinen Besonderheiten vor – und als Zugabe verraten die Küchenchefs noch eines ihrer Rezepte. Dies ist also Kochbuch und Restaurantführer in einem.

Natürlich war keine vollständige Aufzählung aller empfehlenswerten Restaurants möglich, wohl aber eine repräsentative Auswahl, die die bunte Vielfalt der gastronomischen Möglichkeit dieser Region zeigt.

Alle Daten – Adressen, Öffnungszeiten, Preise – wurden sorgfältig recherchiert. Dennoch kann der Verlag keine Gewähr übernehmen, ist jedoch für korrigierende und ergänzende Hinweise dankbar.

Und nun wünschen wir viel Spaß beim nächsten Restaurantbesuch – es gibt viel zu entdecken. Einen Vorgeschmack darauf liefert dieses Buch.

Chemnitz

Schloßchemnitz 12 24

20 18
Zentrum
14 22 32 36 38 Sonnenberg 10 Yorkgebiet
30 42 16 28 40
Rottluff
Kaßberg Gablenz

Kapellenberg 44 Lutherviertel

Altchemnitz

Bernsdorf 26 34

Die Zahlen sind identisch mit den Seitenzahlen
der einzelnen Restaurants in diesem Buch und bezeichnen
ihre Lage in dieser Region.

Alexxanders

Chemnitz

Zu den regelmäßig einkehrenden Gästen des Restaurants zählen unter anderem Rotary und Lions Club. Die Küche des Hauses gilt als frisch, leicht, erlesen und schmackhaft. Sie setzt ihren Schwerpunkt auf deutsche sowie von italienischen und asiatischen Einflüssen bestimmte Kochkünste. Die Karte offeriert vor allem eine breite Auswahl an Fisch- und Fleischgerichten und wird häufig durch neue Kreationen bereichert und ergänzt. Doch auch für vegetarische Genüsse und Gaumenfreuden bleibt genügend Raum. Zu den Spezialitäten des Restaurants gehört der im Winter als beliebtes Dessert servierte halbflüssige Schokoladenkuchen.

Die Weine sind erlesen und internationaler Herkunft. Bekannt und berühmt ist das Haus durch seine Show-Koch-Angebote und Kochkurse, bei denen die Künste der Zubereitung schmackhafter Gerichte mit viel Humor vermittelt werden. Etwa zehn Minuten vom Stadtzentrum entfernt, lassen sich Sehenswürdigkeiten wie Chemnitzer Kunstsammlungen, Roter Turm, Karl-Marx-Monument oder das Opernhaus auch auf einem kleinen Verdauungsspaziergang leicht und schnell erreichen. Ebenfalls nicht weit entfernt, bietet der Chemnitzer Zeisigwald mit seinen Wanderrouten ausreichend Gelegenheit, sich in frischer Waldluft zu entspannen und zu erholen.

Das Restaurant wurde 1997 in einem liebevoll sanierten Gründerzeit-Haus eröffnet und liegt auf dem Chemnitzer Sonnenberg. Das Ambiente im Innenbereich wurde zurückhaltend modern gestaltet und setzt mit klaren Linien und warmen Farben auf entspannte Gediegenheit. Die in verschiedene Bereiche unterteilten Räumlichkeiten bieten insgesamt 90 Plätze. Die Sommerterrasse ist mit 40 Sitzgelegenheiten stilvoll ausgestattet.

Duett von Jakobsmuscheln und Riesengarnelen

Zutaten (für 4 Personen)
8 Jakobsmuscheln, 16 Riesengarnelen, 50 g Risotto, 100 ml Brühe, 100 g Parmesan, 80 g Butter, 1 Schale Kirschtomaten, 2 Schalotten, 1 Paprikaschote, 1 Möhre, 20 g Kaiserschoten, 20 g Shitake-Pilze, 1 Bd. Frühlingslauch, Sojasauce, Sesamöl, Sweet Chili-Sauce, Salz, Pfeffer, Knoblauch, Zucker, Zitrone

Zubereitung
Risotto mit Schalotten anschwitzen und mit Brühe aufgießen, al dente kochen, Parmesan und Butter dazu-geben und mehrmals abschmecken. Jakobsmuscheln mit Zitrone, Salz und Pfeffer würzen und anbraten. Die Kirschtomaten halbieren und mit Schalotten in Öl anbraten. Anschließend mit Zucker, Salz, Pfeffer und Knoblauch abschmecken. Garnelen würzen und anbraten. Paprika, Möhre, Kaiserschoten, Shitake-Pilze und Frühlingslauch klein schneiden und in Sesamöl anbraten, anschließend mit asiatischer Sweet Chili-Sauce abschmecken. Die Jakobsmuscheln auf dem Risotto anrichten und die Garnelen jeweils auf den geschmolzenen Tomaten sowie dem Asia-Gemüse. Guten Appetit!

Legende

Restaurant Alexxanders
Ludwig-Kirsch-Straße 9
09130 Chemnitz
Tel.: 0371-4311111
Fax: 0371-4311113
www.alexxanders.de
geöffnet: Mo–Fr 12–14 Uhr, 18–23 Uhr;
Sa/Feiertage 18–23 Uhr
Ruhetag: So
Inhaber: Roland Keilholz
Seit: 1997
Sitzplätze: 90, Terrasse 40
Küche: deutsche Küche mit italienischen und asiatischen Einflüssen, vegetarische Gerichte
Spezialität: Fleisch- und Fischgerichte
Preise: Hauptgerichte von 9–24 €
Reservierung: empfohlen
Tipps: Familien- und Firmenfeiern, Bar, Show-Kochveranstaltungen, Übernachtungen im Boadinghouse
🏛 Museum Gunzenhauser, Kunstsammlungen Chemnitz

*Inhaber und Koch
Roland Keilholz.*

11

An der Schloßmühle

Chemnitz

Im historischen Schlossviertel und am Fuße des Schloßbergs gelegen, reicht die Geschichte des Hauses bis ca. 1710 zurück. Der Fachwerkbau gehörte einst zum Anwesen, an dem die Schloßmühle ihren Mühlstein kreisen ließ. Dieser Historie sieht sich auch das in drei Etagen unterteilte Haus verpflichtet und wartet mit insgesamt 110 Plätzen im Kornboden und in der Mühlstube auf. Ein Treppenlift hilft älteren Menschen, auch in die erste Etage zu gelangen. Im Erdgeschoss findet sich der Mühltisch, dessen Herzstück von einem Mühlstein gebildet wird. Das Ambiente ist ganz nach der Tradition rustikal-urig und gemütlich, Holz und die Verwendung warmer Farbtöne bestimmen das Flair im Innenbereich. Von der 90 Plätze bietenden Terrasse aus blickt der Gast auf den Schloßteichpark, der sich für ausgedehnte Spaziergänge eignet. Die Küche des Hauses versteht sich als gut bürgerlich und

setzt auf saisonale sowie deftige Gerichte von Fisch bis Fleisch. Zu den Spezialitäten zählen Fischgerichte ebenso wie – je nach Saison – die Wildhasenkeule, Karpfenfilet oder die Mühlenpfanne, die eine Kombination von Schweinemedaillons, Rumpsteak, Schweinesteak, Grillwürstchen und Putensteak mit Bratkartoffeln darstellt. In der Zeit von Januar bis Mai laden haustypische Buffetabende zum Schlemmen ein. Durch seine Lage ist das Gasthaus idealer Ausgangspunkt für Freizeit- und Erholungsaktivitäten. Nur einen Katzensprung entfernt befinden sich Schloßbergmuseum, Schloßkirche oder etwa der Küchwald mit der berühmten Chemnitzer Parkeisenbahn sowie das Kosmonautenzentrum. Der in unmittelbarer Nachbarschaft gelegene Schloßteich lässt nicht nur ausgedehnte Spaziergänge, sondern zur Sommerzeit auch längere Gondeltouren zu. (UR)

Seeteufelfilet an Bandnudeln und Zuckerschoten mit feiner Zitronenbuttersauce

Zutaten (für 2 Personen)
400 g Seeteufelfilet, 180 g Bandnudeln, 200 g Zuckerschoten
Sauce: 60 g Butter, 2 Eigelb,
1 Zitrone oder 3 El Zitronensaft,
Schale von unbehandelter Zitrone,
Salz, Pfeffer

Zubereitung

Seeteufelfilet wässern, salzen, pfeffern, leicht mit Mehl bestreuen, in Butter dünsten.
Butter schmelzen, bis sich die Molke absetzt, Schaum abschöpfen. Eigelb, Salz und Zitronensaft verrühren und über Dampf mit Schneebesen schaumig schlagen. Butter unter ständigem Rühren langsam dazu geben und zu einer sämigen Sauce schlagen. Das Volumen der Sauce sollte sich dabei verdoppeln. Mit Salz und Pfeffer abschmecken, mit den Bandnudeln servieren.

Legende

Gasthaus An der Schloßmühle
Schlossberg 3
09113 Chemnitz
Tel.: 0371-3352533
Fax: 0371-3352534
www.gasthaus-schloss muehle.de
geöffnet: Mo–So 11–23 Uhr
Ruhetage: keine
Inhaberin: Marion Weber
Seit: 2001
Sitzplätze: 110, Terrasse 90
Küche: gutbürgerlich
Spezialität: Seeteufelfilet, Wildhasenkeule, saisonal wechselnd
Preise: Hauptgerichte ab 8 €
Reservierung: empfohlen
Tipps: Familien- und Firmenfeiern, Buffet-Abende
🏠 Stadtzentrum, Schönherrfabrik mit ihren Kunst-, Gewerbe-, Wellness- und Theaterangebote, Chemnitzer Kunstsammlungen, Oper, Rathaus, Stadthalle

Inhaberin Marion Weber und Dirk Breitfeld.

Brazil

Chemnitz

Eine farbenfrohe, frisch-fröhliche Einrichtung im Café, Restaurant und Bar „Brazil" und ein Blick in die ausführliche Speisekarte machen schon im Vorfeld Appetit. Das 2004 neu gebaute Gebäude im Innenstadtkomplex hält ein modernes Ambiente über sagenhafte vier Etagen mit blauem Fußboden, grünen Wänden und eindrucksvollen Gemälden von ortsansässigen Künstlern bereit (Dagmar Zemke und Klaus Süß, Teo Richter steuerte noch einen ausgefallenen Kronleuchter bei). Vom Sonnendeck aus hat man einen tollen Blick auf die Stadt. Brasilien ist der Inbegriff heißer Sambarhythmen, sanfter Wellen an der Copacabana, des feurigen Karnevals und Fußballs und Rio de Janeiros. Das Herz dieser Stadt pulsiert nun in der „Stadt der Moderne". Aus dem kleinen Alltagsrefugium spürt man die ausgelassene, karibische Lebensfreude. Genießen Sie das Beste der südamerikanschen, brasilianischen Küche – saftig gegrillte Steaks und die Vielfalt exotischer Cocktails. Eine höchst empfehlenswerte, exotische Köstlichkeit ist der Brasilianische Fleischspieß für zwei Personen vom Grill. Dazu schlürfen Sie Batida, das Natio-

nalgetränk der Brasilianer, Cachaça, Caribbean Drinks, Margaritas, Daiquiris und Caipi-Varianten, die nur so durch die Kehle rinnen. Die Auswahl erscheint schier endlos. Zu den Specials zählt die Cocktail Happy Hour. Täglich von 19 bis 20 Uhr und sonntags 18 bis 21 Uhr kostet jeder Cocktail nur 4,20 Euro, außer Strong Alcoholic Drinks und Champagner-Cocktails. Am Sonntag (10 bis 14.30 Uhr) können Sie jede Woche für 10,95 € Brunch erleben, inklusive Prosecco vom Buffet und einem Glas Orangensaft. Wer trinken will, braucht eine gute Grundlage. Diese schafft ein Auszug aus der abwechslungsreichen Speisekarte – Entradas (Vorspeisen), Sopas (Suppen), Pasta, Krustentiere und Fischgerichte und Carne (Fleisch) usw. Genussmittelliebhaber und Kenner können herrlich duftende exklusive Kaffee-, Espresso- oder Schokoladenspezialitäten, darunter auch Raritäten probieren. Einige der aromatischen „Cafés do Brasil" gibt es auch als „Coffee-to-go"-Angebot zum Mitnehmen. Zigarren und Zigarillos in verschiedenen Geschmacksnuancen können Sie bestellen und an der Bar oder in der Lounge schmauchen. Mindestens einmal im Monat gibt es stimmungsvolle Live-Musik-Events. Für Fans der lässigen Lebensart und Küche des lateinamerikanischen Kontinentes die renommierte Topadresse. Also dann „Até logo" im „Brazil"!

Legende

Restaurant Brazil
Innere Klosterstraße 10
09111 Chemnitz
Tel.: 0371-6660050
www.restaurant-brazil.de
geöffnet: Mo–Do 9–2 Uhr,
Fr/Sa 9–3 Uhr, So 10–1 Uhr,
Ruhetage: keine
Inhaber: Gernot Roßner
und René Bernert
Seit: 2004
Sitzplätze: 130
Küche: brasilianisch,
südamerikanisch, Steak-Karte
Spezialität: brasilianischer
Fleischsspieß vom Grill,
Cocktails, hauseigene Espres-
so-Kreationen, Zigarren
Preise: ab 7,90 €
Reservierung: empfohlen
Tipps: Brunch, Spezialitäten-
Wochen
🏛 Naturkundemuseum,
Rathaus, Roter Turm,
Karl-Marx-Monument sowie
Oper und Kunstsammlungen

☂ 🍷 🚗 ♿

Rumpsteak mit Ofenkartoffel und Kräuter-Crème fraîche, knackiger Salat

Zutaten (für 2 Personen)

400–500 g Rumpsteak mit Fettrand, 2 große Kartoffeln, 1 Becher Saure Sahne, 1 Becher Crème fraîche, ½ kleines Bd. Petersilie, ½ Bd. Schnittlauch, 2 Tomaten, ½ Gurke, ¼ Kopf Eisbergsalat, ¼ Kopf Lollo Rosso, ½ Karotte, ½ Limette, Butterfett, Kräuterbutter, Pfeffer aus der Mühle, Olivenöl, Salz, Zucker, Tabasco, Worcester Sauce

Zubereitung

Kräuter-Crème fraîche: Saure Sahne und Crème fraîche zu gleichen Teilen vermengen und geschnittene Kräuter (Petersilie, Schnittlauch) dazu geben. Mit Salz, Zucker, Worcester-Sauce und einem Schuss Tabasco verfeinern.

Ofenkartoffeln: Backblech mit Backpapier auslegen, den Ofen auf 200 °C vorheizen. Kartoffeln waschen, halbieren (nicht schälen). Kartoffelhälften auf das Blech legen und mit einer Mischung aus Öl, Paprikagewürz, Salz und Zucker bestreichen. Die Kartoffeln bei 200 °C ca. 45 Min. backen. Danach die Kartoffeln aus dem Backofen nehmen und warmstellen. Jetzt den Ofen auf 150 °C einstellen.

Knackiger Salat: Die Karotte schälen und in feine Streifen schneiden. Eisbergsalat in Rauten schneiden und mit den Karottenstreifen vermengen. Mit Olivenöl, Limettensaft, Salz und Zucker marinieren. Salat auf vier Teller anrichten und geschnittene Tomaten und Gurkenscheiben anlegen. Lollo Rosso gründlich waschen und 4 kleine Buketts formen und damit den Salat garnieren.

Rumpsteaks: Steaks in Scheiben zu je 200 g schneiden und mit Pfeffer würzen. Den Fettrand über die gesamte Breite in gleichmäßiger Abständen einritzen. Das Butterfett in einer Pfanne sehr hoch erhitzen. Jetzt die Steaks von allen Seiten kurz scharf anbraten (ca. 30 Sek. pro Seite). Die Steaks aus der Pfanne nehmen und in eine feuerfeste Form oder auf ein Backblech legen. Die Steaks bei 150 °C ca. 8 Min. im Ofen medium garen. Danach die Steaks mit einer Prise Salz von beiden Seiten würzen. Anrichten und die Kräuter-Crème fraîche darüber geben.

Küchenmeister Christian Jungnickel.

DON
Chemnitz

leichte gesunde südländische Küche, stets unter dem Motto „Rund ums Mittelmeer". Vom knackigen Salat über zahlreiche kleinere Snacks, ein großes Pastaangebot und raffinierte Hauptgerichte, wie zum Beispiel Saltimbocca, was in römisch soviel bedeutet wie „Spring in den Mund", ist für jeden Geschmack vom kleinen bis zum großen Hunger oder auch Geldbeutel etwas dabei.

DON ist der Name eines bekannten Restaurants in der drittgrößten Stadt Sachsens. Was die Wenigsten wissen, man leitet den Namen aus der respektvoll zumeist in Verbindung mit Vornamen verwendeten spanischen Bezeichnung für „Herr" ab.

Unter dem Motto „Genuss aus Leidenschaft" empfängt das freundliche junge Team des Hauses seit mittlerweile mehr als 6 Jahren Chemnitzer und Gäste der neuen City in den Rathaus-Passagen.

Die freundliche warme Gestaltung des gesamten Hauses mit ausgeklügeltem Farb- und Lichtkonzept sowie das Vorhandensein von vielen verschiedenen Tischen und Nischen machen das DON unverwechselbar. Ausgiebig im Familienkreis dinieren, Freunde oder Freundinnen auf einen Kaffee oder Cocktail treffen oder auch nur allein im reichhaltigen „Blätterwald" schmökern. Alles das ist oft zeitgleich im DON zu beobachten. Zu dieser Stimmung passend, genießt man die

Ist das DON tagsüber oft Café und Restaurant, verwandelt es sich am späteren Abend zur coolen Location, um den Tag bei einem leckeren Cocktail ausklingen zu lassen. In den Sommermonaten kann man das auch besonders gut auf der großen gemütlichen Sonnenterrasse mit 120 Plätzen direkt auf dem Jakobikirchplatz. Essen ist hier ein kulturelles Ereignis, dem Ruhe und Zeit gewidmet werden sollten. Am Sonntag schlafen Sie deshalb am besten einmal länger aus und gehen danach von 10–14:30 Uhr zum Brunch. Aber auch die restlichen Tage muss niemand Hunger leiden. Montag bis Samstag von 11–14:30 Uhr gibt's Tagespasta oder -salat inklusive Softdrink 0,2 l für nur 6,- € und montags alle Pastagerichte der Speisekarte ab 18 Uhr sogar für nur 5,- €.

Regelmäßige Live-Musikveranstaltungen – jeweils freitags zum Beispiel Jazz-Café in Zusammenarbeit mit dem Chemnitzer Jazzclub – runden das vielfältige Angebot auch kulturell ab.

Saltimbocca von der Hähnchenbrust auf Ratatouillegemüse zu gefüllten (mit Frischkäse) Kartoffeltaschen

Zutaten (für 4 Personen)
4 Hühnerbrüste, 8 Scheiben Parmaschinken, 16 Salbeiblätter, 4 EL Butter, 200 ml Marsala, Salz, schwarzer Pfeffer, 300 g Auberginen, 300 g Zucchini, 300 g rote Paprikaschoten, 100 g Frischkäse, 3 EL Olivenöl, Gewürze, 3 Knoblauchzehen, 100 g Zwiebeln, 200 g Tomaten, 500 g Kartoffeln, 3 Eier, Muskat, Mehl, Kartoffelstärke, Semmelmehl, Rapsöl

Zubereitung
Hähnchenbrust: Die Brusthälften in der Länge halbieren, zwischen zwei Plastikfolien legen und leicht klopfen und danach mit Salz und Pfeffer würzen. Je zwei Salbeiblättchen und eine Scheibe Parmaschinken auflegen und mit Zahnstochern feststecken. Butter in einer beschichteten Pfanne erhitzen und die Schnitzelchen von beiden Seiten goldbraun anbraten. Marsala hinzugeben und auf sehr kleiner Hitze ca. 10 Minuten gar ziehen lassen.
Gemüse: Aus den durchgepressten gekochten Kartoffeln, einem Eigelb, Mehl, Kartoffelstärke und Muskat einen Teig herstellen. Aus kleineren Teigmengen ein

Rechteck ausrollen, etwas Frischkäse darauf geben und eine Tasche formen. Die fertigen Taschen mit Ei und Semmelmehl panieren und ausbacken. Das Ratatouillegemüse auf die Mitte eines Tellers geben und das Saltimbocca darauf legen. Die diagonal geteilten Kartoffeltaschen sternförmig darum verteilen.

Legende

Restaurant Don
Jakobikirchplatz 4
09111 Chemnitz
Tel.: 0371-4009040
www.don-chemnitz.de
geöffnet: So–Do 10–24 Uhr;
Fr, Sa 10–1 Uhr
Brunch So/Feiertage
10–14.30 Uhr
Ruhetage: keine
Inhaber: F & B Restaurant-
gesellschaft mbH
Seit: 2003
Sitzplätze: 150
Küche: mediterran, saisonal,
vegetarische Gerichte
Spezialität: Pasta in vielen
Variationen
Preise: 3–14,50 €
Tipps: Familienfeiern, Bar,
Live-Musik
 Chemnitzer Innenstadt

☂ ❢ ♿

*Kellnerin Carolin Müller
Koch Enrico Lang.*

Exil

Chemnitz

Nur einen Steinwurf vom Chemnitzer Stadtzentrum entfernt und in eine Parklandschaft eingebettet, ist das Exil Bestandteil des Schauspielhauses. Mit 100 Plätzen im Innenbereich ausgestattet, finden noch einmal 100 Gäste Platz auf der Terrasse. Das 2008 eröffnete Domizil für Schauspieler und Theatergäste setzt seine kulinarischen Schwerpunkte auf leichte internationale Küche. So reicht das Speisenangebot von Tortillas über Steaks bis hin zu Pasta. Als Spezialitäten gelten etwa Tortillas mit Räucherlachs, Spaghetti mit Garnelen, Chili und Knoblauch oder das mit Feta gefüllte Schmetterlingssteak vom Schwein. Doch auch Vegetarier kommen hier im Speiseplan nicht zu kurz. Hauptgerichte kosten zwischen 6,20 und 9 Euro. In einem nach Theaterart modern gestalteten und mit vielen Scheinwerfern und Lampen versehenen Ambiente herrschen rote und schwarze Farbtöne vor. Neben Mobiliar aus Holz finden sich auch gemütliche Sofas und Ledersitzecken. Eine lange Bar lädt zu Cocktails wie etwa dem Exilant, einer Mixtur aus Blue Curaçao, Gin, Batida de Coco und Bitter Lemon ein. Die große Glasfront im Innenbereich gestattet einen guten Ausblick auf die Terrasse, die im Sommer auch Kindern Plätze zum Spielen und Jugendlichen eine Tischtennisplatte bietet. Bekannt ist das Haus für seine regelmäßigen Veranstaltungsabende, zu denen Club Royal als skurrile Talent-Show ebenso gehören wie Lesungen oder Jazz-Konzerte. Die Nähe zum Stadtzentrum erlaubt es, in wenigen Minuten zu den Sehenswürdigkeiten wie Rathaus, Roter Turm, Kunstsammlungen, Opernhaus oder Naturkundemuseum im Kulturkaufhaus Tietz zu gelangen. Viele Besucher des Schauspiels nutzen das Haus, um nach den Vorstellungen oder zu Premieren noch etwas zu plauschen oder bis in den Morgen hinein zu feiern. Sonntags lädt das Exil zum Brunch.

Tortilla

Zutaten

Tortilla (Fladenbrot), Räucherlachs, Tomatenwürfel, Gurkenscheiben, Eisbergsalat,
Dressing: Dill, Senf, Honig, Zwiebelwürfel, Petersilie

Zubereitung

Zuerst rührt man das Dressing an. Die Tortilla mit Tomatenwürfeln, Gurkenscheiben und Eisbergsalat auslegen danach das Dressing hinzugeben und mit Räucherlachs belegen.

Die Tortilla zusammenrollen und im vorgeheizten Backofer bei 220 °C für 9 Min. backen

Legende

Café Exil
Zieschestraße 28
09111 Chemnitz
Tel.: 0371-4009024
www.exilcafe.de
geöffnet: Mo–Sa ab 11 Uhr, So ab 10 Uhr
Ruhetage: keine
Inhaber: Nimser & Scholz GbR
Seit: 2008
Sitzplätze: 100, Terrasse 100
Küche: international, vegetarische Gerichte
Spezialität: Tortillas, Cocktails
Preise: ab 6,20 €
Reservierung: empfohlen
Tipps: Familien- und Firmenfeiern, Bar, Konzerte, Show-Abende, Talent-Shows, Brunch, Schauspieler-Treffs
🏠 Stadtzentrum, Rathaus, Roter Turm, Kunstsammlungen, Opernhaus, Naturkundemuseum im Kulturkaufhaus Tietz

Heck-Art

Chemnitz

Die beiden kunstliebenden Besitzer des „Brazil" Gernot Roßner und René Bernert sind auch die Eigentümer des „Heck-Art". Fritz Heckert, Sohn einer Arbeiterfamilie und deutscher Politiker der Vorkriegsära erblickte in Chemnitz das Licht der Welt. Im niedlichen, restaurierten Geburtshaus trifft ein Teil der lebendigen Chemnitzer Kunstszene aufeinander. Chemnitzer Kunstschaffende gestalteten und wirkten am geschmackvollen Ambiente mit. Die Räumlichkeiten mit insgesamt 80 Sitzplätzen verteilen sich auf zwei Etagen. Im Erdgeschoß sitzt man auf Holzbänken und -stühlen und bewundert die gläserne Tischplatte mit interessanten Steinen darin. Im ersten Stock links verzieren weiße Ornamente die gelben Wände neben blauen Fensterrähmchen. Braune Bodenfliesen und Bänke sowie ein Riesenweinregal, gefüllt mit erlesenen Weinen, runden den schönen Eindruck ab. Etwas eng geht es hier auf jeden Fall zu, aber das schafft ja bekanntlich auch Gemütlichkeit.

Auch ein dritter Raum rechtsseitig mit dunklen, ästhetischen Verwischungen steht noch zur Verfügung. Das „Heck-Art" verwöhnt Sie an Wochenenden und Feiertagen von 11 bis 16 Uhr mit einem preiswerten, reichhaltigen Frühstücksangebot. Insbesondere das Geburtstagsfrühstück oder das Frühstück für Verliebte stoßen auf große, positive Resonanz. Zum Vergnügen tragen außerdem die wöchentlich wechselnden Gerichte der Mittagskarte zum Preis von 5,90 Euro bei. Eine Mittagspause ist genau richtig zum Abspannen. Mediterrane und regionale Küche stehen auf dem Programm. Die Speisekarte wechselt monatlich nach dem Jahreszeitenkalender. Einen reizvollen Auftakt oder einen romantischen Ausklang liefert das 3-Gänge-Opernmenü zum Preis von 19,50 Euro pro Person. Wie ein musikalisches Gesamtwerk ist auch die Speisenfolge arrangiert. Die langsame Ouvertüre besteht aus Tomatensüppchen verfeinert mit Sahne und Basilikum. Den brillanten Hauptteil bildet die Hähnchenbrust mit Salbei, Serranoschinken und Gemüse-Fettuccine. Und das glanzvolle Opernfinale nach dem letzten Akt bevor der Vorhang fällt, beinhaltet Nougat-Tiramisu auf Zwergorangen-Kompott. Für Familienfeiern oder Geschäftsessen empfiehlt sich das all inklusive 4-Gänge-Menü, welches Sie ab zehn Personen bestellen können. Finden Sie Restaurant und Café – Galerie, Kunst und Ausstellung vereint im kleinen Häuschen, das nicht nur architektonisch ein Genuss ist. Sehenswürdigkeiten in der Nähe, die Sie bestaunen können, sind das Karl-Marx-Monument, das Opernhaus und die Städtischen Kunstsammlungen.

Zubereitung

In die Fische quer, vom Rücken zum Bauch, auf jeder Seite 4 feine Einschnitte machen. In jeden Schnitt ein Salbeiblatt stecken. Den geöffneten Bauch leicht pfeffern und salzen und mit je einem Rosmarinzweig und einer dünnen Zitronenscheibe auslegen.

Legende

Heck-Art
Mühlenstraße 2
09111 Chemnitz
Tel.: 0371-6946818
Fax: 0371-6762340
www.restaurant-heck-art.de
geöffnet: täglich von
11–23.30 Uhr (Küche)
Ruhetage: keine
Inhaber: Gernot Roßner und
René Bernert
Seit: 2000
Sitzplätze: 50, Morgner-
Zimmer 30
Küche: Frische, saisonale
Produkte, vorwiegend aus der
Chemnitzer Region, bilden die
Grundlage für ein abwechs-
lungsreiches kulinarisches
Angebot, vegetarische
Gerichte.
Spezialität: leichte,
mediterrane Gerichte
Preise: ab 3,50 €
Reservierung: empfohlen
Tipps: Familien- und
Firmenfeiern, Bar, Konzerte,
Galerie im Haus, Brunch,
Schauspieler-Treffs
Kunstsammlungen
Chemnitz, Marx-Monument,
Chemnitzer Innenstadt

Gegrillter Wolfsbarsch mit Kapernspitzpaprika und Basmati-Räucherreis

Zutaten (für 4 Personen)
4 Wolfsbarsche (350–400 g), ausgenommen, nicht geschuppt, 32 Salbeiblätter, 4 Rosmarinzweige, 4 Zitronen, Salz, Pfeffer, Olivenöl

Die Fische auf den vorher mit Öl bestrichenen Grillrost legen. Die Hitze sollte stark, aber nicht übermäßig heiß sein (eventuell Wendegrill). Nach 10–12 Min. Fische wenden und regelmäßig mit etwas Zitronensaft beträufeln.

Küchenchef Lars Herfurth.

Henrics
Chemnitz

Das „henrics" von Namenspatron und Besitzer Henrik Bonesky ist eine stilvolle Kneipe in bester Lage in der Chemnitzer Fußgängerzone. Schick mit modernem Mobiliar eingerichtet sowie klaren Linien und Formen, glänzt das Café-Restaurant nicht nur optisch, auch anderes kann sich sehen lassen. Durch die warme Gestaltung des Innenraumes ist es zu jeder Tageszeit ein gemütlicher Anlaufpunkt. Jedes Komplettfrühstück (ab 4,70 Euro) von der Karte bekommt man wahlweise mit klassischem Bohnenkaffee satt – ohne Aufpreis. Besonders um die Mittagszeit tummeln sich hier gestylte und elegant gekleidete Damen und Herren. Seit 2001 ist das „henrics" ein geschätzter Treffpunkt von Geschäftsleuten bei wichtigen Terminen oder auch zum Arbeiten in Ruhe fernab vom Schreibtisch. Dafür kann an der Bar oder an einem der kleinen Tische und im Sommer auf der Terrasse Platz genommen werde. Es ist WLAN vorhanden. Über die neuesten Geschehnisse aus Wirtschaft, Sport und Politik informieren zahlose Tageszeitungen. Jeder ist willkommen, ob man sich nach einem anstrengenden Einkaufsbummel zu einer kurzen Verschnaufpause hierher zurückzieht und einen Big henrics Milchshake bzw. ein Heißgetränk schlürft oder einen Abend in der Lounge mit Alkoholika und Cocktails ruhig ausklingen lässt. Deutlich wird die Philosophie des Hauses auf der Theaterstraße. Es geht um nette und freundliche Bedienung, die Pflege sozialer Kontakte und Gespräche über Gott und die Welt. Das Angebot ist breit und preislich auf einem ähnlichen Niveau wie in anderen gehobenen Restaurants. Die Karte bietet von kleinen Speisensnacks, Suppen, Salaten bis hin zu üppigen Gerichten eine große Auswahl. Die Küche ist hauptsächlich italienisch, wohl in Anlehnung an die Tatsache, dass aus Bella Italia der Deutschen liebstes „Fremdessen" kommt. Die mediterrane Vielfalt des südeuropäischen Landes spiegelt sich nicht nur in Spaghetti oder Makkaroni mit Tomatensauce wider, sondern in exquisiten Pasta- und Nudelkombinationen. Passenderweise läuft Italoschmusepop von Eros Ramazotti. Zu den leckersten Spezialitäten zählen das argentinische Rinderfiletsteak und die fleischlose Karotten-Ingwer-Suppe. Als süßer Nachtisch empfiehlt sich Häagen Dazs-Eis mit Suchtpotential. Unter http://www.henrics-tagesgericht.de erfahren Sie immer, was es alltäglich zu schlemmen gibt, denn Ruhetage gibt es nicht.

Hähnchenleber mit Kartoffelpürree

Zutaten
gekochte Kartoffeln, Hähnchenleber, Apfel, Zwiebeln, Butter, Sahne, Pfeffer, Salz, Öl

Zubereitung
Die Leber in einer Pfanne mit heißem Öl und den gewürfelten Zwiebeln anbraten, bis sie goldbraun sind. Diese dann mit Sahne ablöschen und leicht köcheln lassen.

In der Zwischenzeit die heißen, gekochten Kartoffeln würzen, Butter und Sahne dazu geben und stampfen. Abschmecken und warm stellen, bis die Leber gar ist. Kurz vor dem Anrichten ein Paar Apfelspalten in die Leber geben, durchmengen und anrichten.

Legende

Restaurant Café Lounge Henrics
Theaterstraße 11
09111 Chemnitz
Tel.: 0371-6664999
www.henrics.net
geöffnet: Mo–Fr 8–24 Uhr, Sa 9–24 Uhr, So/Feiertage 10–24 Uhr
Ruhetage: keine
Inhaber: Henrik Bonesky
Seit: 2001
Sitzplätze: 60
Küche: italienisch, feine deutsche Küche, vegetarische Gerichte
Spezialität: argentinisches Rinderfiletsteak, Karotten-Ingwer-Suppe, Hähnchenleber
Preise: 2–20 €
Tipps: Familien- und Firmenfeiern, Bar
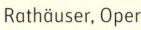 Marx-Monument, Innenstadt, Markthalle, Rathäuser, Oper

Kellnerin Edda Hannemann.

Hispano
Chemnitz

Ganz spanisch soll dem Gast die Welt des Hispano vorkommen. Deshalb setzt das einzige spanische Restaurant von Chemnitz auf südländische Spezialitäten und iberisches Ambiente. In der Nähe des Chemnitzer Stadtkerns angesiedelt, möchte das Haus eine mediterrane Insel sein, die mit landestypischer Küche den Gaumen der Freunde des sonnendurchfluteten Landes kitzeln will. Das Restaurant, das sich am spanischen Einrichtungsstil orientiert, verfügt über 36 Plätze im Gastraum und weitere 30 im Wintergarten, der durch seine Begrünung ganzjähriges Sommergefühl vermittelt. In der Freiluftsaison kann der Gast sich auch auf der Terrasse niederlassen, die mit 32 Sitzplätzen ausgestattet ist. Zum Einstieg in die spanische Küche bietet das Haus eine breite Palette an Tapas. Zu den als Appetithäppchen oder Vorspeisen verstandenen Speisen zählen etwa Oliven, Jamón Serrano, Käse aus La Mancha, hausgebeizter Lachs und gratinierter Ziegenfrischkäse mit Rosmarin und Honig. Für den größeren Appetit offeriert die Karte dann Paellas, also spanische Reispfannen oder Tortillas, die iberische Variante eines Omelettes. Zu den Fleischgerichten gehören Muslo de Pollo, saftige Hähnchenhaxen auf mediterranem Gemüse mit Kartoffeln ebenso wie etwa Pechuga de Pavo, ein marinierter Putenbrustspieß vom Grill, Zucchini und Runzelkartoffeln. Die spanische Küche verfügt natürlich auch über typische Fischgerichte, von denen sich Zarzuela de Pescado, Fischfilet mit Muscheln, Garnelen und Calamar oder auch Salmon a la Hoja, ein Wildlachsfilet mit Orange, Serrano und Champignons auf der Karte wieder finden. Als Desserts werden unter anderem Crema Catalana, mit Rohrzucker gebrannte Eiercreme, oder Torta de almendra, ein Mandelkuchen mit Vanilleeis und Blaubeerensoße serviert. Spanische Weine, Liköre und Sangría Tinto de „Hispano", hausgemacht mit frischen Früchten und Rotwein, gehören zu den Gaumenfreuden der Getränkekarte. Während der Montag der spezielle Haustag für Paellas ist, gehört der Sonntag ganz den Tapas.

Saftige Hähnchenhaxen auf mediterranem Gemüse mit Kartoffeln

Zutaten (für 2 Personen)

600 g Hähnchenhaxen, 500 g Kartoffeln, 1 Zucchini, 1 Karotte, ½ gelbe Paprika, ½ rote Paprika, 100 g Champignons, 2 rote Zwiebeln, 50 g Oliven, 2 Tomaten, ½ Knoblauchknolle, 50 ml Olivenöl, 1 Zweig Thymian, 1 Zweig Rosmarin, 200 ml Fleisch- oder Gemüsebrühe, Salz, Pfeffer

Zubereitung

Die Kartoffeln schälen und in walnussgroße Stücke schneiden. Zucchini und die Karotte putzen und in ca. 5 mm dicke Scheiben schneiden. Restliches Gemüse ebenfalls putzen und in große Stücke schneiden. Die Hähnchenhaxen in einer großen, tiefen Pfanne in dem Olivenöl von allen Seiten anbraten. Die Kartoffelstücke zugeben und goldgelb anbraten. Danach den Knoblauch in feine Scheiben schneiden und ebenfalls goldgelb braten. Jetzt Karotten, Zwiebeln, Champignons, Paprika, Zucchini, Thymian, Rosmarin zugeben und leicht anschwitzen. Alles salzen und pfeffern. Mit der Brühe ablöschen und ca. 15 Min. köcheln. Kurz vor Schluss Tomatenstücke und Oliven zugeben.

Legende

Restaurant Hispano
Straße der Nationen 104
09111 Chemnitz
Tel.: 0371-421799
Fax: 0371-421725
www.hispanochemnitz.de
geöffnet: täglich,
Mo–So 17–24 Uhr
Ruhetage: keine
Geschäftsführer:
Enrico Kreißig
Seit: 2002
Sitzplätze: 66 (Terrasse 32)
Küche: südländisch, spanisch
Spezialität: Fleisch- und
Fischgerichte vom Grill, Tapas
Preise: ab 1,90 €
Reservierung: empfohlen
Tipps: Familien- und
Firmenfeiern, Spezialitäten-
Tage, Bar

Stadtzentrum, Rathaus,
Roter Turm, Kunstsamm-
lungen, Opernhaus, Natur-
kundemuseum im Kultur-
kaufhaus Tietz

Koch Enrico Kreisig.

Korfu

Chemnitz

Seit 2005 pflegt das Korfu griechische Küche und Kultur in den Mauern eines 1713 erbauten und liebevoll restaurierten Hauses in der Nähe der Chemnitzer Lutherkirche. Die nach dem landestypischen Vorbild eingerichtete Gastronomie erstreckt sich auf mehrere Ebenen und setzt in Farbe und Ausstattung auf weiche und warme Töne. Das vorherrschend mit Holz eingefasste Mobilar wird von antik-griechischen Ornamenten verziert. Die in gelber Farbe gestrichenen Wände sind gleichzeitig Präsentationsfläche für Bilder und Teller mit griechischen Motiven vom Altertum bis in die Gegenwart. Bereits im Eingangsbereich begegnen dem Gast die für das alte Griechenland stehenden Säulen. Pflanzen- und Blätterschmuck an Decken und Fenstern vermitteln ein sommerlich-sonniges Gefühl. In Töpfen, Öfen und Pfannen werden die Spezialitäten des Landes der Göttin Athene frisch und mit Liebe zum Detail zubereitet. In der Karte des 140 Plätze bietenden Restaurants finden sich etwa mit Käse überbackener und Metaxa-Soße

verfeinerter Giros oder die im Backofen erhitzten Varianten von Lammfleisch. Griechischer Schafskäse, Kalamari mit Zaziki oder Dolmadakia, mit Hackfleisch gefüllten Weinblätter, sind als kleine Appetithappen jedoch ebenso beliebt, wie die Chefkoch-Spezialitäten Mousaka oder die Spezial-Pfanne, die Rind- und Schweinefleisch offeriert. Für Liebhaber von Fischgerichten sind Seezunge und Seehecht feste Bestandteile der Speisekarte, wie auch Menüs für vier Personen und Gerichte die die Namen griechischer Götter oder Städte tragen. Hauptgerichte liegen hier in der Preisskala von 8,90 bis 14 Euro. Auf der Weinkarte finden sich griechische Klassiker wie Samos, Retsina, Demestica und Rhodos. Bekannt ist das Haus auch für seine griechischen Tanzabende, zu denen nicht selten kleinere Musikensembles die typisch griechischen Klänge liefern. In der sonnigen Zeit des Jahres kann sich der Gast auch im Biergarten von Oktopussalat oder Kaviarcrem den Tag oder Abend verschönen lassen.

Lammfleisch aus dem Backofen

Zutaten (für 2 Personen)

1 Lammkeule, Olivenöl, kleingeschnittene Zwiebeln, Paprika, trockener Rotwein, Tomatenmark, Salz, Pfeffer, Oregano, frischer Knob auch, Rosmarin, Lorbeerblätter, Kartoffeln, grüne Bohnen, Riesenbohnen oder Spaghetti, Käse

Zubereitung

Die Lammkeule gut waschen, trockentupfen und von allen Seiten gut anbraten mit Olivenöl. Dann kleingeschnittene Zwiebeln und Paprika in wenig Olivenöl anschwitzen und zu der Lammkeule geben und noch eine Weile braten lassen. Mit trockenem Rotwein ablöschen. Dann einen EL Tomatenmark, Salz, Pfeffer,

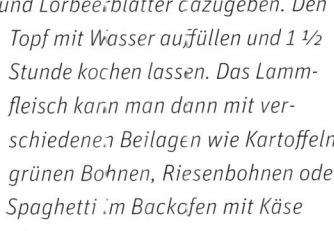

Oregano, frischen Knoblauch, Rosmarin und Lorbeerblätter dazugeben. Den Topf mit Wasser auffüllen und 1 ½ Stunde kochen lassen. Das Lammfleisch kann man dann mit verschiedenen Beilagen wie Kartoffeln, grünen Bohnen, Riesenbohnen oder Spaghetti im Backofen mit Käse überbacken.

Legende

Restaurant Korfu
Zschopauer Straße 169a
09126 Chemnitz
Tel.: 0371-4011092
Fax: 0371-9099492
www.griech-speisen.de
geöffnet: Mo 17.30–24 Uhr
Mi–So/Feiertage 11.30–
14.30 Uhr und 17.30–24 Uhr
Ruhetag: Di
Inhaber: Spiridon Tsolis
Seit: 2005
Sitzplätze: 140
Küche: griechisch
Spezialität: Spezial-Pfanne
Preise: 8,90–14 €
Reservierung: empfohlen
Tipps: Familien- und Firmenfeiern, Bar, Lesungen, Jazz-Abende, Weinabende
 Stadtzentrum, Rathaus, Roter Turm, Kunstsammlungen, Opernhaus, Naturkundemuseum im Kulturkaufhaus Tietz

*Koch und Inhaber
Spiridon Tsolis.*

La Bouchée
Chemnitz

Als ein kleines Stück Frankreich gehört das La bouchée (zu deutsch: Mundhappen, Kleinigkeiten) seit über 10 Jahren in die neue Chemnitzer Innenstadt und ist über die Stadtgrenzen hinaus bekannt. Die französische Küche wird bei den Deutschen immer beliebter und genießt hierzulande auch Dank dieses Lokals einen sehr guten Ruf. Sehr zentral, gleich hinter dem Rathaus liegt diese kleine innerstädtische Oase à la française und verkörpert wunderbar die französische Lebensart. Das Lokal mit seinen 70 Plätzen ist in zwei Bereiche aufgeteilt, den Bistroteil im vorderen Bereich mit Blick auf die belebte Klosterstraße und den etwas zurücksetzten Restaurantbereich. Die Einrichtung ist vom typischen Mobiliar bis zur Dekoration der eines Pariser Bistros nachempfunden. Große Kreidetafeln an den Wänden „erzählen" dabei schon vor dem Blick in die Speisekarte von den zu erwartenden Genüssen. Zum Essen allerdings sollte man sich Zeit nehmen. Die leckeren „Bissen" hastig zu verschlingen,

wäre wahrlich ein Fauxpas. In entspannter Atmosphäre trinkt man beim Frühstück einen Café au lait und lässt sich vom Duft frisch gebackener Croissants und belegter Baguettes zu einem von beidem verführen. Französische Chansons zum Beispiel von Edith Piaf klingen bei all den Leckereien dezent in Ihren Ohren. Die Mittagszeit ist die typische Bistrozeit. Passanten und Geschäftsleute treffen sich zum kleinen oder größeren Snack zwischendurch und können dabei zusätzlich aus täglich wechselnden Mittagsgerichten auswählen. Die leichte internationale Küche überzeugt mit der einen und anderen Raffinesse. Hervorzuheben ist die große Auswahl an schmackhaften Fischgerichten! Saisonal gibt in allen Monaten mir „r", also von September bis April, zusätzlich frische Muscheln, Austern und Krustentiere – außen hart und innen mmmh. Brühwarm auf den Teller kommt die mit Weißwein abgeschmeckte Fischsuppe Bouillabaisse, eine Variante des wohl bekanntesten Klassikers der französischen Küche. Zu allen Gerichten bekommt man selbstverständlich knuspriges Baguette gereicht. Wer nach all den Krustentieren, Spargel- und Matjesvariationen (Saison!) oder aber nach dem Genuss eines Gerichtes der abwechslungsreichen Speisekarte, begleitet von einem leckeren Rot- oder Weißwein, noch Appetit verspürt, sollte sich die leckeren Crêpes- und Dessertkreationen des Hauses nicht entgehen lassen. Und nicht zu vergessen, der hausgebackene Kuchen! Bei schönem Wetter empfängt das junge Team des La bouchée seine Gäste auch auf der stimmungsvollen Terrasse.

Korallenfischfilet in Dijonsenfsauce zu Miesmuscheln, Broccoli und Butterreis

Zutaten (für 4 Personen)
ca. 800 g Korallenfischfilets, ca. 40 Muscheln, ½ l Weißwein, ½ l Wasser, 1 EL Mehl, 1 Eigelb, 80 g Butter, 100g Crème frâiche, 2 EL groben Dijonsenf, Salz, Pfeffer, Lorbeerblatt, Petersilie, 1 Karotte, 1 Sellerieknolle, ½ Lauchstange, 1 Zitrone, 2 Knoblauchzehen, Dill

Zubereitung
Die kreuzweise eingeritzten Fischfilets und die Muscheln in 50 g Butter anbraten. Das kleingewürfelte Gemüse dazugeben und kurz danach mit dem Weißwein ablöschen und mit Wasser aufgießen. Salz, Pfeffer und den Saft einer Zitrone dazugeben. Ca. 10 Min. auf mittlerer Hitze köcheln lassen. Jetzt die Hälfte des Suds abgießen und aufbewahren. Den restlichen Sud mit Fisch und Muscheln in der Zwischenzeit warm halten.

In einem anderen Topf 30 g Butter schmelzen, das Mehl darin anschwitzen, mit dem abgenommenen Sud auffüllen und aufkochen.
Crème frâiche und Eigelb mit dem Dijonsenf in einer Schüssel verquirlen und unter die Sauce rühren (nicht kochen!). Den Broccoli in Röschen zerteilen und kurz in kochendes Salzwasser geben, so dass er noch bissfest ist. Jetzt in Eiswasser abschrecken, damit bleibt er schön grün. Den Broccoli danach in Butter anschwitzen und mit Muskat, Salz und Pfeffer abschmecken. Den Reis kochen, etwas Butter unterheben. Den Fisch – Gemüsetopf und den Reis auf den Tellern anrichten.

Legende

Restaurant La Bouchée
Innere Klosterstraße 9
09111 Chemnitz
Tel.: 0371-6948181
www.la-bouchee.de
geöffnet: Mo–Sa 9–24 Uhr, So 10–24 Uhr
Ruhetage: keine
Inhaber: Thomas Schulze
Seit: 1998
Sitzplätze: 75, Terrasse 50
Küche: internationale Küche mit französischen Einflüssen, vegetarische Gerichte
Spezialität: frische Muscheln und Krustentiere, Crépes
Preise: 3–14,50 €
Tipps: Familienfeiern
🏠 Chemnitzer Innenstadt, Kunstsammlungen, Museum Gunzenhauser, Industriemuseum usw.

Küchenchefin Jana Arnold.

29

Lessing
Chemnitz

Angesiedelt im größten Jugendstil- und Gründerzeit-Viertel von Chemnitz, dem Kaßberg, ist das 2004 eröffnete Haus ein Ort, an dem im Ambiente eine Brücke zwischen Jugendstil und Moderne geschlagen wird. Die warme und gediegene Atmosphäre des in drei Bereiche geteilten Restaurants setzt auf klare Linien, ohne dabei den nötigen Hauch an Gemütlichkeit aus dem Auge zu verlieren. Die hauseigene Bar sowie die separierte Raucher-Lounge ergänzen den liebevoll mit Lehmputz und Stuckelementen restaurierten Hauptbereich. Das in einer ehemaligen Bäckerei beheimatete Restaurant verfügt mit seinem kleinen „Romeo und Julia"-Balkon über einen besonderen Platz für Pärchen, die die romantische Zweisamkeit lieben. Serviert werden Gerichte aus regionaler bis internationaler Küche. Speisen von Indien bis Italien oder von Europa bis zur Karibik bestimmen die häufig wechselnde Karte. So finden sich neben Taco auch deutsche Gerichte wie Roulade. Eine der Hausspezialitäten ist Zander mit Kartoffelkruste, der zu Spätzle und Schwarzwurzel aufgetragen wird. Beherrscht wird die kulinarische Landschaft jedoch von leichter, exotischer und gesunder Kochkunst, die auch für Vegetarier einige Leckerbissen bereithält. Mittags wartet das Haus mit einer Extra-Karte auf. Hauptgerichte liegen in der Preisskala zwischen 5 und 15 Euro. Die üppige Weinkarte birgt Rebenerzeugnisse aus aller Welt, die zu thematischen Veranstaltungen wie etwa den Käse-Wein-Abenden als Grundlage für Gaumenfreuden dienen. Das 60 Gäste fassende Restaurant, dessen Sommerterrasse weiteren 25 Besuchern Platz bietet, liegt in einem Chemnitzer Stadtteil, in dem Schriftsteller Stefan Heym oder „Brücke"-Künstler wie Karl Schmidt-Rottluff beheimatet waren. Spaziergänge durch das Gründerzeit- und Jugendstilviertel sind von hier aus ebenso möglich, wie etwa ein Bummel zum gut 20 Fuß-Minuten entfernten Stadtzentrum. Verweilen lässt sich jedoch auch. Beispielsweise freitags in der JazzLounge oder in regelmäßigen Abständen bei Lesungen.

Zander mit Kartoffelkruste, Spätzle und Schwarzwurzeln

Zutaten (für 2 Personen)
2 Zanderfilets, 1 große Kartoffel, Reibekäse, Kräuter, Pfeffer, Salz, Spätzle, Schwarzwurzel, Petersilie, Butter

Zubereitung
Den Zander würzen und braten, mit geriebener Kartoffel, Käse und den Kräutern belegen und überbacken. Die Spätzle zubereiten und in Butter schwenken. Die Schwarzwurzel blanchieren und kurz in der Pfanne anbraten.

Legende

Restaurant Lessing
Franz-Mehring-Str. 10
09112 Chemnitz
Tel.: 0371-6513822
www.lessing-restaurant.de
geöffnet: Di–Do 11–0 Uhr,
Fr 11–1 Uhr, Sa 17–1 Uhr,
So 10–23 Uhr
Ruhetag: Mo
Inhaber: Ronny Herklotz
Seit: 2004
Sitzplätze: 60 (Terrasse 25)
Küche: regional, international
Spezialität: Zander mit
Kartoffelkruste
Preise: 5–15 €
Reservierung: empfohlen
Tipps: Familien- und Firmen-
feiern, Lesungen, Jazz-Abende,
Weinabende, Brunch, Bar
⌂ Gründerzeit- und Jugend-
stilviertel

Koch Tom Uhlmann.

Opera
Chemnitz

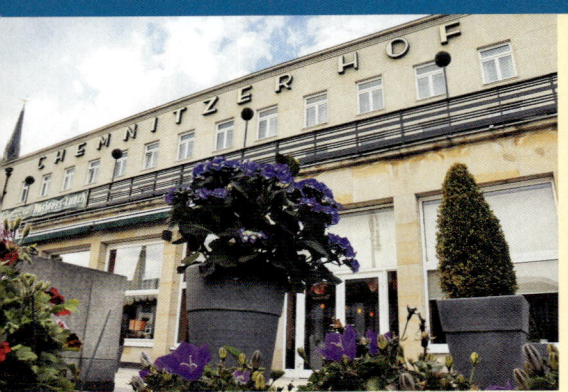

Das in unmittelbarer Nachbarschaft zu Opernhaus und den Chemnitzer Kunstsammlungen gelegene Restaurant ist Bestandteil des Günnewig Hotels Chemnitzer Hof. Das seit 1930 bestehende traditionsreiche Haus fühlt sich seiner Historie verbunden und setzt deshalb auf klassisches Ambiente in elegantem Stil. Messing, Holz und Glas bestimmen den in warmen Farben gestalteten Gastraum, der im Februar 2009 eine neue innenarchitektonische Gestaltung erhielt. Von den Fenstern des Restaurants aus, in dem regionale und mediterran leichte Küche miteinander kombiniert werden, lässt sich direkt auf den von Opernhaus, Kunstsammlungen und Sankt Petri-Kirche eingefassten Chemnitzer Theaterplatz blicken. Die Terrasse bietet zudem die Möglichkeit, bei Freiluftaufführungen einen sehr guten Platz mit hervorragender Sicht auf das Geschehen zu haben. Die Karte ist reich an erlesenen Speisen, als Spezialität des Hauses gilt Chateaubriand mit Sauce Bearnaise, also einer speziellen Zubereitungsform von Rinderfilets. Die Hauptspeisen kosten zwischen 12 und 25 Euro.

Auf der üppigen Weinkarte kann der Gast zwischen 120 verschiedenen Sorten wählen. Freitags wartet das Haus mit einem „Dinner for two" und sonntags mit einem speziellen Familienmenü auf. Wochentags versteht sich das mit 80 Plätzen ausgestattete Restaurant zugleich als Business-Lounge. Als einer der ersten Adressen für Künstler und Prominente ist das Haus zudem Gastgeber der Swing-Gala im Frühjahr, Rotary- und Lions-Club-Mitglieder treffen sich ebenfalls unter diesem Dach. Vom Restaurant aus, das sich im Zentrum von Chemnitz befindet, lassen sich Sehenswürdigkeiten wie der Rote Turm und das Rathaus ebenso gut und schnell erreichen wie der zur Entspannung und zum Gondeln gut geeignete Park um den Chemnitzer Schloßteich. Natürlich gehören die Kunstsammlungen und das Opernhaus durch ihre unmittelbare Nähe zum Restaurant zu den Einrichtungen, die innerhalb einer guten Minute erreichbar sind. Doch auch das Naturkundemuseum oder das Museum Gunzenhauser sind mit einem 15 Minuten-Spaziergang leicht zu besuchen.

Rinderfiletbraten „Chateaubriand" mit Sauce Bearnaise

Zutaten (für 4 Personen)
900 g Rinderfilet (Mittelstück), Salz, grober Pfeffer, 2 EL ÖL, 1 geschnitte
Zwiebel, ½ Bd. Petersilie, 1 MSP Salz, 2 Lorbeerblätter, 100 ml Weisswein,
1 Stengel Estragon ohne Blätter, 2 Eigelb, Estragon, Petersilie, Kerbel,
2 fingerdicke Scheiben Brot

Zubereitung
Das Rinderfilet mit Salz und grobem Pfeffer würzen und in einer schweren Pfanne im ÖL rundum braun anbraten. Dann im vorgeheizten Ofen bei 140 ºC ca 30 Min. backen lassen (Kerntemperatur ca 55 ºC). Dann in Alufolie 10 Min. ruhen lassen. Aus der Zwiebel, Petersilie, Salz, Lorbeerblättern, Weisswein und Estragon einen Fond ziehen, halb herunterköcheln und durch ein feines Sieb giessen. Diese Reduktion mit 2 Eigelb verrühren. Dann ca. 250 ml flüssige Butter (ca. 50 ºC) mit dem Pürierstab oder Schneebesen hineinschlagen. Mit Salz und Weissweinessig oder Zitronensaft abschmecken. Mit gehacktem Estragon, Petersilie und Kerbel abrunden. Die fingerdicken Scheiben Brot entrinden und in der Pfanne goldbraun rösten. Das „Chateau" auf dem gerösteten Brotsockel anrichten, Beilagen und Gemüse nach Wahl (z. B. Kroketten, Waldpilze und Speckbohnen) dazu anrichten und mit Kräutersträußchen garnieren. Dazu die Sauce reichen. Wir empfehlen dazu einen Rotwein und wünschen guten Appetit.

Legende

Opera Restaurant und
Lounge Günnewig
Hotel Chemnitzer Hof
Theaterplatz 4
09111 Chemnitz
Tel.: 0371-6840
Fax: 0371-6762587
www.guennewig.de
geöffnet: So–Do 11.30–23
Uhr, Fr/Sa 11.30–24 Uhr
Ruhetage: keine
Hotelchef: Udo
Leichsenring
Seit: 1930
Sitzplätze: 80, Terrasse 90
Küche: erlesen
Spezialität: Chateaubriand
mit Sauce Bearnaise
Preise: 12–25 €
Reservierung: empfohlen
Tipps: Konzerte, Tanzbälle,
Swing-Gala, Brunch, Familien-und Firmenfeiern
 Roter Turm, Rathaus,
Kunstsammlungen, Opernhaus, Gondeln im Chemnitzer
Schloßteich

Küchenchef Mario Öhlmann.

Richter
Chemnitz

Das im November 2000 eröffnete Restaurant ist rund drei Kilometer vom Chemnitzer Stadtzentrum entfernt und befindet sich in einem liebevoll sanierten alten und in gelber Farbe leuchtenden Wohnhaus. In unmittelbarer Nachbarschaft steht das ebenfalls von der Familie Richter betriebene Feinkostgeschäft, aus dem die Zutaten für die Küche des Restaurants kommen. Das in klassischer Weise geführte und gestaltete Haus bietet 36 Plätze und pflegt in Stil und Ambiente die warme und gediegene Form der Gastlichkeit. Die Kombination von roten, grünen und weißen Farben harmoniert mit dem vor allem aus Holz gefertigten Tischen und Stühlen. Kunsthandwerk und raffiniert arrangierte Ausstattungsstücke verleihen dem Gastraum eine leicht romantisch anmutende Note und schaffen eine angenehme Atmosphäre. In den zu einem Raum kombinierbaren zwei Veranstaltungsräumen des Hauses finden nochmals rund 50 Gäste ihren Platz. So, wie der Herr des Hauses im Feinkostbereich über die Auswahl der Spezialitäten wacht, wacht er auch im Restaurant über die kulinarische Qualität der Gerichte. Die Küche orientiert sich an internationaler Vielfalt und versteht sich als frisch, fein und leicht. So finden sich in der Karte Zanderfilet auf Tomaten-Spinat-Sugo mit Buttermilchschaum und Gnocchis als Hauptgericht ebenso wieder, wie Rhabarber-Quark-Strudel mit marinierten Erdbeeren und hausgemachtem Rahm-Eis als Dessert. Als eine der Spezialitäten des Hauses gilt Kaninchenkeule aus dem Rieslingsud mit Frühlingsgemüse, Morcheln und Bio-Kartoffeln. Hauptspeisen kosten zwischen 6 und 22 Euro. Im Keller des Hauses lagert eine rund 70 verschiedene Tropfen umfassende Auswahl an Weinen. Diese Spezialitäten werden auch im kleinen, etwa 25 Personen fassenden Biergarten des Hauses serviert, dessen Mobiliar so grün wie der Frosch ist, der im Gartenteich sein Domizil hat. Als Besonderheit des Restaurants gelten die sonntägliche Kochkurse. Nach telefonischer Anmeldung kann jeder Teilnehmer unter Anleitung des Restaurant-Chefkochs ein 3-Gänge-Gourmet-Menü selbst zaubern.

Kaninchenkeule aus dem Rieslingsud mit Frühlingsgemüse, Morcheln und Bio-Kartoffeln

Zutaten (für 2 Personen)
2 Kaninchenkeulen (à ca. 250 g),
1 EL Öl, Salz, Pfeffer, 1 kleine Zwiebel,
½ Karotte, 60 g Knollensellerie,
1 TL Pimentkörner, 1 TL Schwarze
Pfefferkörner, 2 Lorbeerblätter, 2 Knoblauchzehen, 2 Scheiben Ingwer, 6 Wachholderbeeren, 200 ml trockener Riesling, 400 ml Kalbsfond, 60 ml Sahne,
1 TL Speisestärke, 1 EL Butter
Gemüse: Blumenkohl, Karotte, Erbsen,
Bohnen, Brokkoli, Spargel, Morcheln,
1 TL Butter, Salz, Pfeffer und frisch
geriebene Muskatnuss

Zubereitung
*Die Kaninchenkeulen salzen, pfeffern
und im Öl bei mittlerer Hitze rundherum hellbraun anbraten und aus der
Schmorpfanne nehmen. Das Bratgemüse zuckerwürfelgroß schneiden und im
Bratfett kurz anrösten. Mit dem Ries-*
*ling ablöschen und die Flüssigkeit
fast vollständig einkochen lassen. Nun
mit dem Kalbsfond auffüllen, die
Kaninchenkeulen dazu legen und zugedeckt bei kleiner Hitze ca. 1,5 Std. gar
ziehen lassen. Nach ca. 1 Std. die Gewürze zugeben. Die fertigen Keulen
aus dem Schmorfond nehmen, den
Fond durch ein feines Sieb gießen, um
die Hälfte einreduzieren lassen, dann
die Sahne zugeben und diesen Fond
mit der im kalten Wasser glatt gerührten Stärke binden. Die Butter mit einem
Zauberstab untermixen und die Soße
mit Salz, Pfeffer und Cayennepfeffer
abschmecken. Die Keulen in der Soße
bis zum Anrichten warm halten.
Das Gemüse putzen und in die gewünschte Größe schneiden, nach und
nach in Salzwasser bissfest blanchieren. Butter in einer Pfanne erhitzen,
darin das Gemüse mit etwas Gemüsefond anschwenken und würzen. Bio-
Kartoffeln dazu reichen.*

*Koch und Inhaber
Stefan Richter.*

SCALA

Chemnitz

Das 2008 neu eröffnete Restaurant ist Bestandteil des Hotels an der Oper. Das Haus wurde in den 1960er Jahren zunächst als Studentenheim erbaut, später jedoch in das Hotel Moskau umstrukturiert. Der Gastraum des im Stadtzentrum von Chemnitz gelegenen Lokals bietet einen Blick auf den direkt gegenüber liegenden Theaterplatz, an dem die Kunstsammlungen und die Oper stehen. Serviert wird hier eine Auswahl an Speisen, die sich an der neuen deutschen Küche mit mediterranen Einflüssen orientiert. Das Ambiente ist von klaren geometrischen Linien und einer Mischung aus warmen und pastellfarben bis dunklen Tönen bestimmt. Die Einrichtung setzt auf eine gediegene Kombination von Holz und Leder und vermengt dabei gekonnt moderne Raumausstattung mit dem nötigen Maß an Gemütlichkeit. Als Besonderheit des Hauses gilt die gläsern-transparent angelegte Küche, die dem Gast direkten Einblick in das kulinarische Schaffen der von frischen und saisonalen Zutaten beeinflussten Gastronomie gibt. Zu den Spezialitäten des mit 80 Plätzen ausgestatteten Restaurants gehört Bratkartoffelsalat mit Garnelenspießen. Hauptgerichte liegen im Preissegment zwischen 10 und 23 Euro. Auf der Weinkarte finden sich vor allem Reben-Erzeugnisse aus Ländern wie Deutschland, Österreich, Spanien und Italien. Bemerkenswert ist die mit 110 verschiedenen Abfüllungen aufwartende Auswahl an Whiskys. Die zentrale Lage gestattet Einrichtungen und bedeutende Sehenswürdigkeiten wie etwa Kunstsammlungen, Oper, Roter Turm oder Naturkundemuseum und Stadthalle in kurzer Zeit auch zu Fuß zu erreichen. Ebenso lässt sich von hier aus ein Stadtbummel beginnen oder der nicht weit entfernte Park um den Schlossteich leicht erschließen. Ausflüge zu Naturkundemuseum, Esche-Villa oder dem Museum Gunzenhauser stellen von dieser Adresse aus ebenso keinerlei Problem dar. Ab August 2009 steht den Gästen auch eine Sommerterrasse zur Verfügung.

Bratkartoffelsalat
mit Sate von Garnelen

Zutaten (für 2 Portionen)
Bratkartoffelsalat: ca. 500 g festkochende Kartoffeln mit Schale gekocht, ½ rote Zwiebel, 6 rote Kirschtomaten, ¼ gelbe Paprika, ¼ Salatgurke, eine kleines Bd. Rucola
Senfhonigdressing: 1 EL mittelscharfen Senf, 2 EL Honig, 1 Zweig frischer Thymian, 2 Tassen Pflanzenöl (Raps oder Sonnenblume), 1 Tasse Apfelsaft, 3 EL heller Balsamico-Essig, Salz, Zucker, frisch gemahlener Pfeffer, Sate von Garnelen
Garnelen: 8 (große!) Garnelen, ¼ Ananas, 2 Holzspieße

Zubereitung
Bratkartoffelsalat: Die gekochten Kartoffeln halbieren und in einer Pfanne bei mittlerer Hitze goldgelb braten und mit etwas Salz würzen. Währenddessen den Paprika in feine Würfel schneiden, die Gurke schälen, das Kerngehäuse entfernen und ebenfalls in feine Würfel schneiden. Die Zwiebel würfeln und mit hinzugeben. Zuletzt den gewaschen und getrockneten Rucola dazugeben und alles mit reichlich Salatdressing vermengen und die gebratenen Kartoffeln dazugeben und alles gut miteinander vermengen.
Senfhonigdressing: Senf, Honig und den Essig in einem möglichst hohen Gefäß miteinander vermengen. Den Thymian vom Zweig befreien, fein hacken und unterheben. Öl und Apfelsaft miteinander vermengen und langsam mit einem Zauberstab unter das Senf-Honig-Gemisch mixen und zu einer homogenen Flüssigkeit aufziehen. Mit Salz, Zucker und etwas Pfeffer abschmecken.
Die Garnelen putzen und vom Darm befreien und würzen. Die Ananas in die Größe der Garnelen schneiden. Beides anschließend abwechselnd auf den Spieß stecken. Die Spieße in einer Pfanne bei anfangs starker Hitze von allen Seiten ca. 1–2 Min. braten. Fertig!

Legende

Restaurant Scala
Hotel an der Oper
Straße der Nationen 56
09111 Chemnitz
Tel.: 0371-6810
www.hoteloper-chemnitz.de
geöffnet: tägl. 11.30–14 Uhr, 17.30–22.30 Uhr
Ruhetage: keine
Geschäftsführer:
Alexander Riehn
Seit: 2008
Sitzplätze: 80
Küche: deutsch und mediterran
Spezialität: Bratkartoffelsalat mit Garnelenspieß
Preise: 10–23 €
Reservierung: empfohlen
Tipps: Familien- und Firmenfeiern, Themenabende, Bar, große Whisky-Auswahl
🏛 Museum Gunzenhauser, Villa Esche

Küchenchef Rocco Wolter.

Schalom

Chemnitz

In Sichtweite zu Opernhaus und Chemnitzer Kunst-sammlungen wird im Schalom (Friede) die koschere israelisch-jüdische Küche gepflegt. Das heißt zugleich, dass das Restaurant den jüdisch-religiös begründeten und hohen Anforderungen an eine koschere Gastronomie genügen muss. Damit wird selbst orthodox lebenden jüdischen Gästen garantiert, dass nur streng kontrollierte, hochwertige und koschere Produkte Eingang in die Speise- und Getränkekarte finden. Die beginnt dort, wo sie in anderen Restaurants schließt, nämlich am Ende. Das begründet sich aus dem Aufbau der hebräischen Schrift, die von links nach rechts gelesen wird. Fremdsprachenkennt-nisse sind jedoch nicht nötig, da alle Angebote in deutscher Sprache abgefasst sind. Zu den Spezialitäten des Hauses zählen „Gefillte Fisch" oder „Latkes" (eine Kartoffelpuffern ähnliche Speise) ebenso, wie die „Gitti" genannten Apfel-spalten sowie „Humus", der aus Kichererbsen und Sesam zubereitet wird. Hauptgerichte kosten zischen 8,50 und 19,50 Euro. In einer kleinen

ehemaligen Senffabrik beheimatet, besteht das Restaurant seit dem Jahr 2000. Es bietet in mediterranem Ambiente Platz für 98 Gäste. Im Sommer wird zudem auf einer Terrasse serviert. Bekannt als Ort für erlesene israelische Weine, ist das Haus aber auch der Geburtsort des ersten sächsischen koscheren Bieres. Das schmackhafte Pilsner trägt den Namen Simcha (Freude). Den von Schalom beabsichtigten Brückenschlag zwischen Deutschland und Israel illustriert nicht zuletzt auch das im Restaurant befindliche Wandbild „Chemnitz-Jerusalem". Als Treffpunkt aller Generationen ist das Haus nicht nur über die Landesgrenzen hinweg für seine Küche, sondern auch für seine musikali-schen Veranstaltungsabende bekannt. Die Yankele Kapelle begann hier ihre Karriere und spielt zu Klezmer-Konzerten auf. Da es sich bei diesem Restaurant um eine jüdische Gastronomie handelt, bleibt das Schalom zur Zeit des Sabbats von Freitagabend bis Samstag-nachmittag geschlossen.

Hähnchengeschnetzeltes in einer Weißwein-Balsamico-Jus mit Basmati-Reis und Radicchiosalat

Zutaten (für 2 Personen)
2 Hähnchenbrustfilets, Erdnuss-Öl zum Braten , 125 g Basmati-Reis, ¼ l Weißwein, ¼ l Balsamico-Essig (weiß), Salz, Chilipulver, gemahler Koriander, einen Kopf Radicchio, Pfeffer aus der Mühle, Balsamico-Essig (dunkel), Olivenöl

Zubereitung

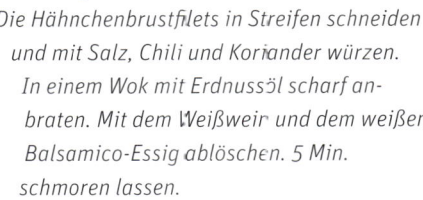

Die Hähnchenbrustfilets in Streifen schneiden und mit Salz, Chili und Koriander würzen. In einem Wok mit Erdnussöl scharf anbraten. Mit dem Weißwein und dem weißen Balsamico-Essig ablöschen. 5 Min. schmoren lassen.

Zwischenzeitlich den Basmati-Reis im Salzwasser garen.

Für den Radicchiosalat selbigen in feine Streifen schneiden; in einer Schüssel mit Salz, etwas Zucker und frisch gemahlenen Pfeffer würzen und mit dunklem Balsamico-Essig und Olivenöl vollenden.

Auf einem großen flachen Teller mit einer kleinen Kelle einen Reisring gestalten. In dessen Mitte das Hähnchengeschnetzelte geben und als äußeren Rand den Radicchiosalat anrichten.

Legende

Restaurant Schalom
Carolastraße 5
09111 Chemnitz
Tel.: 0371-6957769
www.schalom-chemnitz.de
geöffnet: Sa–Do: 17–23 Uhr
Ruhetag: Fr (Sabbat)
Inhaber: GESCHER GmbH
Seit: 2000
Sitzplätze: 98
Küche: koschere (d. h. „im rechten Zustand tauglich") jüdisch-israelische Küche
Spezialität: „Gefillte Fisch", „Latkes"
Preise: 8,50–19,50 €
Reservierung: empfohlen
Tipps: Familien- und Firmenfeiern Lesungen, Live-Musik, Kurse für koschere Küche, Themenabende, erstes sächsisches koscheres Pils
 Sehenswürdigkeiten von Chemnitz

Die Köche Ralf Tröger und Detlef Fischer.

Tillmanns

Chemnitz

Mit Blick auf den Roten Turm und in den Stadthallenpark ist das Restaurant im Herzen von Chemnitz direkter Nachbar der Stadthalle und Bestandteil des Laden-, Gewerbe- und Gastronomiestandortes Terminal 3. Im Jahr 2007 eröffnet, setzt das großzügig und modern gestaltete Haus bei der Ausstattung auf helle und warme Töne. Während im Restaurant Platz für 120 Gäste geboten wird, können auf der Sonnenterasse 100 Besucher die üppig grüne Umgebung des Stadthallenparks genießen. Die internationale Küche offeriert Gerichte von Fisch bis Fleisch, hält aber auch für Vegetarier genügend Angebote bereit. Als Spezialität des Hauses gilt das Rinderfilet im Zucchini-Speckmantel auf Cognacsauce und geröstetem Ciabatta-Sockel. Die Preisskala für Hauptgerichte reicht dabei von 6,50 bis rund 17 Euro. Mediterrane Speisen bestimmen donnerstags zum „Vernasch mich!"-Buffet die kulinarische Landschaft. Ganz auf Bio setzt das Restaurant bei der Auswahl seiner Teesorten. Im Restaurantbereich, der mit Ledersesseln ausgestattet ist, lassen sich die in großer Vielfalt vorhandenen Cocktails in entspannter Atmosphäre trinken. In vierwöchigem Takt ist das Haus freitags Gastgeber für Tanzabende, bei denen Tango, Walzer oder Foxtrott zu den Bewegungsformen sowie zu musikalischen Klängen gehören. Die zentrale Lage ermöglicht es, in wenigen Minuten zu den Sehenswürdigkeiten von Chemnitz wie etwa Rathaus, Roter Turm, Kunstsammlungen oder Oper zu gelangen. Einkaufsbummel oder Spaziergänge im Park am Schlossteich sind vom Restaurant aus ebenfalls einfach zu beginnen. Für Besucher der Veranstaltungen der Chemnitzer Stadthalle ist das Haus ebenfalls eine der ersten Adressen, um sich vor oder nach dem Besuch von Konzerten, Messen oder Ausstellungen den lukullischen Verführungen zu ergeben oder bei einem Glas Wein etwas zu plauschen.

in vier Stück à 200 g portionieren.
Die Zucchini in vier dünne Längs-
streifen schneiden.
Das Rinderfilet mit den Zucchini-
und Speckscheiben umwickeln
und mit Küchenschnur fixieren.
Das Fleisch mit Salz und Pfeffer
würzen und in einer Pfanne mit
Olivenöl beidseitig scharf anbraten,
dann im vorgeheizter Backofen
bei 180 °C 5–6 Min. warmstellen.

Rinderfilet im Zucchini-Speckmantel auf Cognacsauce und geröstetem Ciabatta-Sockel

Zutaten (für 4 Personen)
ca. 800 g Rinderfilet, 1 Zucchini,
8 Scheiben durchwachsener Speck,
8 cl Cognac, 400 ml Sahne, 2 Ciabatta
(italienische Brotsorte), Pfeffer, Salz,
Olivenöl und Kräuter zum garnieren

Zubereitung
Vom Ciabatta werden die Enden
abgeschnitten und in 4 Sockel geteilt.
Das Ciabatta in einer Pfanne mit
Olivenöl goldgelb anrösten.
Das Rinderfilet waschen, trocknen und

In diese Pfanne nun den Cognac
geben und mit 400 ml Sahne aufgießen.
Das Ganze kochen lassen, bis es
sämig wird. Danach mit Salz und
Pfeffer abschmecken.
Auf die vorgewärmten Teller den
Ciabattasockel stellen, Rinderfilet
darauflegen und die Soße über
den Teller ziehen. Mit Kräutern
garnieren. Guten Appetit.

Legende

Café Restaurant Tillmanns
Brückenstraße 17
09111 Chemnitz
Tel./Fax: 0371-3558763
www.tillmanns-chemnitz.de
geöffnet: Mo–Fr ab 11 Uhr
Sa/So/Feiertage ab 10 Uhr
Ruhetage: keine
Inhaber: Tino Eckhold
Seit: 2007
Sitzplätze: 120,Terrasse 100
Küche: international,
mediterran
Spezialität: Rinderfilet im
Zucchini-Speckmantel auf
Cognacsauce
Preise: 6,50–17 €
Reservierung: empfohlen
Tipps: Tanzabende, Bar,
Brunch, Vernasch-mich-Tag
(donnerstags)
 Sehenswürdigkeiten
von Chemnitz

Koch Sebastian Scherf.

41

Turm-Brauhaus

Chemnitz

Das im Stadtzentrum und in unmittelbarer Nachbarschaft zum Chemnitzer Rathaus gelegene Turm-Brauhaus ist gastronomischer Ort für gepflegte Küche und selbst gebraute Biere. Die kupfernen Braukessel integrieren sich in ein Ambiente, das sich in Gestaltung und Einrichtung an Vorbildern des ausgehenden 19. Jahrhunderts orientiert. Auf mehreren Ebenen angelegt, lässt sich hier nicht nur gut speisen, sondern gleichzeitig und hautnah miterleben, wie Bier gebraut wird. Hausabfüllungen wie Turmbräu oder Weizenbier können nicht nur vor Ort getrunken, sondern in spezielle Flaschen abgefüllt und mitgenommen werden. Die gutbürgerliche Küche serviert Bauernente mit Klößen ebenso, wie etwa eine deftige Schweinshaxe vom Grill. Bei Gästen beliebt sind jedoch auch leichtere Speisen wie etwa gegrilltes Gemüse. Bekannt ist das Turm-Brauhaus ebenfalls für sein Treberbrot, das aus Zutaten und Rohstoffen frisch gebacken wird, die im Brauprozess von Bier eine wichtige Rolle spielen. Mit 340 Sitzplätzen innen und 360 auf der Arkaden-Terrasse ist die 2004 eröffnete Gastronomie Treffpunkt für alle Generationen. Der im Haus befindliche Brauclub ist eine feste Adresse für Partyfreunde, wird aber in regelmäßigen Abständen auch für Lesungen, Kabarett und Live-Musik genutzt. Durch die Lage im Zentrum von Chemnitz lassen sich von hier aus Ausflüge zu den Sehenswürdigkeiten der Stadt beginnen. Bekannte Einrichtungen wie etwa die Kunstsammlungen, das Museum Gunzenhauser, das Kulturkaufhaus Tietz mit seinem Naturkundemuseum, die Chemnitzer Oper oder Rathaus, Roter Turm und Chemnitzer Stadthalle sind in wenigen Minuten erreichbar. Einkaufsbummel oder Kinobesuche sind von hier aus ebenso leicht zu realisieren, da das Turm-Brauhaus von vielen großen und kleinen Kaufhäusern und Ladenpassagen umgeben und ein Kino als Nachbar der Gastronomie angesiedelt ist. Einen besonderen Höhepunkt bildet zudem das von Tausenden besuchte Turm-Brauhaus-Fest auf dem Chemnitzer Marktplatz.

Bauernente mit hausgemachtem Rotkohl und Kartoffelklößen

Zutaten (für 2 Personen)

Ente von ca. 2 kg Gewicht, Salz, Pfeffer, Zucker, Wurzelgemüse, Orange, Apfel, ¼ Rotkohlkopf, Spritessig, Nelke, Lorbeer, Piment, Zimt, 1 gewürfelte Zwiebel, Stärke, 500 g Pellkartoffeln, Muskat, Semmelmehl, Butter, Eigelb

Zubereitung

Ente: Fettteile und Bürzel entfernen, auswaschen, mit Salz und Pfeffer würzen. Das Wurzelgemüse in walnussgroße Stücke schneiden sowie die Orange und den Apfel in die Ente füllen. Die gefüllte Ente ca. 40 Min. dämpfen. Den sich bildenden Fond abgießen und bei ca. 200 °C 60 Min. in Heißluft backen; nach und nach angießen.

Rotkohl: äußere welke Blätter sowie den Strunk entfernen, in mittelfeine Streifen schneiden, 24 Std. mit Spritessig, Salz, Zucker, Pfeffer, Nelke, Lorbeer, Piment und Zimt abgedeckt marinieren lassen. In dem entstandenen Entenfett anbraten, eine gewürfelte Zwiebel dazugeben, abdecken, einen Apfel in Spalten dazu geben und bei milder Hitze schmoren lassen, mit etwas Stärke abbinden, abschmecken.

Kartoffelklöße: Pellkartoffeln in Salzwasser kochen und abgießen. 500 g rohe geschälte Kartoffeln feinreiben, mittels Tuches auspressen, den Kartoffelsaft auffangen, kurz ruhen lassen und abgießen (damit die noch benötigte Stärke erhalten bleibt). Pellkartoffeln schälen, durch die Presse treiben, rohe gepresste Kartoffeln dazugeben mit Salz und Muskat würzen, 1 EL Kartoffelstärke sowie 1 Eigelb dazu geben, gut vermengen. Geröstete Weißbrotkrustl in die Klöße geben und formen. Klöße in siedendes Salzwasser aufkochen lassen und ca. 15 Min. ziehen lassen, anschließend in Semmelbutter goldgelb anbraten.

Legende

Turm-Brauhaus
Neumarkt 2
09111 Chemnitz
Tel.: 0371-9095095
Fax: 0371-9095096
www.turmbrauhaus.de
geöffnet: Mo–Do 9–24 Uhr, Fr/Sa 9–2 Uhr, So 9–22 Uhr
Ruhetage: keine
Geschäftsführer: André Donath, Andreas Müller
Seit: 2004
Sitzplätze: 340, Terrasse 360
Küche: gutbürgerlich
Spezialität: hauseigene Brauerei, Destillate, Bäckerei
Preise: Hauptgerichte ab 4,50 €
Reservierung: empfohlen
Tipps: Familien- und Firmenfeiern, Brunch, Brauhaus-Fest, Brau-Club-Disco, Lesungen, Live-Musik, Kabarett, Bar
Museum Gunzenhauser, Kulturkaufhaus Tietz, Naturkundemuseum, Roter Turm, Chemnitzer Oper, Rathaus, Chemnitzer Stadthalle

Küchenchef Carol Sander. Die Hausbrauerei braut Hell- und Kupferbier.

Villa Esche

Chemnitz

Das Restaurant der Villa Esche befindet sich in einem Gebäude, das der belgische Künstler Henry van de Velde entwarf und das zu den bedeutenden europäischen Bauwerken des Jugendstils zählt. Ganz im Geiste dieser Epoche eingerichtet, ist das Restaurant nicht nur Ort für Gastronomie, sondern zugleich Objekt der Zeitgeschichte und Bestandteil einer weltweit bekannten Chemnitzer Sehenswürdigkeit. Die Villa beherbergt gleichzeitig das erste Henry van de Velde-Museum Deutschlands, ist Veranstaltungsort für Konzerte der Sächsischen Mozartgesellschaft und nicht zuletzt auch eine Adresse für Trauungen und Hochzeiten. Unweit des Chemnitzer Stadtparks gelegen, lassen sich hier Kultur, Speisegenuss und Entspannung an einem Ort verbinden. Die Küche des vor den Toren der Stadt erbauten Gebäudes ist gediegen und wurde von Restauranttestern bereits mehrfach empfohlen. Die auf drei Ebenen eingerichtete Gastronomie orientiert sich an internationaler Frische-Küche, lässt mit ihren Gerichten aber auch regionaler Kochkunst genügend Raum. Von der Terrasse kann der Gast auf die ursprüngliche Gartenanlage des Hauses blicken, findet dort bei schönem Wetter ein sommerlich-idyllisches Ambiente vor. Auf der Karte stehen Zanderfilet auf lauwarmem Frühlingslauchsalat, Süßkartoffelsüppchen mit Trüffelbutter und Jacobsmuschel ebenso wie etwa Rindercarpaccio mit Salatspitzen, Parmesanhobel und bestem Olivenöl oder Knuspergarnelen mit Avocado, Ingwer, Koriander und Tamarillovinaigrette. Aus der Liste der Weine lassen sich sächsische Tropfen ebenso wählen, wie Reberzeugnisse aus Italien, Australien oder Frankreich. Als Heimstatt erlesener Speisen vermittelt das Haus über regelmäßige Kochkurse auch Kniffe und Tricks für die private Kunst der Speisenzubereitung am heimischen Herd. Das Publikum ist international und so mancher Tourist nutzt die Villa als Ausgangspunkt zu einem Besuch des Museums Gunzenhauser oder der Kunstsammlungen Chemnitz, die sich von hier aus sowohl gut zu Fuß als auch mit Auto oder öffentlichen Nahverkehrsmitteln erreichen lassen.

Gegrillte Lammfilets mit geschmortem Chicoree und Ricottanocken

Zutaten (für 4 Personen)

Ricottanocken: 250 g Ricotta, 40 g Mehl, 20 g Maisstärke, 1 Vollei, Salz, Pfeffer, Cayennepfeffer, Muskatblüte,
Chicoree: 4 kleinere Chicoree, 70 ml dunkler Balsamessig, Zucker, Thymian, Pfeffer, 50 g Butter
Lamm: 600 g Lammfilets

Zubereitung

Ricottanocken: Alles in einer Schüssel vermengen und mit Hilfe zweier Löffel kleine Nocken in leicht siedendes Salzwasser geben. Die Nocken ca. 5 Min. im Wasser garen.

Chicoree: halbieren und mit der Schnittseite in blonden Karamel legen. Mit Balsamessig ablöschen und Gewürze dazu geben. 50 ml Wasser angießen und im Ofen ca. 15 Min. bei 170 °C garen. Kurz vor dem Anrichten die Butter zum Abbinden des restlichen Fonds hernehmen.

Lammfilets: In einer Grillpfanne bei höchster Hitze 3–5 Min. von allen Seiten gleichmäßig grillen. Alles zusammen anrichten und je nach Laune noch mit etwas flüssiger Butter verfeinern. Guten Appetit!

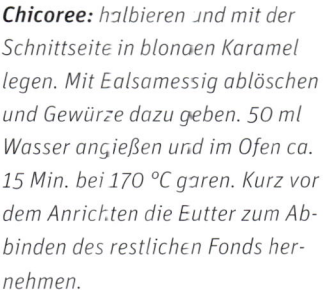

Legende

Restaurant Villa Esche
Parkstraße 58
09120 Chemnitz
Tel.: 0371-2361363
Fax: 0371-2361365
www.restaurant-villaesche.de
geöffnet: Di–Sa 12–24 Uhr
(Küche bis 22 Uhr)
So 12–18 Uhr
Ruhetag: Mo
Inhaber: Falk Heinrich,
André Donath
Seit: 2001
Sitzplätze: 50
Küche: gehobene, internationale Frische-Küche
Spezialität: außergewöhnliche Speisen-Kompositionen
Preise: Hauptgänge ab 12,50 €, Mittagsgerichte wochentags ca. 6 €
Reservierung: empfohlen
Tipps: Familien- und Firmenfeiern, Bar, Kochkurse, Konzerte, Lesungen, Themenabende
🏛 Museum Gunzenhauser, Kunstsammlungen Chemnitz

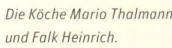

Die Köche Mario Thalmann und Falk Heinrich.

Weitere Restaurants in Chemnitz

Akropolis .... Wilhelm-Külz-Platz, 09113 Chemnitz, Tel. 0371-2378304,
tägl. 11–14.30 Uhr und 17.30–03 Uhr

Restaurant Armenia ...... Frankenberger Straße 276, 09116 Chemnitz, Tel. 0371-4790358,
www.restaurant-armenia.de, Di–Fr 17–24 Uhr, Sa, So 11.30–24 Uhr,
Ruhetag: Montag

Bellini Eiscafé .... Innere Klosterstraße 4, 09111 Chemnitz, Tel. 0371-6957926,
Mo–Sa 10–20 Uhr, So 12–19 Uhr

Café Ankh .... Schönherrstraße 8, 09113 Chemnitz, Tel. 0371-4586949,
www.cafeankh.de, Mo–Fr ab 17 Uhr, Sa ab 16 Uhr, So ab 10 Uhr

City Pub Chemnitz .... Brückenstraße 17, 09111 Chemnitz, Tel. 0371-6664013,
www.city-pub-chemnitz.de, tägl. ab 11 Uhr

delicate .... Brühl 30, 09111 Chemnitz, tel. 0371-2625753,
www.delicate-chemnitz.de, Mo–Sa ab 10 Uhr, So 11–15 Uhr

Diebels Fasskeller .... An der Markthalle 3, 09111 Chemnitz, Tel. 0371-6946994,
www.fasskeller.de, Mo–Sa ab 11 Uhr, So ab 9 Uhr

di franco .... Hainstraße 85, 09130 Chemnitz, Tel. 0371-4059033,
Mo–So ab 18 Uhr

Janssen .... Schloßstraße 12, 09111 Chemnitz, Tel. 0371-4590950,
Café und Restaurant www.janssen-restaurant.de, Mo–Fr 11–1 Uhr, Sa und So 9–1 Uhr

Karls Brauhaus .... Brückenstraße 17, 09111 Chemnitz, Tel. 0371-9093880,
www.karls-brauhaus.de, Mo–Sa ab 11 Uhr, So ab 10 Uhr

La Salsa .... Straße der Nationen, 09113 Chemnitz, Tel. 0371-310277
Di–Do 11.30–14.30 Uhr und 17.30–24 Uhr, Fr/Sa ab 17.30 Uhr,
So 17.30–24 Uhr

Larrys Irish Pub .... Markthalle 1–3, 09111 Chemnitz, Tel. 0371-69455675,
www.larrys-pub.de, tägl. ab 18 Uhr

Ristorante Messina .... Limbacher Straße 24, 09113 Chemnitz, Tel. 0371-3351753

Zwickau und Umgebung

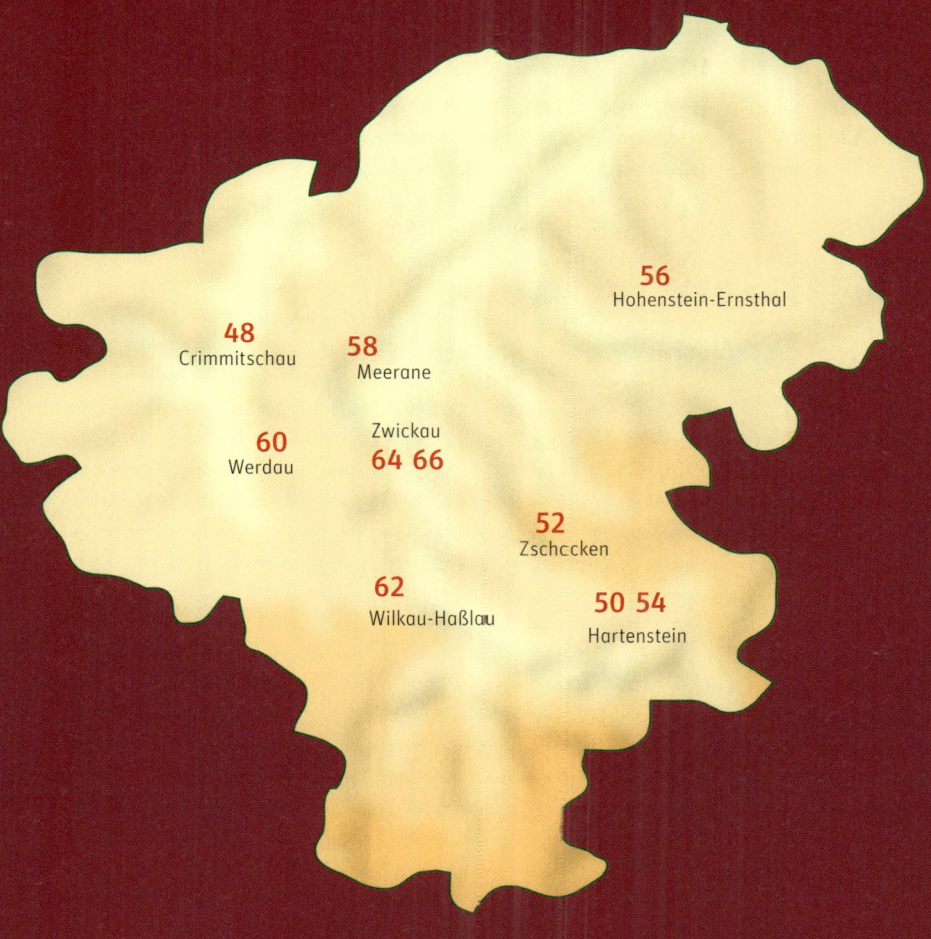

56
Hohenstein-Ernsthal

48
Crimmitschau

58
Meerane

Zwickau

60
Werdau

64 66

52
Zschocken

62
Wilkau-Haßlau

50 54
Hartenstein

Die Zahlen sind identisch mit den Seitenzahlen
der einzelnen Restaurants in diesem Buch und bezeichnen
ihre Lage in dieser Region.

Fürst Bismarck
Crimmitschau

Die Geschichte der „Villa Vier Jahreszeiten" liest sich ein bisschen wie ein modernes Märchen: Auf der früheren „Oberen Königsstraße" am Bismarck-Park über der Pleißenaue erstreckt sich ein Villengebiet, an dessen höchstem Punkt sich der Textilfabrikant Emil Birkner 1903 eine Villa im Stil des Historismus errichten ließ. Nach dem Tod seiner Witwe im Jahr 1954 wohnten dort zunächst Vertriebene und dann – bis 1993 – über 40 Familien, wobei das Haus mehr und mehr herunterkam. Dann folgten Jahre des Leerstandes und des Verfalls, bis im „Milleniums-Jahr" Familie Gabor die Immobilie erwarb. Fast sieben Jahre dauerte die Sanierung, wobei das Haus originalgetreu restauriert wurde.

Im August 2006 eröffnete Cornelia Gabor die Villa „Vier Jahreszeiten" als ein museales Hotel und Restaurant. Wobei „museal" hier nur teilweise wörtlich zu nehmen ist, denn man darf – im Gegensatz zu den meisten Museen dieser Welt – als Gast alles berühren und nutzen, um sich wohl zu fühlen und auch, um sich förmlich zurückversetzen zu lassen in die Zeit des Jugendstils ... aber: Der Küche des Hauses wäre mit dem vorangestellten Attribut böses Unrecht getan. Denn hier ist nun reineweg gar nichts „museal" – im Gegenteil: Die beiden Köche, beide Mitte 20 und gebürtige Sachsen, haben in Süddeutschland, der Schweiz, Österreich und sogar Australien ihre Sporen verdient, bevor sie als Duo in Crimmitschau an den Start gingen. Dort haben sich beide durchwegs dem modernen Kochen verschrieben und zelebrieren einen Stil, der zwar die klassische französische Küche gerade noch so durchschimmern lässt, sonst aber frisch, recht experimentierfreudig und gewandt weltoffen daher kommt.

Peter Frommhold, der sein Handwerk im Münchner „Sheraton" erlernte und ein Jahr „down under" war, ist als Küchenchef auf absolute Marktfrische orientiert und hat so auch seinen „Sous-Chef" David Winkler eingeschworen, der rein gastronomisch in Freiburg/Breisgau groß geworden ist, und die geschmacksintensiven, oft wuchtigen Gerichte aus dem Badischen einbringt.

Der Besuch des Restaurants in der „Beletage" des Hauses, das – in Anlehnung an die Geschichte von Haus und Park – den Namen „Fürst Bismarck" erhielt, ist zwar optisch eine Reise in die deutsche Gründerzeit, aber was auf den Tisch kommt, klingt eher international: Knuspriger Wolfsbarsch auf Safran-Fenchel-Ragout mit Tomaten-Chutney-Ravioli, Rinderfilet „Teriyaki" mit gebratenen Nudeln und glacierten Babygemüse, oder auch Filet und geschmorte Bäckchen vom sächsischen Landschwein an sautierten Pfifferlingen sowie Polenta.

Gefülltes Rumpsteak

Zutaten (für 2 Personen)
360 g Entrecote, Gorgonzolakäse, Paprika, Spinat, Salz, Pfeffer und
Thymian, Möhre, Sellerie, Lauch, Olivenöl

Zubereitung

Dazu füllt Peter Frommhold ein gut abgehangenes, etwa 180 g schweres Filetstück mit einer Mischung aus Gorgonzolakäse, Paprika und Spinat, würzt mit Salz, Pfeffer und Thymian und brät es in Olivenöl rundum knusprig. Innen soll eine rosa Färbung erhalten bleiben. Das fertige Fleisch kommt zusammen mit frischem Marktgemüse, das kurz in Butter geschwenkt und knackig serviert wird, auf einen Teller. Obenauf gibt es dann als Garnitur ein kleines Buquette dünn geschnittener, langer Gemüsestreifen von Möhre, Sellerie und Lauch, die in heißem Fett knusprig frittiert sind.

Legende

**Restaurant Fürst Bismarck
in der Villa Vier Jahreszeiten**
Gabelsbergerstraße 12
08451 Crimmitschau
Tel.: 03762-7598110
www.villa-vierjahreszeiten.de
geöffnet: Mo, Mi, Do, Fr
17–22.30 Uhr, Sa 14–22.30 Uhr,
So 11–20 Uhr
Ruhetag: Di
Inhaberin: Cornelia Gabor
Seit: 2006
Sitzplätze: 40
Stil: großbürgerliches
Ambiente mit Originalmöbeln
der Kaiserzeit
Küche: gehoben, frisch,
weltoffen
Spezialität: Kindergerichte
und vegetarische Speisen
Preise: 11–17,50 €
Reservierung: empfohlen
Tipps: Familien- und Firmenfeiern, saisonbedingtes wechselndes Speisenangebot,
Auswahl von Sächsischen
Weinen, Zigarrenlounge
Deutsches Landwirtschaftsmuseum, Schloss
Blankenhain, Textilmuseum
Crimmitschau

*Die Köche Peter Frommhold
und David Winkler.*

Feengarten

Hartenstein

Von außen sieht das Romantik-Hotel Jagdhaus Waldidyll mit dem Restaurant Feengarten in Hartenstein wie ein Haus aus einem Märchen aus. Innen wartet das feine Restaurant, das etwa 60 Gästen Platz bietet, mit einem liebevoll eingerichteten, traditionellen Ambiente auf. Hier kann man vor allem Speisen aus der deutschen, regionalen und der mediterranen Küche genießen. So weit es möglich ist, werden die Gerichte mit Zutaten aus der Region immer frisch zubereitet. Der Weinkeller birgt einige Überraschungen. Doch der Feengarten bietet etwas für alle Sinne. Zusätzlich zur Mittags- und Abendkarte gibt es in regelmäßigen Ab-

ständen Programme, bei denen der Gast zwischen den Gängen des Menüs mit Gesang, Musik und Kabarett unterhalten wird: Kultur & Kulinaria im Jagdhaus Waldidyll.
Auch für Feiern und Tagungen sind Hotel und Restaurant gerüstet. Besonders für Hochzeiten ist das Haus ideal, das Team um die Inhaberinnen Herta Sellmair und Andrea Krahl lässt an diesem besonderen Tag Träume wahr werden. Für Tagungen stehen vier Räume zur Verfügung, die je nach Bedarf bestuhlt werden. Neben diesen Angeboten gibt es auch einen Wellnessbereich, in dem man sich nach einem anstrengenden Tag verwöhnen lassen kann.

Hasenrückenfilet an Sauce von kanadischen Cranberries an Süßkartoffel-Spitzkohl-Rösti

Zutaten (für 1 Person)
1 Hasenrückenfilet, 120 g Süßkartoffeln, 2 Blätter frischen Spitzkohl, frische Cranberries (Moosbeeren), 20–30 g Salz, Pfeffer, Limonensaft für das G'röstel

Zubereitung

Hasenrückenfilets: parieren, sämtliche Haut (Silberhaut) entfernen. Mit wenig Salz und Pfeffer würzen. Den Kaninchenrücken in die Pfanne geben und kurz braten, wenden. Die Rückenfilets wirklich nur kurz! braten, da sie sonst sehr zäh werden!
Soße: wird traditionell aus den Hasenknochen gekocht. Soße mit Pfeffer, Salz und den Cranberries abschmecken.

Legende

Restaurant Feengarten im Romantik-Hotel Jagdhaus Waldidyll
Talstraße 1
08118 Hartenstein
Tel.: 037605-840
www.romantikhotel-waldidyll.de
geöffnet: tägl. 7–10 Uhr, 11.30–22 Uhr
Ruhetage: keine
Inhaberinnen: Herta Sellmair und Andrea Kahl
Seit: 1997
Sitzplätze: 60
Küche: deutsche, regionale, mediterrane Küche
Spezialität: Ragout vom gebeizten Reh, Lammrücken unter der Lavendelkruste, vegetarische Gerichte
Preise: Hauptgerichte 9,50–17 €
Reservierung: empfohlen
 Schlossruine Hartenstein, Burgmuseum Stein, Bad Schlema, Wanderwege

Küchenchef René Hoffmann.

51

Gutshof Zschocken

Hartenstein

Das Haus wurde 1998 von Familie Gnadt übernommen, die aus der bis dahin betriebenen, wenig spektakulären Großküche für „Essen auf Rädern" ein schmuckes Landhotel machte. Das Restaurant mit einer Gesamtkapazität von 130 Plätzen ist dreigeteilt in Haupt-Speisezimmer, Wintergarten sowie Hochzeits-bzw. Konferenz-Raum. Im zentralen Teil besticht die Einrichtung durch ihren geschmackvollen Massivholz-Ausbau, der Wintergarten ist mit Wandbildern von historischen Bauwerken im Ort dekoriert. Es gibt keine öffentlich-kulturellen Veranstaltungen, im Sommer öffnet der Biergarten im Guts-Hof.

Geschäftsführer und zugleich Küchenchef ist Markus Gnadt, der eine moderne, marktorientierte Küche zelebriert, und mit seinen Speisen-Kreationen sowohl die regional-erzgebirgischen wie auch Tiroler Rezepturen bedenkt. Dabei arbeitet er in zunehmendem Maße mit Erzeugern und Lieferanten aus dem Ort zusammen; kauft etwa Kartoffeln auf dem „Charlottenhof" im benachbarten Härtensdorf, Fische vom Zschockener Teichwirt und Rindfleisch von einem Bauern aus Hartenstein.
Die Weinkarte offeriert Weiße wie auch Rote von drei Weingütern in Rheinhessen, von der Mosel und aus Franken.

Saltimbocca vom Huhn

Zutaten

Hähnchenbrust, luftgetrockneter Schinken, Salbeiblätter, Spargel, mehlige Kartoffeln, Milch, Cocktailtomaten, Olivenöl, Weißwein

Zubereitung

Die Hähnchenbrust wird mit luftgetrocknetem Schinken und Salbeiblättern um-mantelt, dann in Olivenöl angebraten. Die Brust scheidet man in etwa finger-dicke Tranchen, welche im Frühling auf grünen und weißen Spargel angeordnet werden. Dazu gibt es roten Kartoffelstampf und geschmolzene Cocktailtomaten. Den finalen Pfiff bekommt dieses Gericht durch einige Löffel reduzierten Bratenfonds, der mit Weißwein gelöscht wird.

Küchenchef Markus Gnadt.

Legende

Landhotel Gutshof Zschocken
Wilhelm-Zierold-Weg 21
08118 Zschocken
Tel.: 037605-7143
www.landhotel-gutshof.de
geöffnet: Mo–Fr 11–22 Uhr,
Sa/So/Feiertage 11–24 Uhr
Ruhetage: keine
Inhaber: Markus Gnadt
Seit: 1998
Sitzplätze: 130
Küche: regional-erzgebirgisch,
Tiroler Gerichte
Spezialität: Saltimbocca vom
Huhn
Preise: Hauptgerichte
ab ca. 7 €
Reservierung: keine
Tipps: Internetzugang,
Haustiere erlaubt – eigener
Streichelzoo für Kinder,
Kegelanlage
Burg Stein im benach-
barten Hartenstein (4 km),
Schloß Wildenfels (5 km),
Schneeberg mit der
St. Wolfgangskirche (10 km),
Radiumbad „Actinon" in Bad
Schlema

Pavillon / Schloss Wolfsbrunn

Hartenstein

Das Restaurant im 1998 restaurierten Jugendstil-Schloß (5 Sterne) verfügt über 80 Plätze. Steven Blumenthal und Patrick Nickel lenken als „Doppelspitze" die Geschicke an Topf und Pfanne, widmen sich dabei der klassischen französischen sowie frisch-mediterranen Küche, experimentieren ferner gelegentlich mit asiatischem „New Wave" und bringen auch Exoten wie „Krokodilfilet mit Kokosnuß-Reduktion" oder „Zebrakeule mit Süßholzschaum" auf den Tisch. Beide stellen – unter Verwendung ausschließlich frischer Produkte – mit ihrem Team nahezu alle Speisen selbst her und werden dabei dem hohen Anspruch gerecht, den die Gäste in dem vom Magazin „Gault Millau" mit 14 Punkten dekorierten Restaurant haben. Es gibt eine spezielle Kinderkarte mit zehn wechselnden Gerichten, selbstverständlich auch vegetarische Speisen. Die Weinkarte offeriert ein höchst umfangreiches Sortiment nahezu aller Weinregionen der Welt, bietet Erzeugnisse aus Deutschland, Frankreich, Italien, Spanien, Südafrika, Kaliforni-

en, Chile und Australien an. Exklusivste Rarität im Keller ist ein „Chateau Petrus" von 1988 – zum stolzen Preis von 1999,00 Euro. Erwähnt werden müssen auch die Tapas. Namensgeber für dieses aufwändige und filigran wirkende Vorspeisen-Arrangement sind die spanischen „Häppchen", die in Bars zwischendurch gereicht werden. In Wolfsbrunn bekommen die Tapas allerdings eine eher fernöstliche Würzung. So wird eine Jacobsmuschel in Earl-Grey-Tee pochiert – das heist: sie wird in die heiße Flüssigkeit gegeben und darin abkühlend gegart. Für den schönen Anblick bekommt sie dann eine Ummantelung aus Blattgold. Für den Kokosmilch-Zitronen-Espuma fertigt Küchenchef Patrick Nickel eine Emulsion an, die kurz vor dem Servieren noch aufgeschäumt wird – das lässt die Geschmacks-Substanzen besser zum Tragen kommen. Der Kartoffelring wird frisch zugeschnitten und frittiert. Der Lachs kommt in eine Kräuterbeize und wird zusammengerollt auf einer Gebäck-Rosette platziert.

Lammrücken unter der Cantucchinikruste (Italienisches Mandelgebäck) mit Rosmarin-Portweinjus auf konfiertem Cherrytomaten-Frühlingslauch-ragout und Süßkartoffelpüree

Zutaten (für 4 Personen)
720 g Lammrücken, 2 Eigelb, Weißweinreduktion, 100 g Cantucchini, Salz, Pfeffer, 50 g Butter
Süßkartoffelpüree: 250 g mehligkochende Kartoffeln, 250 g Süßkartoffeln, 100 g Butter, Salz, Pfeffer, Muskat, 100 ml Sahne
Cherrytomaten-Lauchragout: 20 Cherrytomaten, Frühlingslauch, Butter, Zucker, Salz, Pfeffer, Muskat, weißer Portwein
Sauce: Kalbsjus, dunkler Portwein, Rosmarien

Zubereitung
Den Lammrücken von beiden Seiten anbraten. Das Eigelb mit Weißweinreduktion zur Rose aufschlagen und nach und nach die flüssige Butter hinzufügen. Cantucchini Gebäck im Cutter schroten und mit den Gewürzen unter die Masse geben. Die Kruste auf den Lammrücken geben und im Ofen bei 180 °C für ca 12 Min. fertig garen. Die Kartoffeln kochen und mit den Gewürzen der Butter und der Sahne zu einem Püree verarbeiten. Die Cherrytomaten halbieren und im Karamel kurz anschwenken. Mit Portwein ablöschen und reduzieren. Die Butter, Gewürze und Frühlingslauch im letzten Moment hinzufügen. Kalbsjus mit Portweinreduktion abschmecken und frischen Rosmarin hinzu fügen und etwa 10 Min. einkochen lassen.

Legende

Restaurant Pavillon im Hotel Schloss Wolfsbrunn
Stein 8
08118 Hartenstein
Tel.: 037605-760
Fax: 037605-76299
www.schloss-wolfsbrunn.de
geöffnet: tägl. ab 12 Uhr
Ruhetage: keine
Inhaber: Pointeast Hotel-gesellschaft mbH
Seit: 1999
Sitzplätze: 60-80
Küche: hochwertige Frischküche
Spezialität: Tapas-Variationen
Preise: 14–29 €
Tipps: Weinkarte mit sächsischen und internationalen Spitzenweinen, Veranstaltungen, Senator-Lounge für Raucher
 Burg Stein, Prinzenhöhle (sächsischer Prinzenraub), Schneeberg, Schlema

Kellnerin Nicole Becker.
Das Küchenduo Patrick Nickel und Steven Blumenthal.

Drei Schwanen

Hohenstein-Ernstthal

Markus Jost darf sich als einer von wenigen sächsischen Küchenchefs ins private Erfolgsbuch schreiben, dass er mitgeholfen hat, einen Trend des neuen Jahrtausends hier zulande salonfähig zu machen: Die so genannte „Molekular-Küche". Freilich war es Anfangs durchaus ein Risikospiel, die in Sachen Geschmack vielfach konservativ eingestellten Sachsen für diesen frostigen Spaß am Restauranttisch zu erwärmen. Denn wer die Offerte des Restaurants am Markt von Hohenstein-Ernstthal in Anspruch nimmt und sich für ein 15-Gang-Menü dieser Spielart entscheidet, der wird zwar mit dampfenden Behältern überrascht, aber diese Dämpfe sind nicht in jedem Fall der Hitze zuzuschreiben, sondern durchaus auch grimmiger Kälte – genauer: einer Temperatur von minus 196 Grad Celsius!
Solche knackige Thermometerwerte sind nötig, damit eine wesentliche „Zutat" der Molekular-

küche überhaupt serviert werden kann: flüssiger Stickstoff. Dieser entzieht allen Dingen, die man hineintaucht, sofort ihre Wärme und verdampft dabei selbst, wobei er gefrorene Luftfeuchtigkeit als wallenden weißen Nebel mit reisst. Mit dieser Schock-Frost-Methode können sich Gäste des Hauses ganz besondere Gerichte herstellen. Wer es doch lieber bodenständig mag, kommt im „Drei Schwanen" allerdings ebenso zum Zug wie experimentierfreudige Gourmets. Denn das Team um Markus Jost beherrscht auch die bodenständig-deftigen Klassiker wie Tafelspitz, hausgemachte Bratwurst oder Sauerbraten. Diese allerdings werden gern mit ein wenig Küchenraffinesse „aufgepeppt" – so kommt etwa der Sauerbraten als „Steak" daher, der Tafelspitz als „Schnitzel" und die Bratwurst mit mediterraner Würzung.
Das „Drei Schwanen", in dem einst „Winnetou"-Erfinder Karl May verhaftet wurde, hat man 1997 mit großem Aufwand und viel Liebe zum Stil komplett saniert; es zeigt sich nun als Melange von Tradition und Moderne. Im Restaurant integriert ist eine Bar, der Zugang ist für Rollstuhlfahrer geeignet. Parkmöglichkeiten gibt es direkt vor dem Haus. Familien- und Firmenfeiern sind möglich, die Speisekarte enthält auch vegetarische Gerichte. Eine Terasse lädt zum Verweilen während des Stadtbummels ein.

Molekularküche

Zubereitung

Grimmige Kälte gehört zu den Voraussetzungen für eine Zutat der Molekularküche: den flüssigen Stickstoff. Er entzieht allen Dingen, die man hineintaucht, sofort ihre Wärme und verdampft dabei selbst. Mit dieser Schock-Frost-Methode können sich Gäste des Hauses nun zum Beispiel einen „Melonen-Kaviar" herstellen – dazu wird ein Püree dieses Exotenfrucht tropfenweise in den Stickstoff gegeben und nach wenigen Augenblicken wieder herausgefischt. Das Geschmackserlebnis auf der Zunge, schwört Markus Jost, sei ungleich intensiver als bei normalem Melonen-Mus. Ähnlich verhält es sich bei einer „Olivenöl-Spaghetti" im

klaren Tomatensüppchen, bei „Kalbsleberwurst-Eis mit Calvados unter Konfit von grünem Apfel' oder bei salzigen „Nougat-Nitros" in Erdbeersoße.

Legende

Hotel Drei Schwanen
Altmarkt 19
09337 Hohenstein-Ernstthal
Tel.: 03723-6590
Fax: 03723-659459
www.hotel-drei-schwanen.eu
geöffnet: tägl. 11.30–14 Uhr,
18–24 Uhr
Ruhetage: keine
Inhaber: Carsten Rusitschka
Seit: 1997
Sitzplätze: 50
Stil: gelungenes Ensemble aus
Tradition und Moderne
Küche: Molekularküche,
nouvelle cuisine, vegetarische
Gerichte
Preise: 5,50–27,50 €
13-Gang Menü „Bellini
Molekulare" ab 29,50 €
Tipps: Bar, Familien- und
Firmenfeiern
🏛 Karl-May Geburtshaus,
Karl-May-Höhle, Trainings- und
Sicherheitszentrum am Sachsenring, Miniwelt Lichtenstein,
Daetz-Zentrum

Küchenmeister Markus Jost.

Romantikhotel Schwanefeld

Meerane

Das Haus mit der schmucken Fassade fast direkt an B 93 könnte besser nicht gelegen sein: Obwohl unmittelbar an einer der wichtigsten Nord-Süd-Verbindungen in Sachsen, ist es dennoch nicht ganz direkt dem Verkehrslärm ausgesetzt – ideal also für ein Hotel wie das „Schwanefeld" in Meerane. Und wenn das Haus dann auch noch über eine so delikate Küche verfügt, ist es kein Wunder, dass die Gäste dort gern einkehren. Interessanterweise war es just die alte Straße (die heutige B 93), die die Geschichte des Hotels begründete. Denn auf dieser Straße verkehrte ab 1692 die „gebürgische" Post zweimal pro Woche von Leipzig nach Schneeberg. Weil später auch Sonderpostwagen von Chemnitz via Altenburg nach Nürnberg eingesetzt wurden, entstand eben hier zunächst eine Pferde-Umspann-Station – und zwar im bereits existierenden Gasthof „Zu den drei Schwanen". Dieser wurde auf Wunsch der damaligen Postdirektion Leipzig kurz darauf um-

benannt in „Schwanenfeld" – was schon damals dem Umstand Rechnung trug, dass die Station auch im Ausland bekannt sein musste.

Daran hat sich auch heute nichts geändert – im 1990 eröffneten, neuen und modern eingerichteten, inzwischen mit vier Sternen dekorierten „Hotel Schwanefeld" begrüßt man regelmäßig auch viele internationale Gäste. Die rustikal eingerichtete „Kutscherstube" trägt die Erinnerung der Vergangenheit ins Heute. Sonst jedoch ist das Anwesen durch und durch modern gestaltet.

Andreas Barth ist der Chef im Hotelbereich, in der Küche tut dies René Zimmermann. Er hilft, die moderne gastronomische Linie umzusetzen, bei der er einen Bogen von rustikal bis nobel spannt. So ist etwa ein „Kutscherbuffet" ebenso Bestandteil der lukullisch klingenden Karte wie auch die Hausspezialität – eine Roulade von der Kalbsschulter an bunter Pfeffersoße und mit Blattspinat sowie Blutwurst gefüllt. Dazu gibt es Kümmelrahmsauerkraut und Kräuterquarkkeulchen.

Liebhaber von Süßem und da vor allem von Schokolade werden das „Schwanefeld" aber noch aus einem weiteren Grund attraktiv finden: Der hauseigenen Konditorei und Chocolaterie! Egal ob Erdbeeren in Kakaohülle, Trüffel, Eispralinen oder Schokotorte – hier bekommt die braune Köstlichkeit aus exotischen Ländern einen sächsischen „Anstrich" verpasst. Die Süßigkeiten sind übrigens nicht nur auf der Dessertkarte des Restaurants zu finden, sondern werden in einem zum Hotelkomplex zählenden Schoko-Laden angeboten.

Lammkrone mit Chilipaprika und Rosmarinkartoffeln

Zutaten (für 3 Personen)
3 Stücke Lammrücken, Pfeffer, Salz,
Thymian, Rosmarin gewürzt, Olivenöl,
Paprika, Chili-Schoten , frische Kräuter
Kartoffeln, Butter geschwenkt,
3 Zweige Rosmarin

Zubereitung

*Die Lammrückenstücken anbraten,
mit Pfeffer, Salz, Thymian und Rosmarin gewürzen, dann in Olivenöl
braten bis sie außen schön knusprig
ind innen noch zart rosa sind.
Anschließend werden die drei Teil mit
den Rippenspitzen nach oben zu einer
Krone zusammengesetzt. Zwischenzeitlich schmurgeln Paprika, Chili-
Schoten und frische Kräuter ebenfalls
in Olivenöl gar. Die Rosmarinkartof-
feln werden kurz in Butter geschwenkt,
mit einem Zweig des Gewürzskrautes
dekoriert und alles zusammen angerichtet.*

Legende

Romantikhotel Schwanefeld
Schwanefelder Straße 22
08393 Meerane
Tel.: 03764-4050
www.schwanefeld.de
geöffnet: tägl. 6–24 Uhr
Ruhetage: keine
Inhaber: Andreas Barth
Seit: 1990
Sitzplätze: 300
Stil: rustikale Kutscherstube;
Rest des Hauses modern
Küche: regionale und
gehobene Küche
Spezialität: Schwanenfelder
Schlemmerpfanne, hauseigene
Konditorei mit selbstgemach-
ten Pralinen, Torten, Schoko-
lade und Desserts
Preise: 6–35 €
Tipps: Villa „Il Mio" mit
Bowlingbahnen, extravaganter
Cocktailbar, Familien- und
Firmenfeiern, Hochzeiten
🏠 Meeraner Villenviertel,
Ponitzer Silbermannorgel,
Renaissance-Schloss Ponitz

Küchenchef René Zimmermann.

Weidmannsruh

Werdau

erwähnt und im Jahre 2000 durchweg modernisiert, ist seit 2002 als behindertenfreundliche Einrichtung ausgezeichnet – der Zugang ist stufenlos, die Tür breiter als 80 cm und die Toilette behindertengerecht installiert.

Pächter Jürgen Julitz ist zugleich Küchen-Chef und steht nahezu täglich am Ofen. Er bringt Speisen auf den Tisch, die dem Charakter des Hauses Rechnung tragen und natürlich fast immer mit dem Wald in Verbindung stehen. Klassiker ist übrigens eine hausgemachte Wildbretsülze, die ganz zünftig mit Remoulade, Bratkartoffeln und einem Krautsalat auf den Tisch kommt. Was im Umkehrschluss aber nicht bedeutet, dass man in der „Weidmannsruh" nun nur auf die rustikale Ebene setzt. Freilich gibt es die „Sächsische Kartoffelsuppe" ebenso wie einen „Hubertussalat", Paprikafleisch vom Wild mit Schoten und Klößen oder die hausgemachte „Rinderroulade". Weil aber gleich nebenan die romantisch gelegene Waldkapelle steht, geben sich etliche Brautpaare im Grünen das Ja-Wort – und demzufolge ist es durchaus keine Seltenheit, ein rauschendes Hochzeitsfest in der Weidmannsruh zu erleben – dafür kocht Jürgen Julitz mit seinem Team dann gern die Klassiker: Cotta-Eiche-Buffet, Weidmannsruh-Buffet oder Werdauer-Forst-Buffet, bei denen „Lachspralinen im Schinkenmantel", „Leubnitzer Gurkensalat", „Panna Cotta mit karamellisierten Spargelspitzen" oder auch „Tilapiafilet mit Kräuterkruste und Farfalle" eine Rolle spielen.

Idyllischer kann ein Ausflugslokal kaum gelegen sein: Im Dreieck zwischen Sachsen, Thüringen und dem Vogtland, mitten im Wald bei Werdau Leubnitz, an der Kreuzung von drei Forststraßen, steht die „Weidmannsruh'". Und an schönen Tagen stehen direkt davor meist Fahrräder der Tagestouristen, die den Weg zur Einkehr herangeradelt (oder neuerdings auch heran geskatet) sind – von den Wanderern mal abgesehen. Das schmucke Haus mit dem roten Ziegeldach schimmert schon aus der Entfernung durchs Grün der Bäume und es müsste schon ein recht trister Zeitgenosse sein, wer allein wegen dieser Ansicht hier nicht rasten wollte.

Drinnen hält die Einrichtung, was die Fassade verspricht: Ein rustikal-waidmännisches Ambiente mit viel Holz – eine klein geschnittene Jägerstube (20 Plätze) plus einem Wintergarten, dem „Rehwinkel", von wo man eine feine Aussicht auf die kleine Waldkapelle hat. Im Obergeschoss gibt es weiterhin die „Hubertusstube" und das „Fasanenstübel". Das Haus, erstmalig 1648

was ihr eine kräftige, wildbret-typi-
sche Note verleiht. Gemüse wie Möhren oder Gurke sucht man übrigens
vergeblich darin – was den Reiz des
Ganzen ausmacht: Hier schmeckt
alles nur nach Fleisch. Die Sülze wird
mit knusprig gebratenen Kartoffel-
scheiben und einer Remouladensoße
sowie saisonal frischem Salat serviert.

Wildbretsülze

Zubereitung

*Hierfür kommen Fleischstücke von
Tieren zum Einsatz, die Jürgen Julitz
meist von den Jägern des umliegenden
Reviers bezieht. Er verzichtet dabei
übrigens auf den Einsatz von Pökel-
salz, so dass die Stücke ihre natürliche
Fleischfarbe behalten. Die Gelantine
entsteht durch Auskochen der Knochen –*

Legende

Gaststätte Weidmannsruh
Leubnitzer Straße 1
08412 Werdau/OT Leubnitz
Tel.: 03761-760835
Fax: 03761 887591
www.weidmannsruh.de
geöffnet: Apr–Sep 10–21 Uhr
Winter (Okt–Mrz) 11–21 Uhr
Ruhetag: Mo, im Sommer aber
Kioskbetrieb
Inhaber: Jürgen Julitz
Seit: 2001
Sitzplätze: 120
Stil: Jagdhausstil
Küche: regional und gut
bürgerlich, vegetarische
Gerichte, Wildgerichte
Spezialität: Wildgerichte
Preise: 6–15 €, Menüs ab
19.50 €, Buffets ab 21 € p. P.
Reservierung: empfohlen
Tipps: ausgedehntes Wald-
gebiet, Kindergerichte,
Familien- und Firmenfeiern
🏠 „Seerosenteich", das
„Glasmännchen", die geweihte
Waldkapelle für Jäger, Dampf-
maschinenmuseum in Werdau

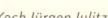

Koch Jürgen Julitz.

Laurentius
Wilkau-Haßlau

Wenn Jörg Werner in seiner Winz-Küche des Restaurant „Laurentius" so richtig „Gas" gibt, dann fällt es einem Laien schwer sich vor zustellen, wie man in so scheinbar räumlicher Enge derart schnell leckere Gerichte zaubern kann. Dass es dennoch geht, beweist Werner mit seinem Team nahezu täglich: Geschmorte Ochsenbacken auf Austernsaitlingen, Cremesuppe vom Wild mit pilzgefülltem Blätterteigstrudel, russischer Borschtsch, Jacobsmuscheln im Duett mit gebratenem Kalbsbries, Zander auf Specksoße oder ein schlichtes Kalbsschnitzel mit frischen Spargel – von der kleinen Vorspeise bis zum Dessert ist bei ihm alles eine Gaumen- und Augenfreude, die sich auch bei finaler Rechnungslegung nicht trübt – das „Laurentius" ist in Westsachsen in Sachen Preis-Leistungsverhältnis nahezu unschlagbar.

Absolute Marktfrische ist Jörg Werners Gebot und Voraussetzung für seine ideenreichen Speisenzusammenstellungen. Im Frühling spielt er regelmäßig auf der Klaviatur des deutschen Spargels und kombiniert munter mit Fisch, Fleisch oder Pilzen, im Sommer bringt er zu gern leichte Speisen mit frisch-würzigem Pfiff, der Herbst verleitet ihn zu Wald- und Wildgerichten mit „schwarzen Nüssen" (selbst marinierte grüne Walnüsse) und winters ist seine Karte nicht weniger farbenfroh, da darf es allerdings auch gern etwas deftiger sein – etwa Wildschweinkeule in Hagebuttensoße.

Der Küchenmeister aus der Kleinstadt bei Zwickau hat sein Restaurant auf zwei Etagen im Stil der frühen 1990er Jahre gleich neben dem Rathaus eingerichtet. Zwar nimmt sich die Fassade ein wenig bescheiden aus (mancher Gast ist beim ersten Anlauf schon dran vorbei gefahren), aber die Einkehr hier lohnt sich, zumal das Lokal nicht nur abends geöffnet hat, sondern auch einen exzellenten Mittagstisch anbietet – zum ebenfalls faszinierend fairen Preis. Die Speisenkarte wechselt manchmal monatlich und bietet daher bei jedem Besuch immer wieder eine lukullische Überraschung.

Sashimi vom Thunfisch im Semmelknödelmantel, Frühlingsrolle mit Riesengarnele und Gurkensockel auf Sauerrahm.

Zutaten

Thunfisch, weißer Pfeffer, Meersalz, Sojasoße, Gurken, Rahm, Frühlings-rollenteig, Riesengarnelen, Lachs

Zubereitung

Das „Sashimi" ist eine Qualitätsstufe beim Thunfisch, der dazu leicht gepökelt wird, was ihm die rosa Farbe verleiht. Dezent mit weißem Pfeffer, Meersalz und etwas Sojasoße gewürzt, wird jede Tranche nur ganz kurz angebraten und bleibt in der Mitte daher roh – das ist das „Geheimnis" des asiatischen Gerichts, welches in Kombination mit den rahmgefüllten Gurken schon ein Genuss ist, der aber durch die Kombination mit der Frühlingsrolle erst seine rechte Vollendung erfährt. Hier macht es vor allem die Füllung: Frühlings-rollenteig wird mit einer Masse aus klein ge-schnittenen Stücken von der Riesengarnele und gedrücktem Lachs belegt, dann zusammengerollt und in heißem Fett aus-gebacken.

Legende

Restaurant Laurentius
Kirchberger Straße 6
08112 Wilkau-Haßlau
Tel.: 0375-671521
www.weidmannsruh.de
geöffnet: tägl. außer Di 10–14 Uhr, ab 18 Uhr
Ruhetage: Di
Inhaber: Jörg Werner
Seit: 1995
Sitzplätze: 30, Separé 30
Küche: neue deutsche Küche, vegetarische Speisen, Kinderkarte
Spezialität: Sashimi
Preise: : 4–13 €, Fünf-Gang-Menü 30€
Tipps: Familien- und Firmenfeiern, regelmäßig Spezialitätenwochen (französische, spanische, russische Rezepte)
⌂ Burgen an der Mulde, Robert-Schumann-Stadt Zwickau

Küchenchef Jörg Werner.

63

Confetti im Holiday Inn

Zwickau

Das „Holiday Inn" hat zwar – postalisch gesehen – die Hausnummer 9, ist aber eigentlich die erste Adresse am Kornmarkt im Zwickauer Altstadt-Zentrum, in Nachbarschaft zum Robert-Schumann-Haus und mit Eingang gleich gegenüber der Westsächsischen Hochschule. Nicht nur aus diesem Grund sind es vor allem Wirtschafts- und Geschäftsreisende aus aller Herren Länder, die hier einchecken. Vielmehr hat sich herumgesprochen, dass die Küche des Restaurants Vieles bringt und daher Manchem etwas bietet. Seit 2005 führt Rocco Schubert Regie an Topf und Herd, und unter seiner Ägide hat das Restaurant des Hauses enorm an Wertschätzung seitens der Gäste gewonnen. Der Küchenchef, der im Erzgebirge wohnt und täglich 60 Kilometer zur Arbeit fährt, hat in seinem privatem Hausgarten Kräuterbeete, in denen er 47 Würz- und Küchenpflanzen anbaut und dabei auch vor Exoten nicht zurück schreckt – so wächst bei ihm etwa mexikanische Minze. Die vitamin- und geschmacksreichen Triebe nutzt er in der Küche, um etwa eigene Kräuteröle oder Marinaden herzustellen. Zweifellos liegt der gastronomische Schwerpunkt im „Holiday Inn" auf den Abendstunden – wenn die Hausgäste von ihren Tagesgeschäften zurück kehren und schick essen möchten. Dennoch konnte Schubert eine zusätzliche Küchenlinie ausbauen, die den Umsatz auch tagsüber gesteigert hat. Er bietet – in der Zeit von 11.11–14.14 Uhr – einen sogenannten „Quick-Lunch" an, bei dem der Gast zwischen zwei Hauptgängen wählen kann und dazu Vorspeise sowie Nachtisch serviert bekommt – das Ganze zum innerstädtischen Kampfpreis von 7,77 Euro und freitags sogar für nur 6,66 Euro! Der Clou dabei: Man bekommt garantiert innerhalb von zehn Minuten ein tagesfrisches, lecker zubereitetes Gericht. Eine Offerte, die von immer mehr Zwickauern, aber auch von Tagestouristen angenommen und gelobt wird.

Espetata-Spieß

Zubereitung

Küchenchef Rocco Schubert offeriert seinen Gästen immer donnerstags eine südländische Fleisch-Spezialität: den „Espetata-Spieß". Für diese riesig anmutende Schlemmerei werden zunächst großzügig geschnittene Würfel von Rind, Schwein und Poularde mit Kräutern gewürzt und kurz gebraten, damit sich die Poren schließen und der wertvolle Fleischsaft erhalten bleibt. Diese Stücke schiebt der Koch dann im Wechsel mit Paprika-, Zwiebel und Zucchinischeiben auf einen 35 Zentimeter langen Spieß, der flambiert wird. Die Stücke werden dann vom Servicepersonal vorgelegt, dazu reicht man Folienkartoffeln o. ä. und Salat.

Restaurant Bar Confetti
im Holiday Inn
Kornmarkt 9
08056 Zwickau
Tel.: 0375-2792790
www.confetti-zwickau.de
geöffnet: täglich, 11–1 Uhr,
Ruhetage: keine
Inhaber: Hotelbetriebsgesellschaft Zwickau GmbH
Seit: 1997
Sitzplätze: 50
Stil: modern, amerikanisch, VIP-Ecke
Küche: international, regional, saisonal, vegetarische Gerichte
Spezialität: Espetata-Spieß
Preise: 6–30 €
Reservierung: empfohlen
Tipps: Quick-Lunch, Kinderkarte (Kids eat free), Familien- und Firmenfeiern, Workshops/Fachvorträge, Reihe „Meisterköche der Welt", bei dem internationale Spitzenköche in Zwickau kochen 🏠 historische Altstadt, Zentrum

Küchenchef Rocco Schubert.

Drei Schwäne

Zwickau

Wenn man in der Zwickauer Region von „jungen Wilden" spricht, dann können damit entweder Musiker, Motorsportler oder ein Koch gemeint sein. Aber genau genommen trifft es nur auf einen Einzigen zu. Denn Yannick Demange – ein Franzose aus dem Elsaß, seit 1994 in Zwickau heimisch – bringt die Eigenschaften von Koch, Musiker und Sportler alle zugleich aufs Tableau. Bei seinen Kreationen spielen sowohl Rasanz wie auch Harmonielehre eine Rolle, verquicken sich Top-Leistung mit Sinn für Ästhetik.

Was die „Jungen Wilden" angeht – zu dieser Vereinigung von Köchen zählt Demange nach wie vor. Der Club hat sich „Kochen mit Leidenschaft" auf die Fahnen geschrieben und macht kein Hehl daraus, dass gern auch mal Regeln gebrochen werden, wenn es um neue Ideen und Rezepturen geht. Dem steht Yannick Demange nicht nach. In seinem Haus im Zwickauer Stadtteil Schedewitz kommen nur selten reine Klassiker auf den Tisch. Die Gäste werden statt dessen mit aufregenden Kompositionen überrascht, die beim Gourmet durchaus Adrenalin-

schübe verursachen können – soviel zum musikalischen und sportlichen Teil seines Handwerks. Der gastronomische Aspekt liest sich dann etwa so: Papillote vom Zander auf Wurzelgemüse, Duett von Lamm und Languste an Vanilleschaum, Kalbsrücken im orientalischen Brot mit Olivenpüree. Aber auch einfachere, originelle Gerichte sind im Angebot. Dabei legt Demange in seinem 2000 neu gebauten Haus Wert auf die Einheit von Inhalt und Form. Das Lokal in vollwarmem Tiegelrot widerspiegelt einen ländlichen Stil, den man eher in südlichen Gefilden suchen würde. Was wiederum ideal zu den „Bauch-Gefühlen" des Küchenchefs passt, der sich zwar keinen Richtlinien verschreibt, aber den mediterranen Stil der Toskana liebt und dabei nie seine Heimat, das Elsass, vergisst. Demzufolge finden sich auf der Karte das traditionell elsässische „Baeckeoffe" mit Sauerkraut ebenso wie Lammkotelett mit geflochtenen Kartoffelstreifen an Pesto und Chilischote.

Lammcarreé mit Chillischote an Pesto

Zutaten
Stück aus der Lammschulter, Salz, weißer Pfeffer, Olivenöl, 1 große Kartoffel, 1 Chilischote, etwas frischen Rucolasalat, 1 Bd. Basilikum, Meersalz, Knoblauch

Zubereitung
Das ausgelöstes Stück aus der Lammschulter mit Salz und weißem Pfeffer gewürzen, in heißem Olivenöl bis zur garstufe „medium" braten. Parallel dazu schneidet man aus der großen Kartoffel lange, etwa einen Zentimeter breite Streifen, die anschließend verflochten und in einem Pfännchen mit heißem Fett ausfritiert werden. Das Lammstück kommt dann auf einen Teller, wird mit dem Kartoffelflecht belegt, obenauf kommt eine scharfe Chilischote und ein kleines Blättchen frischer Rucolasalat. Das ganze wird in der Mitte des Tellers platziert. Im Kreis darum legt man kleine Paprika-Rauten, die kurz in dem Bratfett angeschwenkt wurden. Für das Pesto wird frisches feingehobelt Basilikum verwendet und mit Meersalz sowie etwas zerdrücktem Knoblauch und Olivenöl vermischt.

Legende

Restaurant Drei Schwäne
Tonstraße 1
08056 Zwickau
Tel.: 0375-2047650
Fax: 0375-3032517
www.drei-schwaene.de
geöffnet: Di–Sa ab 18 Uhr
Ruhetage: So und Mo
Inhaber: Yannick Demange
Seit: 1995
Sitzplätze: 35
Stil: Holz, Glas, provenzalisch
Küche: französisch, mediterran, vegetarische Gerichte
Spezialität: elsässische „Baeckeoffe" mit Sauerkraut
Preise: 18–27 €
Reservierung: empfohlen
Tipps: wechselnde Karte, frisch zubereite Gerichte, ruhige Lage
Horch Museum, Dom, Altstadt

Inhaber und Küchenchef Yannick Demange.

Weitere Restaurants in Zwickau und Umgebung

Alte Remise .... Johannisstraße 16, 08056 Zwickau, Tel. 0375-2737177,
www.alte-remise.de, Di–Do 11–22 Uhr, Fr, Sa 11.30–23 Uhr, So 11–21 Uhr,
Ruhetag: Montag

Brauhaus .... Peter-Breuer-Straße 12–20, 08056 Zwickau, Tel. 0375-3032032,
www.brauhaus-zwickau.de, So–Do 10–24 Uhr, Fr, Sa 10–1 Uhr

Grünhainer Kapelle .... Peter-Breuer-Straße 3, 08056 Zwickau, Tel. 0375-2048255,
www.gruenhainer-kapelle.de, tägl. 11–24 Uhr

Os Cortadores .... Lindenplatz 2, 08058 Zwickau-Oberrothenbach, Tel. 037604-747974,
www.os-cortadores.de, Mi–Fr ab 17 Uhr, Sa ab 14 Uhr, So ab 11 Uhr,
Ruhetage Montag und Dienstag

Paula .... Hauptmarkt 24/25, 08056 Zwickau, Tel. 0375-4600770,
www.paula-zwickau.de, tägl. 11–24 Uhr

Philines .... Klosterstraße 1, 08056 Zwickau, Tel. 0375-2714895,
www.philines.de, Mo–Sa 11.30–1 Uhr, Ruhetag: Sonntag

Bierstuben .... Domhof 12, 08056 Zwickau, Tel. 0375-2737542,
Wenzel Prager www.wenzel-prager-bierstuben.de, So–Do 11–23 Uhr, Fr, Sa ab 11 Uhr

Zum Uhu .... Bahnhofstraße 51, 08056 Zwickau, Tel. 0375-295044,
www.zum-uhu.de, Mo–Fr 11–24 Uhr, Sa ab 11 Uhr, Ruhetag: Sonntag

Gaststätte Fischerhof Am Torteich 29, 08451 Crimmitschau, Tel. 036608-2414,
www.gasthaus-fischerhof.de, Mo–Fr ab 17 Uhr, Sa ab 16 Uhr, So ab 10 Uhr

Vereinshof .... Markt 9, 08451 Crimmitschau, Tel. 03762-705995,
www.vereinshof.de, tägl. ab 11 Uhr

Hotel Meyer .... Agricolastraße 6, 08371 Glauchau, Tel. 03763-402700,
www.hotelmeyer.de, Mo–Sa 11.30–23 Uhr, So 11.30–21 Uhr

Klausmühle .... Klausmühle/Forststraße, 09337 Hohenstein-Ernstthal, Tel. 03723-2720,
www.klausmuehle.de, Di–Sa ab 12 Uhr, So ab 11 Uhr, Ruhetag: Montag

Schloss Schweinsburg Hauptstraße 147–149, 08459 Neukirchen/Pleiße, Tel. 03762-94800,
www.schloss-schweinsburg.de, 11.30–14 Uhr, 18–22 Uhr (warme Küche)

In der Mühle .... Mühlenweg 1, 08432 Steinpleis, Tel. 03761-188880,
www.hotel-indermuehle.de, Mo–Do 15–24 Uhr, Sa 14–1Uhr,
So 11–20 Uhr, Ruhetag: Freitag

Hotel Friesen .... Zwickauer Straße 58, 08412 Werdau, Tel. 03761-88000,
www.hotel-friesen.de, tägl. bis 23 Uhr

Vogtland

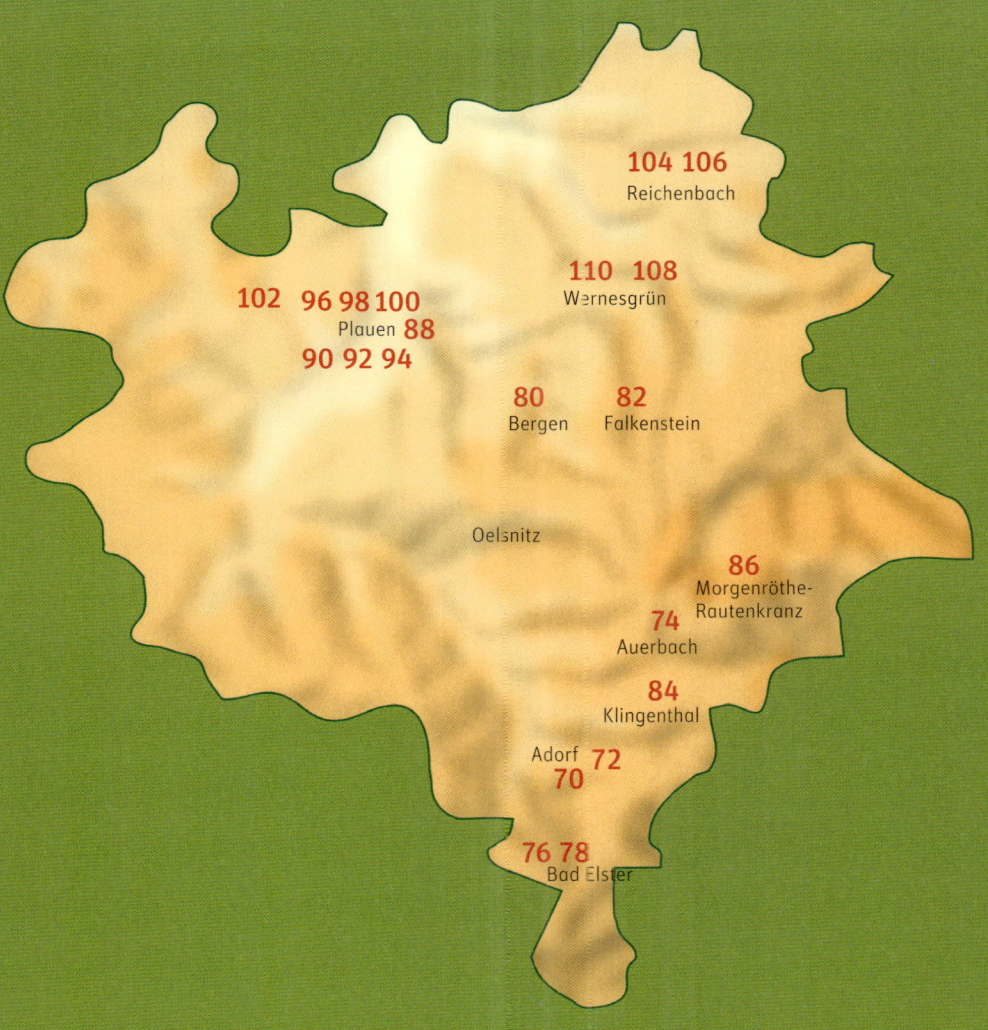

104 106
Reichenbach

110 108
Wernesgrün

102   96 98 100
Plauen **88**
90 92 94

80
Bergen

82
Falkenstein

Oelsnitz

86
Morgenröthe-
Rautenkranz

74
Auerbach

84
Klingenthal

Adorf **72**
70

76 78
Bad Elster

Die Zahlen sind identisch mit den Seitenzahlen
der einzelnen Restaurants in diesem Buch und bezeichnen
ihre Lage in dieser Region.

Rathskeller Adorf

Adorf

herzlich empfangen. Im großen Saal kann man unter einem von sehr mächtigen Säulen getragenen Deckengewölbe speisen. Die geschmackvolle Möblierung, historische Lampen und aufwändig restaurierte originale Wandgemälde wie die „Wirtshausszene am Rhein" und einige sinnbildlich umrahmte Trinksprüche schaffen eine gemütliche und rustikale Atmosphäre.

Auf der Speisekarte findet man sowohl typische vogtländische Spezialitäten als auch moderne kreative Gerichte zu moderaten Preisen. Zusammen mit der wechselnden Tageskarte sollte für jeden Geschmack etwas dabei sein. Im „Rathskeller" werden Ihnen auch gerne Frühstück, Kaffee und zur späteren Stunde Cocktails serviert.

Der familien- und kinderfreundliche Service gehört zur Visitenkarte des Hauses. Kostenloses Internet, verschiedene Motto-Wochen, musikalische Events und Themen-Vorträge locken Publikum von nah und fern –

Zentral in Adorf, direkt am historischen Marktplatz, dem längsten Marktplatz des oberen Vogtlandes, befindet sich der „Rathskeller". Im westlichen Flügel des 1896 erbauten Rathauses wird man – nach wechselhafter Geschichte – seit September 2008 von Jörg Rogler und seinem jungen Team in wunderschön sanierten Räumen und jeden Alters. Zu den Veranstaltungen in dem „etwas anderen Restaurant" zählt man auch Autorenlesungen und thematische Abende. Einmal in Adorf, kann man noch das Freiberger Tor, den botanischen Garten und die Miniaturschauanlage „Klein-Vogtland" bewundern.

Rathsherrenpfanne

Zutaten (für 1 Person)
180 g Schweinfilet, 75 g (oder tiefgefrorene) Pilze, 100 ml Sahne, 100 g frisches Gemüse (z. B. Karotten, Blumenkohl, Broccoli), 50 g Zwiebeln, Thymian (frisch oder getrocknet), Salz, Pfeffer

Zubereitung

Das Schweinefilet mit einem scharfen Messer von Sehnen (falls vorhanden auch von Fett) befreien und in Portionsgröße schneiden. Pfanne mit Öl erhitzen, das Schweinefilet von beiden Seiten scharf anbraten, danach in vorgeheiztem Backofen bei 70 °C 12–15 Min. rosa ziehen lassen. Frisches Gemüse unter fließendem Wasser waschen. Topf mit ca. 2 l Wasser und etwas Salz zum Kochen bringen, Gemüse nacheinander bis zum gewünschten Garpunkt kochen lassen. Gemüse herausnehmen und im Eiswasser abschrecken, dann bleibt es schön knackig und behält seine natürliche Farbe. Pilze waschen und putzen. Zwiebeln würfeln und in einem Topf mit heißem Öl glasig anschwitzen, dann die Pilze kurz mit anschwitzen, das Ganze mit Sahne abschmecken, Thymian dazugeben, 5 Min. bei mittlerer Hitze kochen lassen, mit Salz und Pfeffer

abschmecken. Das Schweinefilet aus dem Ofen nehmen und den Garpunkt prüfen, mit Salz und Pfeffer würzen und auf dem Teller anrichten. Das Gemüse noch mal kurz ins heiße Wasser geben, ebenfalls auf den Teller bringen. Das Fleisch mit der heißen Soße übergießen. Dazu empfehle ich Kartoffelkroketten.
Gutes Gelingen und guten Appetit wünscht Küchenchef Michael Büttner.

Legende

Rathskeller Adorf
Markt 1
08626 Adorf
Tel./Fax: 037423-50497
www.rathskeller-adorf.de
geöffnet: tägl. ab 10 Uhr (bis mind. 23 Uhr)
Ruhetage: keine
Inhaber: Jörg Rogler
Seit: 2008 (Haus 1896)
Sitzplätze: 90–100 (Saal, Vereinsraum, Terrasse)
Küche: vogtländische und moderne kreative Küche
Preise: 6–14 €
Reservierung: empfohlen
Tipps: Familienfreundlich, Babywickelmöglichkeit, kostenloses Internet, Veranstaltungen, Dart, separater Raucherraum
⌂ Freiberger Tor, Stadtmuseum, botanischer Garten, Miniaturschauanlage „Klein-Vogtland"

Inhaber Jörg Rogler.

Zum Turm

Adorf / Remtengrün

Turmland der unbegrenzten Köstlichkeiten – am Rand des alten Ortes Finkenburg, heute Remtengrün, steht der von Frank Uebel 1992 wieder errichtete Karls-Turm. Dieser 20 Meter hohe und 80 Stufen zählende Aussichtsturm steht in unmittelbarer Nähe der Gaststätte „Zum Turm" und ist ihr Namensgeber. Von ihm aus kann man nicht nur das Vogtland überblicken, sondern bei gutem Wetter auch nach Böhmen, Bayern und sogar Leipzig schauen. Was vor 250 Jahren als Pferdewechselstation für König August von Sachsen anfing, ist heute ein liebevoll eingerichtetes Gasthaus, in dem man seinen Gaumen von Küchenchef und Inhaber Frank Uebel verwöhnen lassen kann. Geboten wird euro-asiatische Küche unter Verwendung von einheimischen und wllden Kräutern sowie frisch Gebackenes aus der Hausbäckerei. Auch die hausgemachten Desserts und Kuchen sollte man sich nicht entgehen lassen. Auf Sonderwünsche wird gerne eingegangen und auch Gluten-Allergiker, Diabetiker und Vegetarier kommen hier auf ihre Kosten. Ihr Essen geniessen Sie beim prasselnden Feuer im Kaminzimmer, im Wintergarten mit Blick auf den hauseigenen Kräutergarten, in der rustikalen Gaststube mit Glühweinofen, im vogtländischen Hochzeitszimmer oder im Sommer auf der Terrasse. Weitere Höhepunkte sind einmal monatlich stattfindende kulinarische Veranstaltungen wie das „Schwarzlicht-Dinner" oder die „Tafelfreuden im Mittelalter" mit musikalischer Untermalung. Zur Freude der kleinen Gäste befindet sich direkt am Haus ein kleiner Streichelzoo mit Uhus, Raben, Ziegen und Schafen.

Zickleinrollbraten mit Maispitzenhonig, gelbem Rübensalat und Kräuterbrot

Zutaten (für 6–8 Personen)

Zicklein: 1 halbes Zicklein, 300 ml Sahne, 600 ml Buttermilch, 2 Eier,
1 TL Senf, 1 TL gehackter Knoblauch, frische Wildkräuter (Salbei, Minze,
Estragon, Rosmarin, Oregano, Koriander), 125 g Butterschmalz, 2 EL Leinöl,
1 TL Maispitzenhonig, 1 TL Sojasauce
Sauce: 250 g Speck, 1 Apfel, 2 Zwiebeln, 2 Stangen Sellerie, 1 Möhre,
2 El Mehl, 1 l Weißwein-Gemüsebrühe-Gemisch

Zubereitung

*Zicklein enthäuten, die Vorder- und Hinterkeulen abtrennen, das Tier in der Mitte
längs teilen und die Rippenstücke, sowie die Vorder- und Hinterkeulen auslösen lassen.
Das Keulenfleisch, das später als Einlage für die Bauchlappen (ausgelöste Rippenstücke) dient, mit Senf, Kümmel, Salz, Pfeffer, Knoblauch und gehackten Wildkräutern
(Salbei, Minze, Estragon, Rosmarin) bestreichen. Das Festfleisch (kleineres Stück)
unter Beigabe von Pfeffer, Knoblauch, Kümmel, Salz, Sahne und Eigelb zweimal
durch den Wolf drehen und die Masse auf die ausgebreiteten Bauchlappen streichen, die Keulenstücke darauflegen, mit frischem Koriander und Oregano bestreuen, fest zu einer Rolle wickeln und mit Bratschnur in fingerbreiten Abständen
fest umwickeln. Nochmals salzen und pfeffern und in heißem Butterschmalz
rundherum anbraten. Knochen fein hacken und mit Buttermilch bedecken, mit
Butterflocken bestreuen, den Rollbraten darauf setzen und bei 100 ºC 4 Std.
garen. Grieven aus dem Speck entfernen, zusammen mit den Zwiebeln,
dem Sellerie, der Möhre und dem Apfel in der Pfanne bräunen. Mehl anstäuben und das Ganze mit dem Gemisch aus
Weißwein und Gemüsebrühe ablöschen. Den Rollbraten
mit Maispitzenhonig und Sojasauce bestreichen und nochmals 10 Min. bei 150 ºC in der Röhre glacieren. Den Braten
mit Gelbe-Rüben-Schafskäse-Salat und Kräuterbrot servieren.*

Legende

Restaurant Zum Turm
Turmweg 14
08626 Adorf/Remtengrün
Tel.: 037423-2334
Fax: 037423-78721
www.turmland.de
geöffnet: tägl. ab 11 Uhr
Ruhetag: Mo (im Winter)
Inhaber: Frank Uebel
Seit: 1980
Sitzplätze: 90
Kaminzimmer mit Winter-
garten, Turmzimmer mit
Wintergarten, rustikale
Gaststube, vogtländisches
Hochzeitszimmer, Terrasse
Küche: europäisch-asiatisch,
Wildkräuterkreationen
Preise: 6–18 €
Reservierung: empfohlen
Tipps: besondere Menüs wie
„Schwarzlicht-Dinner" oder
„Tafelfreuden im Mittelalter",
Aussichtsturm vorm Haus,
Streichelzoo und Kräuter-
garten am Haus
♫ Musikwinkel Markneu-
kirchen, Kurort Bad Elster

*Inhaber und Chef
de Cuisine Frank Uebel.*

Renoir

Auerbach/Schnarrtanne

Direkt am Naturpark Vogtland, ca. 7 Kilometer vom vogtländischen Auerbach entfernt, liegt der kleine Ort Schnarrtanne. Unmittelbar an der Hauptstraße begrüßt Sie ein leuchtend weißes Haus mit dem Schriftzug „Renoir". Das kleine, aber feine Restaurant macht seinem Namen alle Ehre – die Wände des stilvoll eingerichteten Lokals schmücken eine Vielzahl von Renoirs. Was bis auf den letzten Pinselstrich originalgetreu wirkt, ist vom Maître de Cuisine und Inhaber Eberhard Baldauf selbst geschaffen. In frühen Jahren schon entdeckte er seine Liebe zur Malerei. Doch seine große Liebe ist, neben seiner Familie, die Kunst des Kochens. Das „Renoir" versprüht nicht nur im Gastraum französisches Flair, sondern bleibt diesem Credo auch in der Küche treu. Hier präsentiert man Ihnen eine frische, von Frankreichs Meisterkoch Georges Auguste Escoffier inspirierte, fischreiche, gehobene Küche. Auf der Karte findet sich neben „Fischsuppe nach Art Bouillabaisse" oder „Umbackenes (echtes!) Nordsee-Zungenfilet mit Zucchini-Kartoffelgratin", auch das „Historische Menü". Dieses lockt mit „Hausgebeiztem Lachs mit Rösti", wie er „im herzoglichen Schlosse zu Altenburg beim Besuch Kaiser Wilhelm des II." 1890 aufgetragen wurde, und anderen Leckerbissen wie der „Eisbombe nach Patrizier Art". Ein weiteres Credo im „Renoir" ist die hauseigene Zubereitung nahezu aller Speisen, egal ob Nudeln oder Mousse au Chocolat. Genießen Sie all das bei einem herrlichen Ausblick über das Vogtländische und Thüringer Land.

Zanderfilet auf provenzialische Art

Zutaten (für 4 Personen)

600 g Zanderfilet (mit oder ohne Haut), 300 g Tomaten, 80 g Zucchini, 10 g Zwiebellauch, 50 g Butter, 40 g Emmentaler/Edamer, Öl zum Braten, 20 kleine Kartoffeln, Mehl, Salz, Zitrone, Kräuter der Provence, Paprika (edelsüß, scharf), Curry, Knoblauchgranulat, Rosmarin

Zubereitung

Zanderfilet mit dem Zitronensaft marinieren, von den Tomaten die Haut abziehen (erhitzen und im kochenden Wasser kurz blanchieren) und in Scheiben schneiden. Zucchini und Zwiebellauch klein schneiden und mit den Tomaten in heißer Butter anschwenken, mit Salz, Paprika, Kräuter der Provence, Curry und Knoblauchgranulat würzen. Den Zander salzen, im Mehl wenden und im heißen Öl fertig braten. Danach in eine Auflaufform geben, das Tomatengemisch darauf verteilen und mit dem Käse überbacken. Die Kartoffeln kochen, abschälen und mit Rosmarin in Butter anschwenken.

Maître Eberhard Baldauf.

Legende

Restaurant Renoir
Schönheider Straße 235
08209 Auerbach/Schnarrtanne
Tel./Fax: 03744-215119
geöffnet: Di/Mi 18–22 Uhr; Do/Fr 11.30–14 Uhr; 18–22 Uhr; Sa/So 11.30–22 Uhr
Ruhetag: Mo
Inhaber: Familie Baldauf
Seit: 1993
Sitzplätze: 30, Restaurant mit Séparée und Erker mit Ausblick
Küche: frisch-kreativ, klassisch-traditionell
Preise: 12–26 €; Menü 29–52 €
Reservierung: empfohlen
Tipps: Fischgerichte, hausgemachte Küche, besondere Menüs wie das „Historische Menü", Galerie mit Bildern des Inhabers und Küchenchefs Eberhard Baldauf im Kellergeschoß
🏠 Deutsche Raumfahrtausstellung Rautenkranz, Sternwarte Rodewisch, Wernesgrüner Brauerei, Vogtland-Arena Klingenthal

Callas

Bad Elster

Im Herzen des historischen Badeorts Bad Elster steht das 1890 erbaute, neoklassizistische „Königliche Kurhaus". Das Gebäude, das an einen italienischen Renaissance-Palast erinnert, beherbergt neben Kongress- und Veranstaltungsräumen, einem Internetcafé und der Tourist-Information das für seine kulinarischen Spezialitäten bekannte Restaurant „Callas". Das gehobene Ambiente im wunderschönen, großzügig gestalteten Innenraum des Restaurants mit seinen Art-Deco-Elementen der zwanziger und dreißiger Jahre lädt zum Genießen und Verweilen ein. Hier können Sie sich von Chefin Ariane Dittmann und ihrem jungen, international erfahrenen Team verwöhnen lassen. 2008 und 2009 wurde die frische und kreative Küche des Hauses mit einer Haube des „Gault Millau"

geadelt. Diese gilt unter Kennern als Gütesiegel für eine sehr gute Küche, die auch schon prominente Gäste wie Alfred Biolek lobten. Die Menükarte wechselt alle ein bis zwei Monate und die Créateurs de Cuisine, unter ihnen Küchenchef Ronny Oertel, bemühen sich, ihre liebevoll angerichteten Kreationen hauptsächlich aus regionalen Produkten zu zaubern. Doch im „Callas" kann man sich nicht nur bei gutem Essen und Wein entspannen, sondern auch bilden. Ein- bis zweimal monatlich veranstaltet das Restaurant Themen-Kochkurse wie Wok-Kochen oder „Jugend kocht". Desweiteren kann man sich beim Seminar „Stil & Etikette" in modernen Umgangsformen bei Geschäftsessen, Gala-Menüs etc. üben.

Thüringer Rehrücken mit Wirsing-Gemüse, Bio-Kartoffelpüree und Muskateller-Trauben

Zutaten (für 4 Person)

800 g Rehrücken, je 2 Zweige Thymian und Rosmarin, 100 g Wildschinken, 100 ml Portwein, 50 g Butter, Salz, Pfeffer, gestoßener Wacholder, Öl (zum Braten), 10 Schalotten, 100 g Trauben, 300 g Wirsing, 50 g Butter, 70 ml Sahne, Salz, Pfeffer, Muskat

Zubereitung

Den Rehrücken von den Knochen auslösen und mit Salz, Pfeffer, gestoßenem Wacholder und frischem Thymian von beiden Seiten würzen. Anschließend mit Wildschinken umlegen und vorsichtig in Öl anbraten.

Vom Herd nehmen, mit etwas Portwein ablöschen, Butter und Rosmarinzweig zugeben und bei 120 °C in der Backröhre 10 Min. ruhen lassen.
Mit Hilfe von Schalotten und Kräutern eine reduzierte Jus (Soße) kochen.
Den Wirsing blanchieren, in Eiswasser abschrecken, und den Blanchierfond auf bis auf $^{1}/_{5}$ reduzieren. Schalotten und Butter anschwitzen, den Wirsing in kleine Würfel schneiden und dazugeben. Mit etwas Sahne und dem reduzierten Fond ablöschen und mit Salz, Pfeffer und Muskatnuss abschmecken. Die Trauben halbieren, vor dem Servieren kurz mit der Jus glasieren. Durch eine Granier-Tülle das Bio-Kartoffelpüree auf den Teller geben und den Rehrücken tranchiert über dem Wirsing anrichten.

Ariane Dittmann, Geschäftsführerin und Chef de Cuisine Ronny Oertel.

Legende

Restaurant Callas
Badstraße 25
08645 Bad Elster
Tel.: 037437-53693
www.restaurant-callas.de
geöffnet: Mi–So ab 17.30 Uhr, ab 10 Personen individuelle Öffnungszeiten
Ruhetage: Mo, Di
Inhaberin: Ariane Dittmann
Seit: 2002
Sitzplätze: Restaurant 70, Festsaal 200, Terrasse 50
Stil: gehobenes Ambiente, Art Deco
Küche: gehoben/Nouvelle Cuisine
Preise: ab 16 € (Hauptgang)
Tipps: seit 2008 mit einer Haube im „Gault Millau" ausgezeichnet, verschiedene Kochkurse: „Herbstmenü", „Sushi", „italienische Pasta und Saucen", Seminare: „Stil und Etikette"; Catering für Veranstaltungen
historischer Kurort Bad Elster mit Naturtheater, König-Albert-Theater, Albertbad

77

Albert's Parkrestaurant

Bad Elster

In ruhiger und zentraler Lage direkt am Albert-Park in Bad Elster liegt das Parkhotel „Helene" und das ans Haus angegliederte Parkrestaurant. Der gelb leuchtende Backsteinbau, der den Namen seiner Erbauerin Helene Hölzel verdankt und diesen ungeachtet aller Veränderungen bis zum heutigen Tag behalten hat, wurde 1889 eingeweiht. Nach einer wechselvollen Geschichte sowie nach Um- und Anbauten findet man heutzutage neben der ehrwürdigen „Helene" „Albert's Parkrestaurant" mit dem lichtdurchfluteten Wintergarten-Restaurant, dem rustikalen Vogtlandstübl und der Sonnenterasse. Hier erwartet Sie eine gesunde Küche, bei deren Zubereitung viel Wert auf die Verarbeitung von regionalen Produkten gelegt und Rücksicht auf jegliche Art von Diäten genommen wird. Spezialitäten des Hauses sind regionale und internationale Gerichte wie der „Vogtländische Sauerbraten" oder der österreichische Rostbraten „Esterhazy". Um regionale Erzeuger zu unterstützen und die Gäste für den ökologischen Landbau zu sensibilisieren, schloss sich „Albert's Parkrestaurant" mit drei anderen Gastronomiebetrieben der Region zur Kooperation „So schmeckt das Vogtland" zusammen. Als eine Gemeinsamkeit findet jede Woche in einem anderen der vier Restaurants das „Kartoffel-Buffet" statt. Desweiteren bieten alle vier eine „Heukarte" an, auf der keine spektakulären Gerichte, sondern ganz typisch vogtländische Speisen wie die „Vogtländische Brotsuppe" oder „Bierfleisch mit Apfelrotkohl" angeboten werden.

Rostbraten „Esterhazy"

Zutaten (für 4 Personen)
1 kg Roastbeef, 80 g Zwiebeln,
60 g Bauchspeck, 100 g Champignons,
1 TL Kapern, 125 ml Weißwein,
0,2 l Jus (Bratenfond), Zitronenschale,
100 g Sauerrahm, 1 TL Senf,
40 g Butter, 50 g Mehl, 1 Karotte,
1 Sellerie, Salz, Pfeffer

Zubereitung

Roastbeef in Scheiben von ca. 250 g
schneiden und leicht plattieren,
würzen und in heißem Fett auf
beiden Seiten rasch anbraten,
anschließend warm stellen.
Im Bratrückstand die feingeschnit-
tenen Zwiebelwürfel goldgelb
anrösten, mit Weißwein ablöschen,
die Jus dazugeben und den Rostbraten darin weich schmoren. In der
Zwischenzeit den Speck, Champignons, Kapern und Zitronenschale
fein hacken und in der zerlassenen
Butter fein anrösten, mit Mehl be-
stauben und den Sauerrahm dazu-
rühren. Das Ganze dem fast garen
Rostbraten beifügen und mit Senf
abschmecken.
Das Wurzelgemüse in dünne Streifen
schneiden und kurz in Butter anschwenken.
Mögliche Beilagen: Kroketten, Bandnudeln, Klösse, Broccoli, grüne Bohnen, Rotkohl

*Die Köche Kevin Reinicke und Nadine Scheffler
garnieren den Rostbraten.
Kellnerin Hannelore Stock.*

Legende

Albert's Parkrestaurant
im Parkhotel Helene
Parkstraße 33
08645 Bad Elster
Tel.: 037437-500
Fax: 037437-5099
www.parkhotel-helene.de
geöffnet: tägl. ab 7 Uhr
Ruhetage: keine
Inhaber: Familie Albert
Seit: 1997
Sitzplätze: 66 innen, 20 auf
der Sonnenterrasse
Stil: modernes Wintergarten-
Restaurant, rustikales Vogt-
landstübl
Küche: regionale, internatio-
nale Gerichte, vor allem aber
gesunde Küche
Preise: 5,40–14,80 €
Reservierung: empfohlen
Tipps: „Kartoffel-Buffet",
Nudel-Buffet, Helenes Tee-
stündchen, Tanz und Vorträge,
Mitglied in der Restaurant-
Kooperation „So schmeckt das
Vogtland"
🏰 Bad Elster mit seinen
Kur- und Kultureinrichtungen,
Wanderwege, wie der
Vogt- und Panorama-
weg

Landhausrestaurant

Bergen

Umgeben von Bäumen steht auf dem „Mariechenstein" in Bergen das Hotel „Landhaus Marienstein". Das einladende Fachwerkhaus inmitten der romantischen Idylle am Waldesrand wurde an einer ehemaligen Pilgerstätte erbaut und ist immer noch attraktiver Anziehungspunkt. Doch heutzutage nicht mehr zum Beten, sondern um sich und seinen Gaumen von Familie Straubel verwöhnen zu lassen. Das Haus bietet seinen Gästen – neben Hotel und Wellnessbereich – das in typischer Landhaus-Romantik liebevoll eingerichtete Restaurant mit wunderschönen, individuell dekorierten Tischen. Hier zaubert der Chef de Cuisine Frank Straubel nach eigener Aussage „ehrlich-kreative Küche mit jahreszeitlichem Bezug". Ganz besonders sind die täglich wechselnden „Surprise-Menüs", die jeden Besuch im Landhaus zu einem neuen Höhepunkt werden lassen. Im Sommer schlemmt man auf der großen Terrasse mit herrlichem Ausblick auf das umliegende Vogtland oder direkt in der Natur im Wiesen-Pavillon. Möchte man lieber ungestört sein, kann man sich nach Absprache in die nahegelegene rustikale Jagdhütte im Wald zurückziehen. Dort kann man sich nach einer Wanderung bei einer „Jagdhütten-Vesper" stärken oder in trauter Zweisamkeit das romantische „Jagdhaus-Dinner" geniessen.

Im Hause Straubel kann man gerne auch selbst einmal „Hand anlegen" – in einem der monatlich stattfindenden Kochworkshops zu Themen wie „Frankreich", „Spanien", „Mexico", etwas exotischer wie „Karibik" oder ganz heimatlich zum Thema „Weihnacht".

Verhülltes vogtländisches Wiesenlamm an violettem Herbstgemüse auf einem Genießersaucenschaum des Waldes

Zutaten (für 4 Personen)

4 frische Lammhüften (je ca. 150–200 g), Schinkenspeck zum Umwickeln, 8 frische Salbeiblätter, Steinpilze, 400 g Kartoffeln der Sorte Violetta, 400 g frische Karotten, 20 g schwarze Trüffel, 250 ml Sahne, 50 g Butter, 200 ml Kalbsfond, Salz, weißer Pfeffer

Zubereitung

Die Lammhüfte mit Salbei belegen und leicht würzen. Dann das Fleisch mit Scheiben vom Schinkenspeck umwickeln. In einer gut erhitzen Pfanne ca. 3 Min. auf beiden Seiten anbraten und danach für weiter 20 Min. bei ca. 140 °C in einen Umluftherd stellen. Steinpilze trocken säubern und in dicke Scheiben schneiden. Mit wenig Fett in der Pfanne auf beiden Seiten gut anrösten. Zum Schluß mit Salz und Pfeffer würzen. Kartoffeln und Möhren in kleine Würfel schneiden und in kochendem Salzwasser bissfest garen, abgießen und sofort in eine kleine gebutterte Form geben um diese anschließend auf einen Teller zu stürzen.

Für den Trüffelschaum Sahne und Kalbsfond aufkochen und gehobelte Trüffel dazu geben. Abwürzen und kurz vorm Aufschlagen mit einem Zauberstab die Butter untermengen. Anschließend servieren. Gutes Gelingen – oder kommen Sie doch ganz einfach zu uns!

Legende

Landhausrestaurant
Thomas-Müntzer-Straße 9
08239 Bergen
Tel.: 037463-8510
Fax: 037463-851109
www.landhaus-marienstein.de

geöffnet: Mo–Fr ab 17 Uhr
Sa/So ab 11.30 Uhr, gerne
individuelle Öffnungszeiten
Ruhetage: keine
Inhaber: Frank Straubel
Seit: 2000
Sitzplätze: 60 Landhaus-
restaurant, 60 Terrasse, bis
zu 20 Jagdhütte
Küche: leichte kräuterreiche
Küche, ehrlich-kreativ und
jahreszeitenbezogen
Stil: Landhaus-Romantik
Preise: A lá carte 15,50–25 €;
Menü 24–32 €
Reservierung: empfohlen
Tipps: täglich wechselnde
„Surprise-Menüs", romanti-
sches Jagdhütten-Dinner,
Kochworkshops, Familien- &
Themen-Brunch, Wiesen-
pavillon im Sommer, große
Spielwiese direkt am Haus
⌂ Geigenbach-Talsperre,
Wanderwegenetz, Natur

*Chefkoch und Inhaber
Frank Straubel.
Hotelfachfrau Susann Tausch.*

Jägerhalle

Falkenstein

Ein Haus der vogtländischen Gastlichkeit – schon von weitem grüßt das Wandgemälde eines „Grünrocks" an der Fassade der Gaststätte „Jägerhalle", die sich direkt im Stadtzenrum an der Fußgängerzone in Falkenstein befindet. Das 1878 erbaute Haus ist das älteste Wirtshaus der Stadt und bis heute seiner Tradition treu geblieben. Nicht nur äußerlich, sondern auch in den Innenräumen hat sich die Gaststätte ganz den Waidmännern verschrieben. Die Wände der Gaststube, die rustikal im Jagdambiente eingerichtet ist, schmücken allerlei Trophäen, historische Jagdhörner und ausgediente „Büchsen". Aber auch die typischen Vertreter des Waldes wie Eichhörnchen oder Iltis und sogar ein Rebhuhn leisten Ihnen beim Mahl Gesellschaft. Die Küche des Hauses lockt mit gut bürgerlichen Speisen mit dem Schwerpunkt auf frischen Wildgerichten, wie zum Beispiel die „Wilddiebpfanne" mit vogtländischen Bambes oder der „Jägerschmaus" mit frischen Waldpilzen. Weiterer Höhepunkt des Hauses sind die hausgeräucherten Speisen. Probieren Sie unbedingt den Schinken oder Fischgerichte wie Lachs oder Heilbutt aus dem hauseigenen Räucherofen. Die Jägerhalle lädt nicht nur zu vogtländischen Spezialitäten nach einem ausgedehnten Spaziergang in der sanften Hügellandschaft des Naturparks Erzgebirge/Vogtland ein. Gerne richten Familie Zoglauer und das freundliche Team der „Jägerhalle" Ihre Feier im Festzimmer oder Ihr Fest zu Hause mit traditionellen oder Themen-Büffets aus.

Wilddiebpfanne

Zutaten (Für 4 Personen)

700–800 g Reh oder Hirschrücken, 600 g frische Waldpilze gemischt, 100 g Zwiebeln, 8 mittelgroße Kartoffeln, Buttermilch, Öl und Butterschmalz, Salz, Pfeffer, Rosmarin

Zubereitung

Das Wildfleisch in Scheiben schneiden. Die Pilze putzen und schneiden. In einer heißen Pfanne mit Öl die Pilze braten. Zwiebelwürfel dazu geben. Mit Salz und Pfeffer abschmecken. Zum Schluss gute Butter dazu geben.

Kartoffeln grob reiben und kräftig in einem Tuch ausdrücken – wieder mit Buttermilch auffüllen und mit Salz abschmecken. In heißem Öl von beiden Seiten goldgelb ausbacken.

Das Fleisch in einer Pfanne von beiden Seiten etwa je nach Stärke 4–5 Min. braten – aus der Pfanne nehmen und noch etwa 5 Minuten ruhen lassen. Mit frisch gemahlenem Pfeffer, Salz und Rosmarin würzen.

Legende

Restaurant Jägerhalle
Schloßstraße 50
08223 Falkenstein
Tel.: 03745-71283
Fax: 03745-71324
www.jaegerhalle.de
geöffnet: tägl. 11–14, ab 17 Uhr
Ruhetage: keine
Inhaber: Familie Zoglauer
Seit: 1991
Sitzplätze: 65 Restaurant, 25 Vereinszimmer
Stil: rustikale Gaststube im Jägerstil
Küche: gutbürgerlich, regional, Wildgerichte, hausgeräucherte Speisen
Preise: 6,50–13,90 €
Reservierung: empfohlen
Tipp: Catering
🏰 Talsperre Falkenstein, historisches Schloß, Vogtland-Arena Klingenthal

Köchin Ines Knorr beim Zubereiten der „Wilddiebpfanne"
Kellnerin Susann Burger

Zur Alten Schule

Klingenthal

„Heute keine Schule!" steht mit Kreide auf einer Schiefertafel im Eingangsbereich der Gaststätte „Zur Alten Schule" geschrieben. Und tatsächlich: Obwohl noch ein nostalgischer Hauch durch die altehrwürdigen Räumlichkeiten weht und eine Schulbank mit Rechenschieber den Besucher empfängt, ist aus der Lehranstalt inzwischen eine gemütliche Gaststätte geworden, in der man keine Angst mehr haben muss, an die Tafel gerufen zu werden. Das ungefähr 1630 erbaute Haus liegt direkt am Klingenthaler Marktplatz in unmittelbarer Nähe zum Freiluft-Pavillon. Das holzverkleidete Haus besticht durch seine ungewöhnliche Blockbohlenbauweise und die kleinen Sprossenfenster, die man nach aufwändiger Restauration orginalgetreu bewundern kann. Auch in ihrer Raumaufteilung wurde die

erste Schule Klingenthals nicht verändert und so kann man es sich entweder im „Klassen- bzw. Kaminzimmer", der „Bösen Bubenstube", der „Guten Stube", dem „Alten Stall mit Heuboden" oder der „Rußküche" gemütlich machen. Im Schein von Petroleumlampen oder Kerzen genießt man gut bürgerliche, regionale Gerichte. Die „Schulküche" versteht sich aufs Zubereiten von „Vogtländischem Sauerbraten" mit Klößen, „Hüllerchen" – kleine in Speck und Zwiebel gebratene Kartoffelbällchen – oder den auch im Erzgebirge bekannten „Buttermilchgetzen" mit „Schwammerahm". Durch Wildbret und Fischgerichte wird die Karte abgerundet. Und zum Schluss noch einen „Stoughtons" – ein Kräuterbitter, der nach alter Rezeptur in der Region hergestellt wird.

Schulmeister-Fleischerplatte

Zutaten (für 2 Personen)
2 Putensteaks, 2 Schweinesteaks,
1 Rindersteak Hüfte, 4–5 Schweinemedaillons, 250 g Brokkoli,
200g Waldpilze, Teigmasse
(150 g Kloßteig mit Buttermilch),
4 Röstiecken, 4 Herzoginkartoffeln,
1 große Tomate, 200 g Würzfleisch,
6 Scheiben Mozzarella, 6 Scheiben
Gouda, verschiedenes Obst und Salat,
Soße Hollandaise, Sc. Charonne,
250 g Champignonrahm

Zubereitung

*Putensteaks braten und mit Tomate
und Mozzarella überbacken. Dann die
Schweinesteaks anbraten und mit
Würzfleisch und Gouda überbacken.
Aus der Kloßteigmasse 2 Buttermilch-
getzen braten. Waldpilze in der Pfanne
braten. Brokkoli erhitzen und mit Soße
Hollandaise verfeinern. Röstiecken und
Herzoginkartoffeln frittieren. Steak
Hüfte scharf anbraten (medium).
Schweinemedaillons kurz braten. Das
Ganze wird dekorativ mit Obst und
Salat auf einer Edelstahlplatte ange-
richtet. Dazu wird der Champignon-
rahm und die Sc. Charonne gereicht.*

*Köchin Maria Brunner beim Zubereiten der
„Schulmeister Fleischerplatte".*

Legende

Gasthaus Zur Alten Schule
Schulgasse 4
08248 Klingenthal
Tel./Fax: 037467-26872
www.alte-schule-klingenthal.de
geöffnet: tägl. ab 11 Uhr
Ruhetage: keine
Inhaber: Andreas Günnel
Seit: 1998
Sitzplätze: 93, Klassenzimmer
mit Kamin, Böse Bubenstube,
Alter Stall mit Heuboden,
Rußküche
Stil: original Holzbohlenblock-
haus, Speisen in originalen
Schulräumen
Küche: gutbürgerlich, regional
Preise: 7–33 €
Reservierung: empfohlen
Tipps: älteste Schule Klingen-
thals
Rundkirche in Klingenthal,
Wintersportmuseum, Vogtland-
Arena (modernste Großschanze
Europas)

Pyratal

Muldenhammer / OT Morgenröthe

Im wild-romantischen Tal der Großen Pyra, die in etwa 930 Meter Höhe am Kamm des Erzgebirges im Naturpark Erzgebirge/Vogtland entspringt, liegt sanft eingebettet im Örtchen Morgenröthe das Landhotel „Pyratal". Hier im stillen Seitental der Zwickauer Mulde genießen Sie vogtländische Landhaus-Küche in ländlich-rustikaler Atmosphäre – in der Gaststube, im gemütlichen Jagdzimmer mit Kamin oder auf der sonnigen Terasse. Küchenchef und Inhaber Dirk Pampel zaubert Ihnen deftige Speisen wie „Vogtländischen Sauerbrauten", Hirschroulade oder Gänsebrust. Übers ganze Jahr verteilt gibt es immer wieder kulinarische Höhepunkte wie zum Beispiel die Fischwochen im Frühling. In den Sommermonaten werden vorwiegend Salate und Kräuter von Gärtnern der Region verarbeitet. Im Herbst lädt Familie Pampel zu den Wildwochen mit Wildsülze oder Hirschsteak mit Waldpilzen und dem beliebten Schlachtfest, zu dem eines der stärksten Biere der Welt, der fränkische „Donnerbock", extra „eingeflogen" wird. In der Weihnachtszeit wird hausgebeizte Hirschlende serviert. Aber auch Ihr ganz persönliches Fest richtet Ihnen das freundliche Service-Team des Landhotels „Pyratal" gerne aus. Direkt am Haus befindet sich ein extra angelegter Waldgarten mit Benjeshecke, in dem man sich nach dem Essen naturkundlich bilden kann. Der Wald selbst liegt nur einige Meter entfernt vom Haus, so dass Sie gleich vor der Haustür loswandern können.

Deftige Hirschroulade mit Apfelrotkohl und Bambes

Zutaten (für 4 Personen)
400–500 g gut abgehängte Oberschale aus der Hirschkeule, Zwiebeln, Speck, Gewürzgurken, Senf, Salz und Pfeffer, 3–5 Wacholderbeeren, ein Zweig Rosmarin, ein Glas tockener Rotwein, ein EL Waldfruchtmarmelade, 1 TL Waldpilze (es können auch getrocknete sein)

Zubereitung

Das Fleisch im Schmetterlingsschnitt schneiden (pro Portion einmal nicht ganz durch), so dass sich das Stück von 200 g auseinander klappen lässt. Salzen und pfeffern, mit Senf bestreichen, Speckstreifen, halbe Gewürzgurke und geschnitte Zwiebeln sowie die geschnittenen Pilze auflegen, die Roulade zusammenrollen und Spiesser hineinstecken, damit sie nicht auseinanderfällt. Die Rouladen in einr Kasserolle von allen Seiten anbraten, wenig Wildbrühe hinzugeben und reduzieren lassen, dies 2–3 mal wiederholen. Dann Gewürze, die restlichen Gewürzgurken, Pilze und Speck dazu geben.

Die Rouladen bis zur Hälfte mit der Brühe auffüllen und in der Röhre ca. 1 Std. schmoren. Dabei öfters mit dem Fond übergiessen und die Rouladen drehen. Mehrmals drehen und mit dem Fond in der Kasserolle übergießen, so wird die Roulade schön knusprig ringsum.
Tipp: Rotkohl mit einer Prise Zimt und 2 Scheiben Orange – schmeckt wie Weihnachten.

Legende

Restaurant Pyratal
Pyratalstraße 40
08262 Morgenröthe
Tel.: 037465-520
Fax: 037465-5240
www.pyratal.de
geöffnet: Mi–Mo ab 11.30 Uhr
Ruhetag: Di
Inhaber: Familie Pampel
Seit: 2000
Sitzplätze: 90
Gaststube und Jagdzimmer
mit Kamin
Küche: vogtländische
Landhaus-Küche
Stil: ländlich
Preise: 4,50–12 €
Reservierung: empfohlen
Tipps: hausgebeizte
Hirschlende, Wild-Wochen,
Schlachtfest
🍴 Hochofen der Eisenglockengiesserei, Deutsche
Raumfahrtausstellung in
Rautenkranz, Grube „Tannenberg" in Schneckenstein,
Naturpark Erzgebirge-Vogtland

Inhaber und Küchenchef
Dirk Pampel beim Braten
von vogtländischen Bambes.

Deutscher Hof

Plauen

Nur wenige Minuten von der Fußgängerzone entfernt liegen der historische Gasthof und das Hotel „Deutscher Hof". Als eine der ältesten Gastwirtschaften in Plauen ist er schon seit 1875 eine beliebte Adresse. Hier dürfen Sie sich „einfach wohl fühlen". In der kleinen Gaststube im Altdeutschen Stil können Sie sich die beliebte Schnitzelpfanne oder eines der vielen leckeren regionalen und gut-bürgerlichen Gerichte schmecken lassen. Um gemütlich zu speisen, in geselliger Runde zu feiern oder um ein Plauener Bier zu genießen, sind Sie hier genau richtig. Für viel Freude und keine Wartezeit bei der Getränkebestellung sorgt der Bierhahn zum „Selberzapfen" – er befindet sich mitten auf dem Tisch. Im Sommer lädt der idyllische Biergarten mit schattigen Plätzen und viel Grün zu einem kühlen Umtrunk ein und lockt an den regelmäßig stattfindenen Grillabenden mit Spezialitäten vom Grill. Für Spaß und Bewegung vor oder nach dem Essen sorgen die zwei zum Haus gehörenden Bowlingbahnen. Natürlich bekommen Sie auch hier von den freundlichen Mitarbeitern Speis und Trank serviert. Ein moderner Tagungs- und Gesellschaftsraum steht für private Veranstaltungen und Feiern zur Verfügung. Für angereiste Gäste bieten neun liebevoll im Landhausstil eingerichtete Zimmer Übernachtungsmöglichkeiten. Zentral in Plauen gelegen ist dies ein ausgezeichneter Ort zum Verweilen und Wohlfühlen.

Schnitzel „Zigeuner-Art"

Zutaten (für 1 Person)
160 g Schweineschnitzel (paniert)
200 g Pommes Frites
Sauce: 60 g Zwiebeln, 60 g Paprika,
¼ Chilischote, ½ EL Tomatenmark,
100 ml Brühe, Pfeffer, Salz, Zucker
(evtl. nach Belieben einen Spritzer
Tabasco), Butter zum Dünsten

Zubereitung

*Zwiebeln und Paprika in feine Streifen
schneiden. Butter in einer Pfanne
auslassen und Zwiebel- und Paprikastreifen darin andünsten.*
*Eine Chilischote entkernen, in dünne
Scheiben schneiden und hinzufügen.
Wenn das Gemüse bissfest gegart ist,
mit Salz, Pfeffer und etwas Zucker
würzen.*
*Etwas Tomatenmark hinzufügen und
mit Brühe auffüllen.*
*Schweineschnitzel in einer Pfanne
braten und auf einem Teller anrichten.
Zigeunersauce dazugeben.*
*Dazu reichen wir Pommes Frites und
eine Salatgarnitur.*

Legende

**Altdeutsche Gaststube
Deutscher Hof**
Stresemannstraße 26
08523 Plauen
Tel./Fax: 03741-281885
www.deutscher-hof-hotel.de
geöffnet: tägl. 6.30–24 Uhr
Ruhetage: keine
Inhaberin: Alexandra Glied
Seit: 2004 (1875)
Sitzplätze: 30
Küche: altdeutsch, rustikal
Preise: ab 4,50 €
Reservierung: empfohlen
Tipps: Kegelbahn, Bier-
hahn auf dem Tisch

 Alaunbergwerk, Kirchen,
Spitzenmuseum

Koch Maik Wollrab.

89

El Greco

Plauen

Das Restaurant „El Greco" (zu Deutsch: „der Grieche") befindet sich mitten im Herzen Plauens direkt am Klostermarkt, nur eine Ecke vom Altmarkt und dem Spitzenmuseum enfernt. Über eine Treppe mit rotem Teppich gelangt der Gast in den 1. Stock des Hauses und wird von griechischen Statuen empfangen: „Komm rein, setz dich, greif zu und genieße die wahren Dinge des Lebens." Unter einem Dach von Weinblättern und Trauben kann man hier typisch griechische Spezialitäten „göttlich genießen". Als Appetitanreger wird gerne ein Gläschen Ouzo getrunken und vom gemischten Vorspeisenteller mit kleinen Köstlichkeiten wie gefüllten Teigtaschen und Weinblättern, frittiertem Gemüse und Schafskäse genascht. Anschließend empfiehlt der Wirt Gemisto, mit Schafs-

käse gefüllte Schweinelende und verschiedenen Gemüsesorten am Spieß gegrillt. Natürlich serviert man Ihnen hier auch gerne Gyros, Tzatziki oder Mousaka, einen herzhaften Auflauf mit Auberginen und Hackfleisch. Dazu passt hervorragend ein Glas Retsina. Für private Feierlichkeiten steht ein separater Raum zur Verfügung. Über das Jahr verteilt finden griechische Abende mit Live-Musik, original griechischen Tänzen und einem ausgewählten Spezialitäten-Buffet statt. In der warmen Jahreszeit lassen sich auf der Sommerterrasse die Speisen des Restaurants ebenso genießen wie die raffinierten Eisbecher und Cocktails. Lassen Sie sich vom südlichen Flair anstecken und nehmen Sie ein Stück Lebensfreude mit nach Hause.

Geschnetzeltes nach griechischer Art

Zutaten (für 1 Person)
250 g Schweinelende, je 50 g Paprika, Gewürzgurken und Zwiebeln, 200 ml Sahne, 100 trockener Weißwein, 50 g geriebener Schafskäse, Salz, Pfeffer, Butter zum Anbraten

Zubereitung

Das Fleisch in mundgerechte Stücke schneiden, salzen und in der Pfanne in geschmolzener Butter scharf anbraten. Das Gemüse fein würfeln und hinzufügen, kurz mitbraten. Mit dem Wein ablöschen und einige Min. einkochen lassen. Sahne und Käse dazugeben. Mit frischer Petersilie garnieren und heiss mit Brot oder Kroketten servieren.

Legende

Restaurant El Greco
Oberer Steinweg 8
08523 Plauen
Tel./Fax 03741-3949900
www.el-greco-restaurant.de
geöffnet: Mo–Fr 17–24 Uhr, Sa/So 11.30–14.30 Uhr und 17–24 Uhr
Ruhetage: keine
Inhaber: Adriatik Hidri
Seit: 2004
Sitzplätze: 150
Stil: griechisches Flair
Küche: griechische Spezialitäten
Preise: ab 8 €
Reservierung: empfohlen
Tipps: Kinderkarte, Veranstaltungen
🏛 Alaunbergwerk, Kirchen, Spitzenmuseum

Koch und Inhaber Adriatik Hidri

Kartoffelhaus

Plauen

bestellung bietet das Restaurant ein besonderes Kartoffel-Erlebnis: „Essen wie zu Omas Zeiten". Zu Sülze, Brathering, Quark, Leberwurst, mariniertem Hering und Gurkensalat werden heiss dampfende Kartoffeln aus der Region gereicht. Direkt vom Tisch zum Selberpellen ist dies ein geselliges Mahl, und für nur 6,90 Euro können Sie essen, soviel Sie wollen und können. Unbedingt probieren sollten Sie einen der herzhaften Kartoffel-pfannkuchen, die man so nur hier bekommt. Zur Verdauung empfiehlt sich anschließend ein leckerer Brotschnaps mit feinem Karamell-Aroma, den der Wirt augenzwinkernd mit dem Spruch „Trinken wir noch ein Schnäpschen aus dem kleinen Henkeltöpfchen" serviert. Alljährlich im November lädt das Kartoffelhaus zum Bockbieranstich ein. Nach dem Genuss der deftigen Schlachterplatte mit Well-fleisch, Sülze und Hackepeter kann man, musikalisch begleitet von einer Live-Band, das Tanzbein schwingen. Im selben Haus befindet sich das „City-Hotel", welches Übernachtungs-möglichkeiten bietet.

Das Spezialitätenrestaurant „Kartoffelhaus" finden Sie im Stadt-zentrum Plauens. Dort servieren der Inhaber Thomas Schaller und seine Frau mit viel Liebe zubereitete schmackhafte Kar-toffelgerichte aus aller Welt. Im urig-rustikalen, aber feinen Ambiente genießen Sie herzhafte Kartoffelpizzen, Kartoffel-töpfe und Kartoffelpfannen. Dazu passt hervorragend ein frisch-gezapftes Bier aus der lokalen Sternquell-Brauerei. Auf Vor-

Kartoffel-Pfannkuchen „Förster Art"

Zutaten (für 1 Person)
150 g Kartoffelpufferteig, 20 g Zwiebeln, 50 g Rauchfleisch, 50 g Paprika, 20 g geriebener Käse, 50 g Waldpilze, Balsamico-Dressing, Salz, Pfeffer

Zubereitung

Zwiebeln, Rauchfleisch und Paprika fein würfeln. Mit den Waldpilzen in der Pfanne vordünsten und mit Salz und Pfeffer abschmecken. Den Kartoffelpufferteig dazugeben. Anschließend in der Pfanne mit dem Käse übergrillen. Mit Balsamico-Dressing anrichten und heiß servieren.

Legende

Restaurant Kartoffelhaus
Neundorfer Straße 23
08523 Plauen
Tel./Fax: 03741-393765
geöffnet: tägl. 11–14/17–24 Uhr
Ruhetage: keine
Inhaber: Thomas Schaller
Seit: 2007
Sitzplätze: 100 (1 Nichtraucherraum, 1 Raucherraum, je 50)
Stil: rustikales, aber feines Ambiente
Küche: Kartoffelgerichte aus aller Welt
Preise: 3,90–11,90 €
Reservierung: empfohlen
Tipps: Sonntags und an Feiertagen kostet ein Gericht für Kinder nur 99 Cent
⌂ Rathaus, Spitzenmuseum, Vogtlandmuseum

Inhaber Thomas Schaller.

Malzhaus

Plauen

Im verträumtesten Winkel der Altstadt, oberhalb des alten Mühlgrabens, kann man die letzten ursprünglichen Mauerreste der ehemaligen Stadtbefestigung Plauens im Hofbereich des Malzhauses entdecken, dessen Geschichte bereits über 850 Jahre zählt. Das im Erdgeschoss gelegene „Restaurant im Malzhaus" öffnete im September 2008 erst wieder mit einem neuen aufmerksamen Service-Team seine Pforten. In den altehrwürdigen Räumen mit malerischem Kreuzgewölbe kann man sich auf gediegenen Massivholz-Ledermöbeln von mediterraner bis internationaler Küche verwöhnen lassen. Der erfahrene Küchenchef zaubert wahre Gaumenfreuden. Mehrmals jährlich wechselt die Karte, so werden Ihnen z. B. neben dem typischen vogtländischen Sauerbraten immer saisonal abgestimmte kreative Gerichte angeboten – mit Pfifferlingen, Wild, Kürbis oder Fisch. Sogar die Desserts wechseln, überraschen und begeistern, so sind das „Kürbiskernparfait mit Heidelbeerkompott" oder das „Mohneisparfait mit Honigbirnen" wahre Geschmackserlebnisse.

Im Malzhaus finden zahlreiche kulturelle Veranstaltungen statt: auf der Galeriebühne das Kabarett, die Galerie mit wechselnden Ausstellungen wird zum Studio-Kino, auf der Kellerbühne spielt Live-Musik und im Sommer finden Open-Air-Konzerte im Biergarten statt. Auf dem Programm stehen auch der Folk-Herbst, die Jazztage, Puppentheater, Salsakurse und Lesungen. Wichtiger Bestandteil des Hauses ist das Malzcafé; die Kneipe im Gewölbekeller verspricht vor allem eins: Kommunikation!

Gefüllte Dorade an Pfifferling-Risotto

Zutaten (für 4 Personen)

4 Doraden, küchenfertig, 125 g getrocknete Tomaten, 1 Bd. Thymian, 10 Knoblauchzehen, 1 unbehandelte Zitrone (Schale und Saft), 500 g Tomaten, 1 Bd. Lauchzwiebeln, 300 g Zucchini, 100 g schwarze Oliven, 200 ml Weißwein, 3 EL Olivenöl, Salz und Pfeffer
Risotto: 300 g Reis, 400 g frische Pfifferlinge, 2 Zwiebeln, 2 Knoblauchzehen 5 EL Öl, 375 ml Weißwein, 750 ml Gemüsebrühe, 1 EL Butter, 150 g Parmesan, 1 Bd. Petersilie, ¼ Becher Sahne, Salz, Pfeffer, edelsüßes Paprikapulver

Zubereitung

Backofen auf 220 °C Ober-/Unterhitze, vorheizen. Doraden waschen, trocken, tupfen, getrocknete Tomaten fein würfeln und drei TL beiseite stellen. Die Hälfte des von den Stielen gezupften Thymians und Basilikum fein schneiden. 4 Knoblauchzehen fein würfeln. Zitronenschale abreiben und Saft auspressen. Getrocknete Tomaten, Thymian, Basilikum und Knoblauchwürfel mischen. Tomaten, Lauchzwiebel, Zucchini waschen, Tomaten vierteln, Lauchzwiebeln und Zucchini in Stücke schneiden. Das Gemüse und die Oliven auf ein Backblech (Fettpfanne) geben. Doraden mit Salz und Pfeffer bestreuen, mit der Tomaten-Kräutermasse füllen und auf das Gemüse legen. Restlichen Knoblauch, Thymian und getrockneten Tomaten darübergeben. Mit Weißwein begießen und mit Olivenöl beträufeln und ca. 25–30 Min.

im Backofen garen. Risotto: Pfifferlinge waschen, größere Pilze vierteln. Zwiebeln und Knoblauch fein schneiden, glasig dünsten, Reis und Knoblauch dazu geben und unter Rühren weiter dünsten. Pfifferlinge dazu geben, den Wein angießen und bei offenem Topf verdampfen lassen. Mit Salz, Pfeffer, Paprika würzen. Die Gemüsebrühe und die Sahne dazu geben. Unter häufigem Rühren bei schwacher Hitze zugedeckt etwa 20–25 Min. ausquellen lassen. Petersilie fein hacken und mit dem Parmesan untermischen.

Legende

Restaurant im Malzhaus
Alter Teich 7–9
08527 Plauen
Tel./Fax: 03741-281090
www.malzhaus.de
geöffnet: tägl. 11–14,
Di–Sa 18–1 Uhr
Ruhetag: So
Inhaber: Kulturzentrum
Malzhaus e. V.
Seit: 2008
Sitzplätze: Restaurant 100,
Séparée 20
Stil: Kreuzgewölbe, rustikal-gemütlich
Küche: international, mediterran
Preise: 8–20 €
Reservierung: empfohlen
Tipps: zahlreiche kulturelle Veranstaltungen, Galerie, Kellerbühne, Kneipe Malzcafé  Spitzenmuseum, Theater, Altstadt Plauens

Philipp

Plauen

Direkt neben dem kulturellen Herzen, dem Theater von Plauen, befindet sich das Restaurant „Philipp" mit klassischen Ambitionen. Hier empfängt Sie freundlich ein junges und aufmerksames Serviceteam in herzlichem Ambiente. Werke regionaler Künstler, helle Holzmöbel und warmes Kerzenlicht schaffen eine rustikal gemütliche Atmosphäre ohne aufdringlich zu sein. Von der Decke abgehängte Stoffbahnen grenzen die einzelnen Tische im großen Saal voneinander ab, setzen frische Impulse und sorgen für ungestörte Gespräche. Die Kombination von Traditionellem und Regionalem mit modernen Elementen spiegelt sich auch in der Küche wieder: ein kreativer Mix aus regionalen und internationalen Gerichten. Fisch, Sushi und Steaks sind die Spezialitäten des Hauses.

Außerdem hat der Gast die Möglichkeit, sich die Beilagen zur Hauptspeise nach Gusto selbst zu kombinieren. Die mit Liebe zum Detail zubereiteten Desserts sind kleine besondere Momente der Aufmerksamkeit und des Genusses. Über das Jahr verteilt kredenzt Ihnen der Küchenchef im Rahmen diverser Aktionswochen auf die Saison abgestimmte kreative Gerichte mit frischem Spargel, Pilzen, Kürbis oder heimischem Wild. Auf Anfrage können auch Menüs für spezielle Anlässe kreiert werden. Das Restaurant „Philipp" gehört zum 4-Sterne-Hotel „Dormero", in dem sich auch die Bar-Lounge „Backstage" befindet. Hier können Sie bei einem fruchtigen Cocktail und verschiedenen Veranstaltungen wie Lesungen oder Live-Musik den Abend ausklingen lassen.

Ribeye-Steaks mit gebratenen Garnelen

Zutaten (für 2 Personen)

2 Ribeye Steaks, 1 Stiel Basilikum, 1 Stiel Thymian, 1 Stiel Rosmarin, 6 EL Öl, Salz, Pfeffer, 500 g Garnelen, 2 Zehen Knoblauch, Thymian, Rosmarin, Salz, Pfeffer

Zubereitung

Die Steaks waschen und trockentupfen. Die Kräuter mit Öl verrühren, auf die Steaks träufeln und zugedeckt ca. 20 Min. marinieren. Die Steaks in der Pfanne scharf anbraten und anschließend bei 180 °C ca. 8–9 Min. (medium) in den Backofen geben. Danach mit grobem Salz und Pfeffer würzen. Öl in der Pfanne erhitzen, darin die Garnelen rundum leicht anbraten. Die Knoblauchzehen schälen, klein hacken und zusammen mit den kleingezupften Kräutern dazugeben und dünsten. Mit Salz und Pfeffer würzen. Die Garnelen werden auf dem Teller auf den Steaks mit kleinen Holzstäbchen fixiert. Steaks und Garnelen mit buntem Pfeffer dekorieren und mit Petersilie und Chilifäden und einem Salatbukett mit knackigen Salaten der Saison anrichten.

Legende

Restaurant Philipp
Theaterstraße 7
08523 Plauen
Tel.: 03741-1210
www.dormero.com
geöffnet: tägl. 11–14 Uhr
und 17.30–24 Uhr
Ruhetage: keine
Inhaber: Philipp Veigele
Seit: 2007 (1994 neu gebaut, 2007 komplett neu renoviert)
Sitzplätze: 220
Stil: herzliches Ambiente
Küche: regional-crossover
Preise: 7–18 €
Reservierung: empfohlen
Tipps: monatlicher Themen-Brunch, Sushi; „Backstage", Veranstaltungen (Lesungen, Live-Musik)
Theater Plauen, Talsperre, Pöhl, Bergwerk, Shopping-Area Plauen

Küchenchef Uwe Lorenz.

Royal

Plauen

In bester Lage direkt in der Fußgängerzone begrüßt Sie das exklusive Restaurant „Royal" im familiengeführten 4-Sterne Hotel „Alexandra". Der im Imperialstil ausgestattete Saal mit wunderschönen Kristalllüstern verleiht dem Restaurant Eleganz und eine besonders individuelle Note. Genießen Sie kulinarische Köstlichkeiten aus der regionalen, nationalen und internationalen Küche im Restaurant sowie auf den beiden Sommerterassen. Neben vogtländischem Sauerbraten und Rindsrouladen gibt es hier auch Steaks und mediterrane Speisen. Die außergewöhnlichste Spezialität des Hauses sind die flambierten Gerichte. Auf einem Flambierwagen werden sie vor den Augen des Gastes zubereitet – ein Erlebnis der besonderen Art, welches alle Sinne anspricht. Auch die Grillplatte „Alexandra" ist wärmstens zu empfehlen, denn gegrillt wird auf einem Lavastein. Als krönender Abschluss empfiehlt sich der „Flambierte Pfirsich nach Esscoffieur". Neben verschiedenen kulturellen Veranstaltungen wie z. B. exotischen Nächte mit brasilianischen Tänzerinnen wird auch großer Wert auf saisonale Angebote wie Spargel- oder Pilzwochen gelegt. Ein beliebter Treffpunkt vor und nach dem Essen ist die Hotelbar „Moonlight". Im selben Haus lädt das im Jugendstil eingerichtete und für sein reichhaltiges Frühstück bekannte Kaffeestübchen „Wien" ein. Genießen Sie das gehobene Ambiente in mittlerer Preiskategorie und lassen Sie sich vom charmanten und eingespielten Team voller Gastlichkeit verwöhnen.

Balkanspieß mit Paprikareis und scharfer Sauce

Zutaten (für 1 Person)
Spieß: 160 g Schweinefleisch (Schälbraten), 80 g Zwiebeln, ½ Paprikaschote, ½ kleine Zucchini, 1 EL Butter zum Fambieren, etwas Rum und Escorial zum Flambieren
Sauce: 60 g Zwiebeln, 60 g Paprika, ¼ Chilischote, ½ EL, Tomatenmark, Salz, Pfeffer, Zucker, 100 ml Brühe
Paprikareis: 100 g Reis, ¼ Paprikaschote, 1 EL Butter zum Dünsten, Salz

Zubereitung

Zwiebeln, Paprika und Schweinefleisch in Würfel schneiden. Zucchini in Scheiben schneiden. Die Fleischwürfel sowie die Gemüsestücke auf einen Spieß stecken und in der Pfanne von allen Seiten langsam anbraten mit Salz und Pfeffer würzen. In einer Flambierpfanne etwas Butter auslassen, den Spieß hineingeben und mit Rum und Escorial flambieren.
Paprikareis: *Reis bissfest garen. Paprika in kleine Stücke schneiden und in Butter andünsten. Reis hinzufügen, würzen.*
Scharfe Sauce: *Zwiebeln in feine Streifen schneiden, Butter in einer Pfanne*
auslassen und Zwiebelstreifen darin andünsten. Eine Chilischote entkernen, in dünne Scheiben schneiden und hinzufügen.
Mit Salz, Pfeffer und etwas Zucker würzen. Etwas Tomatenmark hinzufügen und mit Brühe auffüllen. Spieß mit Paprikareis und scharfer Sauce auf einem Teller anrichten.

Stellvertretender küchenchef Frank Michel
Restaurantfachfrau Sabine Tunzer

Restaurant Royal
im Hotel Alexandra
Bahnhofstraße 17
08523 Plauen
Tel./Fax: 03741-221414
www.hotel-alexandra-plauen.de
geöffnet: tägl. 10.30–24 Uhr
Ruhetage: keine
Inhaberin: Alexandra Glied
Seit: 1991
Sitzplätze: 110
Stil: Imperial- und Jugendstil
Küche: mediterran-regional
Preise: ab 9 €
Reservierung: empfohlen
Tipps: Rauchen in der Bar „Moonlight" erlaubt, Anfahrt und Parkmöglichkeiten über Reichsstraße
Alaunbergwerk, Plauener Kirchen, Spitzenmuseum

Tennera

Plauen

Die „Tennera" ist ein beliebtes Ausflugsziel direkt im Stadtpark und lädt Sie ein zum Verweilen fernab vom Alltagsstress. Ein ausgedehnter Spaziergang vor oder nach dem Essen im „grünen Herzen" Plauens drängt sich förmlich auf. Aber auch in die Stadt ist es nicht weit, nur etwa zehn Minuten zu Fuß braucht man bis ins Zentrum um zum Beispiel das Plauener Spitzenmuseum zu besichtigen. Die „Tennera" selbst schreibt auch Geschichte, der Name geht ins 14. Jahrhundert zurück, und bereits um 1800 befand sich hier eine Einkehrstätte. Seit 1994 ist die Traditionsgaststätte und Pension im Besitz der Sternquell-Brauerei. Es ergänzen sich heute Tradition mit moderner Gastronomie, wobei das historische Ambiente des Hauses und des Gartens nicht verändert wurde. Die vogtländische Küche bietet viele Köstlichkeiten aus Topf und Pfanne bis hin zur internationalen Küche. Mit Spezialitäten wie Vogtländischem Sauerbraten, Schnitzel „Tennera", hausgemachter Rinderroulade oder knuspriger Entenbrust kann man seinen Gaumen erfreuen. Die rustikalen Gasträume des Brauereiausschanks eignen sich für große und kleine Gesellschaften für jeden Anlass. Im Sommer lockt der große Biergarten. „Genießen im Grünen" kann man wörtlich nehmen – unter alten Kastanien sitzt man selbst bei hohen Temperaturen im kühlenden Schatten. Hier werden auf einer Großbildleinwand oft sportliche Highlights übertragen. Mit einem frisch gezapften Sternquell in der Hand lässt sich das besonders gut genießen!

Vogtländischer Sauerbraten mit Apfelrotkohl und grünen Klößen

Zutaten (für 4 Personen)
1 kg falsches Filet vom Rind
Sud: 1 EL Senfkörner, 8 Pfefferkörner, 1 EL Salz, 2 Pimentkörner, 1 Lorbeer-blatt, 1 Zwiebel, 1 TL Wachholder-beeren, 1 Möhre, ½ Sellerie, ¼ l Essig, ¼ l Rotwein, ½ l Wasser
Wurzelgemüse: 2 Möhren, ½ Sellerie, 2 Zwiebeln, 1 EL Tomatenmark, 150 g Sossenkuchen in kleinen Stücken, 100 ml Sahne

Zubereitung

Sud: Wasser, Zwiebel, Möhre, Sellerie, Lorbeer, Piment, Wachholder, Senfkör-ner, Rotwein, Essig, Salz und Pfeffer zu einem Soud kochen. Rindfleisch ab-ziehen (Fett und Sehnen entfernen) und dieses 3 Tage im Soud ziehen lassen. Das Fleisch scharf anbraten und mit Salz und Pfeffer würzen. Wurzelgemüse mit Tomatenmark anbraten und Soßen-grund herstellen. Mit dem Sud auffül-len und das Fleisch ca. 1,5–2 Stunden weich schmoren. Zum Schluss die Soße mit Soßenkuchen und etwas Sahne verfeinern.

Dazu reichen wir hausgemachten Apfelrotkohl und grüne Klöße. Viel Spaß beim Kochen und „Guten Appetit"!

Legende

Gaststätte Tennera
Tennera 20
08525 Plauen
Tel.: 03741-226785
Fax: 03741-147010
www.tennera.com
geöffnet: tägl. ab 11 Uhr
Ruhetage: keine (nur 24.12.)
Inhaberin: Christine Grimmen
Seit: 1993
Sitzplätze: 80 im Restaurant, 300 im Biergarten
Stil: rustikal
Küche: gutbürgerlich, vogtländisch
Preise: 5,50–14 €
Reservierung: empfohlen (besonders am Wochenende)
Tipps: Großbildleinwand im Biergarten
 Stadtpark von Plauen, Spitzenmuseum

Küchenchef Denis Doberenz

Gasthof Zwoschwitz

Plauen/Zwoschwitz

Umringt von Wiesen und Wäldern am Rande von Plauen liegt der Ortsteil Zwoschwitz, ein gut erhaltenes slawisches Runddorf, in welchem der Gasthof „Zwoschwitz" steht, ein Familienbetrieb in der 4. Generation. Mit „Vogtländischer Gastlichkeit" begrüßt Sie hier Familie Valtin. Vielfältig wie die umliegende Landschaft präsentiert sich auch die Küche. Legendäre Klassiker sind „Griene Klies", „Bambes", vogtländischer Sauerbraten und Karpfen. Einmal monatlich findet das „Kartoffel-Buffet" statt, welches zum Programm der Restaurant-Kooperation „So schmeckt das Vogtland" gehört. Auf der „Heukarte" findet man typisch vogtländische Gerichte, die unter Verwendung von einheimischen Produkten zubereitet werden. Saisonal angeboten werden auch Gerichte mit Wild, Pilzen, Spargel und Salate – frische Zutaten sind höchstes Gebot, und hausgemacht ist eigentlich alles. Alte regionale Rezepte vereint mit der neuen leichten Küche, hier kocht man „mit Herz und Verstand". Verschiedene Räume im Landhaus-stil bieten den passenden Rahmen, um zu speisen und Platz für Familienfeiern und Konferenzen. Im Sommer nutzt man gerne die großzügigen Außenanlagen, eine Terrasse und ein Kastaniengarten laden zum Verweilen ein. Die Sommerkegelbahn sorgt für Spaß, und auf dem Spielplatz können sich die kleinen Gäste austoben.

Zwoschwitz liegt direkt an der Rad- und Wanderroute „Vogtland Panorama Weg". Somit ist das Landgut-Hotel bestens geeignet als Basis-Station oder zur Einkehr nach einer ausgedehnten Wanderung.

Vogtländischer Karpfen

Zutaten (für 4 Personen)

1 mittelgroßer Karpfen; ca. 2–2 ½ kg und Karpfenblut, Salz, etwas Essig,
2 mittelgroße Zwiebeln, 2 mittelgroße Möhren, ½ Kohlrabi, 1 Stange Porree,
1 kleines Stk. rote Rübe, ¼ Sellerie, etwas Brotrinde, ½ Stk. Butter,
0,2 l Bier, 3 Nelken, 2 Lorbeerblätter, Wacholderbeeren, Pfefferkörner

Zubereitung

*Das Gemüse waschen, putzen und zerteilen, mit den Gewürzen (kein Salz!) und
der Brotrinde in genügend Wasser weich kochen und anschließend mit dem
Mixstab pürieren. Den Karpfen säubern, die Kiemen entfernen und den Fisch in
portionsgerechte Stücke teilen.*

*Die Stücke einzeln mit heißem Essig beträufeln (bläuen). In einen Bräter bzw.
einen breiten Topf Butterflocken geben, die blauen Karpfenstücke salzen und
darauf legen, das Karpfenblut zugeben. Das Bier und den kochenden, pürierten
Gemüsesud dazu gießen, zugedeckt aufkochen und weitere 30 Min. ziehen
lassen.*

*Wir empfehlen dazu:
Salzkartoffeln oder grüne
Klöße (Klöße aus
rohen Kartoffeln),
Rotkohl sowie ein
Glas Bier oder
einen leichten
trockenen
Weißwein.*

Legende

Landguthotel
Gasthof Zwoschwitz
Talstraße 1
08525 Plauen/Zwoschwitz
Tel.: 03741-300680
Fax: 03741-30068218
www.landhotel-z.de

geöffnet: Mo 16–23 Uhr,
Di–Sa ab 11 Uhr, So 11–14 Uhr
Ruhetage: keine
Inhaber: Ludwig Valtin
Seit: 1990 (Haus seit 1870)
Sitzplätze: 174 (Gastraum,
Festsaal, 2 Gesellschafts-
räume), Terrasse (oben 40,
unten 80)
Stil: Landhausstil
Küche: gutbürgerlich, regional
Preise: 7–17 €
Reservierung: empfohlen
Tipps: Kinderspielplatz, Som-
merkegelbahn, „Kartoffel-
Buffet", Mitglied in der Restau-
rant-Kooperation „So schmeckt
das Vogtland"
🏠 direkt an der Rad- und
Wanderroute im Vogtland,
Drachenhöhle Syrau, Wehr-
kirche Kauschwitz, Plauen
mit Museen

*Küchenchefin Ursula Valtin und Köchin
Juliane Hohenhaus beim Pilze schneiden.
Kellnerin Jana Kästner beim servieren
des Vogtländischen Karpfens.*

Da Papu

Reichenbach

Im Herzen der Altstadt von Reichenbach gleich am Marktplatz befindet sich das „Da Papu". In den Räumlichkeiten, die früher als Markthalle dienten, wurde im Jahr 1998 das italienische Restaurant eröffnet, und nach einer Komplett-Renovierung 1999 hat es die heutige Größe erlangt. Schon beim Betreten des Restaurants fühlt man sich durch die herzliche Begrüßung des Inhabers Padam Sharma mit seinem italienischen Küchen- und Service-Team sowie durch die mediterrane Einrichtung in ein anderes Reich versetzt. Viele Grünpflanzen zieren den Innenraum und bewachsene Ballustraden trennen kleinere Sitzecken ab. Mit Liebe zum Detail ist auch die Speisekarte gestaltet. Hier findet man alles, was das Herz begehrt. Von frischen Sala-

ten über Pizza und natürlich vielen Pasta-Varianten bis hin zu köstlichen Fleischgerichten bietet das „Da Papu" dem Gast ein kulinarisches Spektakel und viel Auswahl an italienischen Spezialitäten. Wer sich hierher begibt, sollte sich auch die Fischspezialitäten, die auf einer Extrakarte einzusehen sind, nicht entgehen lassen. Eine lange Tradition bietet die jährlich wiederkehrende Fischwoche, in der die Gäste neben den üblichen Gerichten mit einer zusätzlichen Auswahl an köstlichen und exotischen Fischspezialitäten verwöhnt werden. Über das Jahr verteilt kann man die saisonalen Angebot des Hauses genießen. Für jeden Geschmack ist etwas dabei, und „Da Papu" verspricht gute Qualität zu moderaten Preisen.

Lachsfilet Basilikum
mit gefüllten Teigtaschen

Zutaten (für 4 Personen)
800 g frisches Lachsfilet
3 EL Olivenöl, Salz, Pfeffer
Beilage: 400 g gefüllte Nudeltaschen,
3 El Butter, frische Salbeiblätter)
Soße: 200 g Sahne, 2 El Pesto
1 TL gehackten Knoblauch, Salz,
Pfeffer

Zubereitung
*In einer Bratpfanne den Lachs in Oliven-
öl bei mittlerer Hitze anbraten und würzen. In der Zwischenzeit die Nudeltaschen
in reichlich Salzwasser „al dente" kochen.
Butter in der Pfanne erhitzen, die gekochten Nudeltaschen dazu geben und
darin schwenken. Für die Sosse die Sahne in einer Pfanne erwärmen, Pesto und
Knoblauch dazu geben, kurz kochen und
mit Salz und Pfeffer abschmecken. Auf
vorgewärmten Tellern die Nudeltaschen
mit etwas Sosse und den Salbeiblättern
anrichten, den Lachs mit etwas Sosse,
einer Salatgarnitur und Balsamico-
Dressing servieren. Buon appetito!*

*Koch und Inhaber Padam Sharma und Koch Sarvjeet
Singh beim Zubereiten von „…achsfilet Basilikum
mit gefüllten Teigtaschen".*

Legende

Pizzeria Restaurant Da Papu
Mylauer Tor 1
08468 Reichenbach
Tel./Fax: 03765-718318
www.restaurant-dapapu.de
geöffnet: tägl. 11.30–14.30 Uhr
und 17.30–23 Uhr
Ruhetage: keine
Inhaber: Padam Sharma
Seit: 1988
Sitzplätze: 85
Stil: mediterran
Küche: italienisch
Spezialität: Fisch
Preise: Hauptspeisen ab 6,50 €
Reservierung: empfohlen
⌂ Neuberin-Museum,
Göltschtalbrücke, Wasserturm

Schöne Aussicht
Reichenbach

Auf Grund seines wundervollen Panoramablickes kam der Platz oberhalb von Reichenbach zu seinem Namen: „Schöne Aussicht". Das Haus mit seinem Aussichtsturm mit Weitsicht über das nördliche Vogtland wurde 1890 erbaut. Bis 1989 war es ein beliebtes Ausflugsziel, dann wurde es still in den Mauern – bis die „Schöne Aussicht" 2004 von Familie Sommer komplett saniert wieder eröffnet wurde. Wildgerichte und Wildgeflügel sind die Spezialitäten des Hauses. Für ein richtig gutes Rumpsteak oder Rinderfilet kommt man gerne von weiter her angereist. Hier ist alles hausgemacht, frische Zutaten stehen an erster Stelle und frische Kräuter kommen aus dem eigenen Garten. Als Dessert „Crêpes mit heißen Kirschen" oder „Latte Macciato von Himbeere" lassen Herzen höher schlagen. Am Nachmittag lockt ein Stück hausgebackener Kuchen oder Torte. Genießen kann man dies alles in einem der geschmackvoll eingerichteten Räume an liebevoll dekorierten Tischen, im Restaurant im Erdgeschoss, am Runden Tisch, im Saal der Galerie, im Turmzimmer oder im Sommer auf der Sonnenterrasse.

Internationale Gäste sind willkommen – die Speisekarte gibt es auch auf Englisch und Russisch. Platz für Tagungen oder Familienfeiern findet man in den Konferenzräumen, und um sich fitzuhalten gibt es einen Sportplatz. Kinder können sich im Spielzimmer oder draußen auf den Spielplätzen unter Bäumen austoben und die Tiere vom Streichelzoo bewundern. Hier wird einiges mehr als nur eine „Schöne Aussicht" geboten!

Hirschsteaks in Wacholdersahne und gebackene Polenta-Noppen

Zutaten (für 4 Personen)

Hirsch: 4 Steaks, Hirsch, 2 EL Öl, Salz, Pfeffer, 1 große Zwiebel, 300 ml Wildfond, 10 Wacholderbeeren, 2 EL Johannisbeergelee, 100 ml süße Sahne
Polenta: 250 g Polenta (Maisgrieß), ¾ l Milch, ½ l Wasser, 100 g Butter, 100 g fein geriebener Parmesan, 3 Knoblauchzehen 3 Eier, Zitronensaft, Salz, Muskatnuss, schwarzer Pfeffer

Zubereitung

Steaks abtupfen. Öl in einer Pfanne erhitzen und die Steaks von jeder Seite ca. 3 Min. scharf anbraten. Auf niedrigerer Hitze rosa weiterbraten, mit Salz, Pfeffer würzen und warm stellen (evtl. in Alufolie einwickeln). Zwiebel schälen, fein hacken und im Bratenfett glasig schwitzen. Mit Wildfond ablöschen. Wacholderbeeren zerdrücken und zufügen. Alles ca. 15 Min. köcheln lassen. Die Soße evtl. durch ein Sieb streichen und kurz wieder aufkochen lassen. Johannisbeergelee darin auflösen, die Sahne unterrühren und mit Salz und Pfeffer abschmecken.

Polenta-Noppen: *Wasser, Milch, Butter zusammen mit den halbierten Knoblauchzehen in einen Topf geben und zum Kochen bringen, gut salzen (Flüssigkeit sollte deutlich salzig schmecken). Hitze reduzieren, Flüssigkeit darf nicht mehr weiterkochen, Knoblauchstücke entfernen, den Maisgrieß unter ständigen Rühren zur Flüssigkeit geben. Bei mittlerer Hitze ca. 5–10 Min. weiter rühren, bis der Gries dicker wird. Die Festigkeit sollte zum Schluss wie etwas zu fester Kartoffelbrei sein. Den Topf vom Herd nehmen und geriebener Parmesan untermengen, bis er geschmolzen ist. Mit Zitronensaft, Muskatnuss, Salz und schwarzen Pfeffer abschmecken. Masse etwas abkühlen lassen. Eine Kastenbackform mit Olivenöl ausreiben, darin die abgekühlte Polenta und die Eier errühren und das ganze noch einmal unter ständigen rühren erhitzen. Die Polenta in die Backform gießen und vollständig abkühlen lassen. Vor dem Braten die Backform stürzen und von der Polenta etwa 2 cm dicke Scheiben scheiden und diese in einer Pfanne mit Olivenöl von beiden Seiten goldbraun ausbacken.*

Legende

Restaurant Schöne Aussicht
An der Schönen Aussicht 12
08468 Reichenbach
Tel.: 03765-392063
Fax: 03765-392078
www.schoeneaussicht.de
geöffnet: Mo–Fr ab 12 Uhr,
Sa/So/Feiertage ab 11 Uhr
Ruhetage: keine (nur 24.12.)
Inhaber: Türk Sommer
Seit: 2004
Sitzplätze: 135,
100 Terrasse/Biergarten
Stil: modern-mediterran
Küche: traditionell-modern
Preise: 7–25 €
Reservierung: empfohlen
Tipps: Spielplatz und Streichelzoo, Aussichtsturm mit Weitsicht über das nördliche Vogtland, Konferenzräume, Familienfeiern, Sportplätze
⌂ Göltschtalbrücke, Alaunbergwerk, Burg Mylau, Neuberin-Museum, Landesgartenschau 2009

Das „Steak aus der Hirschhüfte" wird serviert.

Goldener Hirsch

Steinberg / Wernesgrün

Im Kern der Brauereigemeinde Wernesgrün gegenüber der kleinen Kirche findet man die Brauerei-Gaststätte „Goldener Hirsch". Das hübsche, weiß getünchte Fachwerkhaus ist seit 1730 fester Bestandteil der kleinen Ortschaft am Rande des sächsischen Vogtlands. Die Wände des Wirtshauses zeugen von seiner langjährigen Geschichte – von damals, als die Arbeiter der ortsansässigen Brauerei hier ihren festen Stammtisch hatten. In der rustikalen Gaststube mit der alten Holzdecke findet man viele alte Bilder und Schilder der Brauerei und natürlich den Leitspruch „Hopfen und Malz – Gott erhalt's". Die Küche bietet frische regionale und saisonale Spezialitäten von Wild, Geflügel und Fisch wie den „Knusperzander auf Fenchel-Orangen-gemüsebeet", die „Hirschroulade in Dornfelder Rotweinsauce". Sie können aber auch im gemütlichen Ambiente des Wirtshauses mit viel Tradition das „Vogtländische Jägertöpfchen" oder das „Braumeister-Schnitzel" genießen. Und dazu trinken Sie am besten, wie sollte es anders sein, ein kühles Wernesgrüner. Dieses können Sie in der Freiluft-Saison natürlich auch im hauseigenen Biergarten zu sich nehmen. Jeden Donnerstag bittet der „Goldene Hirsch" außerdem zu Tanz. Im „Hirsch-Festsaal" kann nach Herzenslust das Tanzbein geschwungen und in der Gaststube Hunger und Durst gestillt werden. Für die Senioren gibt es als kleines Extra den Tanz-Tee, in dem ein Kaffeegedeck und die Seniorenplatte im Preis inbegriffen sind.

Knusperzander auf Fenchel-Orangen-Gemüse

Zutaten (für 6 Personen)
4 Stück Fenchel (Knolle), 4 Stück Orangen, 6 Stück Zanderfilets mit Haut, 2 Stück Knoblauchzehen, 90 g Butter, 100 ml Orangensaft, 20 ml Zitronensaft, 120 ml Sahne (30 %), 250 g Mehl, 3 EL Zucker, Salz, Pfeffer

Zubereitung

Fenchel waschen, vierteln, in Streifen schneiden, Orange filetieren und den Knoblauch hacken. Butter in Pfanne erhitzen, den Fenchel 4–5 Min. anschwitzen, die Orangenfilets dazu geben. Das Fenchel-Orangengemüse mit Zucker bestreuen und leicht glasieren. Den gehackten Knoblauch dazu geben und etwa 2 Min. weiter anschwitzen. Mit Orangensaft ablöschen und die Flüssigkeit einreduzieren lassen, danach die Sahne dazu geben. Mit Salz und Pfeffer abschmecken und noch etwas gehacktes Fenchelgrün unterrühren. Die Zanderfilets waschen und mit Küchentuch trocknen, würzen und mit Zitrone beträufeln. Die Zanderfilets mehlieren und mit Butter 2 Min. auf der Hautseite anbraten, danach drehen und das Filet bei leichter Hitze fertig garen. Das fertig gebratene Zander-Filet mit dem Fenchel-Orangen-Gemüse anrichten.

Beilagen: Salzkartoffeln oder Butterreis

Legende

Traditionsgasthaus
Goldener Hirsch
Brauereistraße 55
08237 Steinberg /
OT Wernesgrün
Tel.: 037462-3871
Fax: 037462-280410
www.goldenerhirsch-wernes
gruen.de
geöffnet: Di–Fr 11–14.30 Uhr und ab 17 Uhr, Sa/So ab 11 Uhr
Ruhetag: Mo
Inhaber: Gastro Plus GmbH & Co. KG
Seit: 2006
Sitzplätze: Gaststube 70, Biergarten 30, Festsaal 100
Stil: rustikal
Küche: saisonale Gerichte,
Spezialitäten: Wild, Geflügel, Fisch
Preise: 6–15 €
Reservierung: empfohlen
Tipps: Tanzkurse im Festsaal, Ü-30-Partys, Hauskräuterlikör, Wernesgrüner „Schenkenklopfer"
Wernesgrüner Brauerei, Aussichtsturm auf dem Kuhberg, Freizeitpark Plohn

Brauschenke

Wernesgrün

Inmitten der historischen Kulisse des Wernesgrüner Brauerei-Gutshofes, einem typischen 4-Seiten-Gutshof mit Taubenschlag und Pferdeställen, befindet sich der Holz-Glas-Bau des Restaurants „Brauschenke". Umgeben von Brau-Utensilien können Sie in der gemütlichen Schenke Spezialitäten aus der Region und andere saisonale Leckerbissen des Chefkochs genießen. Vor allem aber natürlich die Wernesgrüner Pilslegende selbst. Sie findet ihren Weg nicht nur ins Glas, sondern auch in die Küche – fast alle Gerichte werden in oder mit dem Gerstensaft zubereitet, wie zum Beispiel das bekannte „Wernesgrüner Bierfleisch" oder die „Hopfen-Nudeln mit Spinat". Einmal monatlich lädt die Brauschenke zum Familien-Lunch mit großem Themen-Büfett wie „Zum Erntedank",

„Frankreich" oder „Schweizer Winterträume". Als weiteren Höhepunkt bietet das Restaurant seinen Gästen auf Vorbestellung das „Schlemmer-Essen vom heißen Stein" – dann kann man sein Essen am Tisch selbst brutzeln. Das Restaurant an sich besteht aus drei miteinander kombinierbaren Räumen – der rustikalen Gaststätte, dem Bierkeller mit seinen Rohren und Ventilen sowie dem Lagerkeller mit zwei in die Wand verbauten, noch sichtbaren Tanks. In letzterem kann man auf Anfrage das vor Ort frischgebraute Bier sogar selbst zapfen. Doch unter dem Dach des Gutshofes befinden sich auch die „Schmiede im Saustall" und die „Biertenne", ehemals Lagerraum für Heu und Stroh, die bekannt ist für ihre Musikveranstaltungen von Schlager über Pop bis Rock.

Wernesgrüner Bierfleisch

Zutaten (für 6 Personen)
500 g Zwiebeln, 30 g Margarine,
1 kg Oberschale vom Schwein, 30 g Öl,
60 g Tomatenmark, 1 TL gerieben
Zitronenschale, ¼ l Brühe,
½ l Wernesgrüner Pils Legende,
30 g Stärkemehl, Salz, Pfeffer

Zubereitung

Zwiebeln in Scheiben schneiden und in heißem Fett dünsten. Das Fleisch in Würfel schneiden und scharf anbraten. Zwiebeln, Tomatenmark und Gewürze zugeben. Mit Brühe und dem Wernesgrüner Bier alles ablöschen und schmoren lassen, bis das Fleisch gar ist. Mit dem Stärkemehl die Sauce wie gewünscht abbinden.
Beilagen: *Hausgemachte Semmelknödel, Klöße, Speckweißkraut, Buttermöhrchen oder Apfel-Möhrensalat*

Legende

Restaurant Brauschenke
Bergstraße 4
08237 Wernesgrün
Tel.: 037462-280411
Fax: 037462-280410
www.brauerei-gutshof.de
geöffnet: tägl. ab 10.30 Uhr
Ruhetage: keine
Inhaber: Gastro Plus GmbH
& Co. KG
Seit: 1996
Sitzplätze: 120 Gaststätte,
Lagerkeller, Bierkeller,
Biergarten
Stil: brauereitypisch
Küche: saisonal, regional und
vogtländische Spezialitäten
Preise: 6–15 €
Menü & Buffet von 15–30 €
Reservierung: empfohlen
Tipps: monatlicher Familien-
Lunch zu verschiedenen
Themen, Schlemmer-Essen
vom heißen Stein, Wernes-
grüner „Schenkenklopfer",
mittwochs „Abendliche
Brauereibesichtigung"
🏛 Wernesgrüner Brauerei
mit Besichtigungsmöglichkeit,
Aussichtsturm auf dem
Kuhberg, Freizeitpark Plohn

Beim Zubereiten von „Wernesgrüner Bierfleisch mit Knödeln und Buttermöhrchen".

111

Weitere Restaurants im Vogtland

Zur Staffel .... Hohe Straße 2, 08626 Adorf, Tel. 037423-3146, www.hotel-zur-staffel.de, Mo–Sa 11–14 Uhr und 17.30–23 Uhr, So 11–14 Uhr

Zöbischhaus .... Waldhofstraße 23, 08205 Auerbach, Tel. 03744-224521, www.zoebischhaus.de, tägl. ab 11 Uhr

Hotel-Gasthof .... Klingenthaler Straße 3, 08223 Grünbach-Muldenberg, **„Flößerstube"** Tel. 037465-6764, www.floesserstube.de, tägl. ab 11 Uhr

Berggasthaus .... Aschbergstraße 19, 08248 Klingenthal, Tel. 037467-20281, **Schöne Aussicht** www.berggasthaus-klingenthal.de, tägl. ab 11 Uhr

Zum Postillion .... Auerbacher Straße 146, 08248 Klingenthal, Tel. 037467-54000, www.zum-postillion.de, tägl. 11–22 Uhr

Lengenfelder Hof .... Auerbacher Straße 2, 08485 Lengenfeld, Tel. 037606 8770, www.hotel-lengenfelder-hof.de, Mo–Sa 6.30–23 Uhr, So bis 21 Uhr

Alpenhof .... Markneukirchner Straße 34, 08258 Markneukirchen, Tel. 037422-2323, www.alpenhof.de, täglich von früh bis abends

Berggasthof .... Oberer Berg 54, 08258 Markneukirchen, Tel. 037422-2695, **Heiterer Blick** tägl. 11–13 Uhr

El Greco .... Burg 1, 08499 Mylau, Tel. 03765-34258, www.restaurant-elgreco.de, **Burgrestaurant** Mo–So 17.30–1 Uhr, Sa, So, Feiertage auch 11–14.30 Uhr

Kuhbergbaude .... Kuhbergbaude 1, 08491 Netzschkau, Tel. 03765-34125 www.kuberg-netzschkau.de, tägl. ab 11 Uhr

manana .... Dobenaustraße 5, 08523 Plauen, Tel. 03741-227040, www.manana.de, Mi–So ab 18 Uhr, Ruhetage: Montag und Dienstag

Hotel Alexandra .... Bahnhofstraße 17, 08523 Plauen, Tel. 03741-221414, www.hotel-alexandra-plauen.de, tägl. 10.30–15 Uhr und 17.30–24 Uhr

MATSCH .... Nobelstraße 3–5, 08523 Plauen, Tel. 03741-204807, www.matsch-plauen.de, tägl. ab 11 Uhr

Landhotel und Gasthof Jocketa-Dorfaue 1, 08543 Pöhl, Tel. 037439-6254, **Alt-Jocketa** www.landhotel-jocketa.de, tägl. ab 11 Uhr

Stilbruch .... Greizer Straße 9, 08468 Reichenbach, Tel. 03765-16285, www.stilbruch-reichenbach.de, Mo–Do,So ab 18 Uhr, Fr/Sa ab 19 Uhr

Oberer Gasthof Brunn Dr.-Eckener-Straße 42, 08468 Reichenbach, Tel. 03765-13625, www.gasthof-brunn.de, Mi–So 11–21 Uhr, Ruhetage: Montag und Dienstag

Hesselbach .... Abhorner Straße 1, 08228 Rodewisch, Tel. 03744-31151, Mo-Fr 17–22 Uhr, Sa, So 11–23 Uhr

Goldenes Herz .... Hauptstraße 1, 08485 Schönbrunn, Tel. 037606-2229, www.goldenes-herz.de, täglich geöffnet

Waldgaststätte Buch ..... Buch, Nr. 5, 08233 Treuen, Tel. 037468-2283, www.waldgaststaette-buch.de, tägl. ab 11 Uhr

Zum Schreiner .... Königstraße 2, 08223 Treuen, Tel. 037468-688451, www.gasthaus-zum-schreiner.de, Mo, Sa ab 17 Uhr, Mi–So ab 11 Uhr

Erzgebirge

124 126
Burkhardtsdorf

170
128
162 164 152 150
168
166
136   142 144 146
Marienberg

154 156 120 122 116   160
Schneeberg   Aue   Annaberg-118 Seiffen
Buchholz

158 134 132 114
Schwarzenberg   138 140

130
Eibenstock

148
Oberwiesenthal

Die Zahlen sind identisch mit den Seitenzahlen
der einzelnen Restaurants in diesem Buch und bezeichnen
ihre Lage in dieser Region.

Berghotel Pöhlberg

Annaberg-Buchholz

Schon von weitem sichtbar, trotz vieler grüner Waldbäume, ist der trutzige Turm des Berghotels Pöhlberg. Längst aus dem Dornröschenschlaf erwacht, logiert das Panorama-Restaurant mit der braunen Holzfassade, den grünen Fensterläden sowie dem dazugehörigen Biergarten in luftiger Höhe. Ein Muss nach einem längeren Anfahrtsweg sind die Parkplätze direkt am Haus. Vorbei an gläsernen Vitrinen im Eingangsfoyer, in denen erzgebirgische Handwerkskunst ausgestellt wird, gelangt man in einen kleinen Gastraum, die so genannte Erzgebirgsstube, mit Platz für 50 Personen. Drinnen finden sich holzvertäfelte Wände mit Zinntellern, Holzdrechseleien, einladende

Sitzgruppen und interessante, bunte Deckenleuchter. Trauungen können beim Candle-Light-Dinner – einem zauberhaften Abendessen zu zweit – und Übernachtung in den Komfortzimmern bzw. der Hochzeitssuite zelebriert werden. Größere Gesellschaften bei Jubiläen und Firmenfeiern sowie Reisegruppen werden nach individuellen Wünschen bedient. Im zweiten Saal können an langen Tafeln bis 100 Personen und mehr gleichzeitig verköstigt werden. Einen speziellen Glanzpunkt setzt der Brunch auf dem Berg. Dabei handelt es sich um einen Themenbrunch jeden letzten Sonntag im Monat ab 12 Uhr. Kinder ab acht Jahre zahlen acht Euro für das leckere Spezialitätenbuffet, Erwachsene sechzehn. Im Vorfeld ist eine Reservierung nötig. Nun frisch gestärkt von der internationalen und feinen erzgebirgischen Küche mit Fischgerichten, Wild und Pilzen aus heimischen Wäldern, sollte ein kleiner Verdauungsspaziergang gerade dann in Schwung bringen, wenn Sie viel gegessen haben. Es wartet der Turmaufgang zum Pöhlbergturm. Wenn Sie 159 Stufen erklommen haben, werden Sie mit der herrlichen Aussicht über das sächsische und böhmische Erzgebirge belohnt. Der Turm hat eine Gesamthöhe von 32 m. Die Eintrittskarte und den Schlüssel kann man sich am Buffet bzw. in der Gaststube holen. Erwachsene zahlen einen geringen Unkostenbeitrag von 0,75 Euro, Kinder 0,50 Euro und Gruppen ab 10 Personen nur 0,65 Euro pro Person. Kurz gesagt: ein lohnenswertes Ausflugsziel auf einem Bergplateau in 832 Meter Höhe. Verirren Sie sich ruhig in diese romantische Gegend.

Räuchermatjes mit hausgemachter Remoulade

Zutaten (für 1 Person)
3 Filets Matjeshering, 1 große
Zwiebel, 2 Gewürzgurken,
300 ml Buttermilch, 100 g Schmand
oder Creme fraiche, 1 EL Öl,
1,5 kg Kartoffeln, Paprika, Dill

Zubereitung
*Die Heringe abwaschen und, falls sie zu
salzig sind, in kaltes Wasser einlegen,
danach mit Küchenpapier trocken tup-*
*fen. Die Buttermilch in einer Schüssel
mit 2 EL Schmand oder Creme fraiche
verrühren und das Öl dazugeben. Den
Hering, die in feine Ringe geschnittene Zwiebel und 1–2 klein gewürfelte
Gewürzgurken zufügen. Über Nacht
zugedeckt im Kühlschrank ziehen-
lassen. Mit dünnen Paprikastreifen
dekorieren und frischen Dill auflegen.*

*Dazu schmecken Pellkartoffeln, die
Sie gewaschen und ungeschält weich
kochen. Das feine Remouladenrezept
ist eine geheime Spezialität des
Hauses.*

Legende

Berghotel Pöhlberg
Ernst-Roch-Straße 10
09456 Annaberg-Buchholz
Tel.: 03733-18320
Fax: 03733-183229
www.berghotel-poehlberg.de
geöffnet: tägl. 10–22 Uhr,
Ruhetage: keine
Inhaber: Simone und
Gaston Deckert
Seit: 2007
Sitzplätze: 100
Küche: Küche regional,
erzgebirgisch und inter-
national
Spezialität: Wildgerichte
Preise: 5–12 €
Tipps: Candle-Light-Dinner,
Loipe rund um den Berg,
Rodelhang am Haus
🏠 Pöhlberg, Annaberg-Buch-
holz mit Kirchen und Museen,
Frohnauer Hammer

Koch Mirko Nentwich

Silberbaum

Annaberg-Buchholz

Eine stadtbekannte Vier-Sterne-Herberge, in einem der ältesten Patrizierhäuser der Stadt Annaberg ist das 1501 erbaute Traditionshotel „Wilder Mann". Vom Reichtum der damaligen Bauherren zeugen noch heute die Zellensterngewölbe im Foyer und in einer Gaststube sowie die mächtige, spätgotische Holzkassettendecke im dazugehörigen Restaurant „Silberbaum". Beim Betreten fällt dem Besucher das schwarze, dekorative Silberbäumchen ins Auge. Der Sage von Daniel Knappe nach fand sich in den Wurzeln des Baumes Silber. Er sollte zwischen Glück und Reichtum wählen, entschied sich für die Liebe, aber dennoch wurde er materiell reich belohnt. Geklöppelte und posamentierte Arbeiten in roten Bilderrahmen an den Wänden weisen auf den Namen Barbara Uthmann hin. Sie hat das Klöppeln ins Erzgebirge gebracht. Den Blick in den edlen Räumen umherschweifen zu lassen, beschert große Erwartungen an die Küche. Mit gehobener, internationaler Küche, erzgebirgischen Gerichten und monatlich wechselnden kulinarischen Aktionen werden die Geschmacksnerven zum Klingen gebracht. Es bietet den richtigen Rahmen für jede Gelegenheit mit Charme und Flair, egal ob es sich um einen Geschäftstermin oder ein Abendessen im Kreise der Familie handelt. In drei Separées lässt es sich ungestört speisen. Festlich gedeckte Tische stehen bereit, um angenehme Stunden zu verbringen. Liebenswürdiges Personal kümmert sich um jegliches Begehren. Ein kleines Geheimnis bleiben die Zutaten zu „Oma Höppner's" herzhaftem Familienrezept – Rinderroulade mit einzigartiger Füllung an Apfelrotkraut und Kartoffelklößen für 14,80 €. Den Gast erwartet zudem ein erlesenes Angebot an Weinen und regionalen Bieren vom Fass. Mittag- und Abendessen gibt es à la carte für bis zu 45 Personen. Reihen Sie sich ein in die Ahnengalerie berühmter Herbergsgäste wie beispielsweise Zar Peter I. Denn wo es schon gekrönten Häuptern gefiel, sind Sie bestimmt auch an der richtigen Adresse im kulturellen Zentrum direkt am Markt.

Rinderroulade nach Oma Höppners
Originalrezept aus dem Jahre 1899

Zutaten (für 4 Personen)
4 Rouladen aus der Rinderoberschale,
Speck, Zwiebeln, Semmelmehl, 2 Eier,
Gewürzgurken, Pfeffer und Salz,
Rotwein

Zubereitung
*Die vier Rouladen mit Salz und Pfeffer
würzen und dick mit Senf einstreichen.
Aus Speck, Gewürzgurke, Zwiebelwürfel, Semmelmehl und 2 Eiern eine
Masse herstellen und damit die Rouladen füllen. Die Rouladen zusammenrollen, festbinden und kräftig anbraten. Bei 180 °C fertig garen. Die
Soße mit Gewürzkurkensaft und
Rotwein verfeinern. Das Gericht mit
Apfelrotkohl und Kartoffelklößen
servieren.*

Kochazubi Sebastian Feller beim Paprikaschneiden.

Legende

Restaurant Silberbaum
Markt 13
09456 Annaberg-Buchholz
Tel.: 03733-1440
www.hotel-wildermann.de
geöffnet: tägl. 11.30–
14.30 Uhr, 18–22 Uhr
Ruhetage: keine
Inhaber: Dr. Wilhelm Gross
Seit: 1996
Sitzplätze: 45
Küche: regional, international
Spezialität: Rindsroulade
„Oma Höppner"
Preise: 11–18 €
Tipp: wechselnde
kulinarische Aktionen
 Annaberg-Buchholz mit
Kirchen und Museen

Zum Türmer
Annaberg-Buchholz

Die Gaststätte und Pension „Zum Türmer" liegt inmitten des historischen Ortskerns der Berg- und Adam-Ries-Stadt Annaberg-Buchholz. Aus den Fenstern des alten Annaberger Bürgerhauses hat man einen beeindruckenden Blick auf die Sankt Annenkirche, die größte spätgotische Hallenkirche Sachsens. Mit Torsten Weiser hat das Häuschen seit dem Eröffnungsjahr 1995 einen engagierten Wirt gefunden. Auf zwei durch eine Holztreppe verbundenen Etagen bietet sich Platz für 70 Personen. Im Sommer wird zusätzlich der Biergarten bewirtschaftet. Hier speisen Sie erholsam im rustikalen Ambiente. Die Küche verwöhnt mit regionalen, feinbürgerlichen deutschen Spezialitäten wie zum Beispiel Hirschbraten, Buttermilchgetzen und Schwammepfann. Dazu werden regionale Fassbiere wie Fiedler's Magister-Schwarzbier frisch aus dem Zapfhahn und einheimische Spirituosen gereicht. Nach alten Familienrezepten wird der hausgemachte Knoblauch- oder Kalmusschnaps angesetzt.

Der Keller hält eine große Auswahl an Weinen aus dem Elbtal und anderen deutschen Regionen bereit. Als Dessert oder zum Kaffee ist der knusprig appetitliche Heidelbeerstrudel sehr beliebt. Bei angenehm niedrigen Preisen für die Hauptgerichte ab 5 Euro bis zu 12,50 Euro wird auch der Geldbeutel geschont. Bestellte Menüs oder Spezialitätenbuffets für Feiern aller Art werden sorgfältig vorbereitet. Ferner erweist sich die zentrale Lage als idealer Ausgangspunkt für touristische Aktivitäten. Nur wenige Schritte entfernt, gleich nebenan, befindet sich das Erzgebirgsmuseum und in dessen Hof das mehr als 500 Jahre alte Besucherbergwerk „Im Gößner", das als Silberbergwerk direkt unter den Häusern der Stadt zu erleben ist. Weitere Attraktionen sind unter anderem der Frohnauer Hammer von 1436, die beiden Schmalspurbahnen Fichtelberg-, Pressnitztalbahn. Genießen Sie den Erzgebirgskult und wahre erzgebirgische Gastlichkeit und schauen Sie einmal vorbei!

Buttermilchgetzen mit Majoranfleisch und Kümmel in Pfännchen

Zutaten (für 4 Personen)
Buttermilchgetzen: 1,5 kg geschälte Kartoffeln, ½ l Buttermilch,
50 g Zwiebeln, 150 g Speck, Salz, Kümmel, Petersilie, Radieschen
Majoranfleisch: 500 g Fleisch (Geschnetzeltes Schwein, Pute),
2 EL Öl, 2 EL Mehl, Majoran, Kümmel, 1 Zwiebel, etwas Gemüsebrühe,
Gewürze

Zubereitung
*Die geschälten Kartoffeln (am einfachsten mit der Küchenmaschine) reiben und
leicht ausdrücken. Danach Buttermilch und kleingehackte Zwiebel untermischen
und mit Salz und Kümmel würzen. Zwei Drittel des Specks in Würfel schneiden
und in einer größeren schweren Pfanne
auslassen, die sämige Kartoffelmasse
etwa 3–5 cm hoch einfüllen und kurz durchrühren. Den restlichen Speck in dünne Scheiben
schneiden und auf die Masse legen. Das Ganze
bei mittlerer Hitze etwa 30 Min goldbraun
backen. Fleisch in Öl kräftig anbraten, Mehl,
Majoran und eine ordentliche Portion Kümmel
darüber streuen, mitbraten. Zwiebel und
Knoblauch dazu, mitdämpfen. Mit Brühe
ablöschen, einkochen lassen. 10 Min.
köcheln lassen und die Getzen garnieren.*

Kellnerin Lisa Schneider.

Legende

**Gaststätte und Pension
Zum Türmer**
Große Kirchgasse 19
09456 Annaberg-Buchholz
Tel./Fax: 03733-24417
www.zum-tuermer.eu
geöffnet: tägl. ab 10 Uhr,
Ruhetage: keine
Inhaber: Torsten Weiser
Seit: 1995
Sitzplätze: 70
Küche: regionale, feinbürger-
liche Küche
Spezialität: typisch erzgebir-
gische Speisen wie Butter-
milchgetzn, Schwammepfann,
Hirschbraten
Preise: Hauptgerichte
5–12,50 €
Tipp: schöner Biergarten
⌂ Stadt Annaberg-Buchholz
mit Kirchen und Museen, Fich-
telberg- und Pressnitztalbahn

La Commode

Aue

Wer schon immer wissen wollte, worin der Unterschied zwischen einer Galette und einem Crêpe besteht, der sollte sich auf den Weg nach Aue machen. Zwar ist die Kleinstadt im Erzgebirge gut 700 Kilometer von Frankreich entfernt – eine fachmännische Antwort auf die Frage gibt es dort trotzdem. In dem urgemütlichen Lokal an der Bahnhofsstraße, eine Wegminute von der weithin sichtbaren „roten Kirche" entfernt, hat Iris Sebastian ihre Vorstellungen von Gastlichkeit umgesetzt. Und da sie immer ein ausgesprochenes „Faible" für französische Küche, Lebensart und „laissez faire" hatte, wurde aus dem 1991 als „Kunst-Kneipe" eröffneten Laden schon drei Jahre später die Crêperie „La Commode". Ein durchschlagender Erfolg – was allerdings nur zu einem Teil den raffiniert gefüllten Pfannkuchen gutzuschreiben ist. Die andere Hälfte des Ruhms gebührt dem geschmackvoll-ländlichen Ambiente, dem Flair des Lokals, in dem niemals dröge Radiomusik dudelt, sondern stets Chansons den Ton angeben. Und natürlich dem charmanten Service. Wobei die Tatsache, dass Iris Sebastian als gelernte Köchin gar nicht an den Töpfen werkelt, sondern allabendlich im Restaurant lieber den direkten Kontakt zum Gast aufbaut, als kleines Kuriosum gelten könnte: Galettes und Crêpes, Suppen und Desserts werden von ihrer Küchenchefin Ute Baier zubereitet. Wobei Galettes aus Buchweizenteig gemacht und durchweg pikant gefüllt sind (mit Ratatouille und Feta etwa, mit Meeresfrüchten oder mit Schweinelende, Backpflaumen, Zwiebeln und Dijonsenf). Crêpes hingegen schmeicheln dem Gaumen durch ihre Süße, den Schmelz des Karamells und natürlich die Füllung: Speiseeis, Früchte, Schokolade, Nüsse. Fachkundige Beratung der Gäste zu allen Fragen rund um den Wein hingegen ist die Domäne von Iris Sebastian, die sich seit 15 Jahren regelmäßig auf diesem Gebiet weiterqualifiziert und den Weinservice in der „Commode" mit Hingabe betreibt. Keine Frage – bei ihr sind ausschließlich französische Tröpfchen im Angebot: von der Loire, aus der Provence, dem Languedoc, von der Rhône, aus der Bourgogne, dem Elsass. Außerdem ist „La Commode" eine feine Adresse für Vegetarier, da die Verwendung von Fleisch hier eher zweitrangig ist.

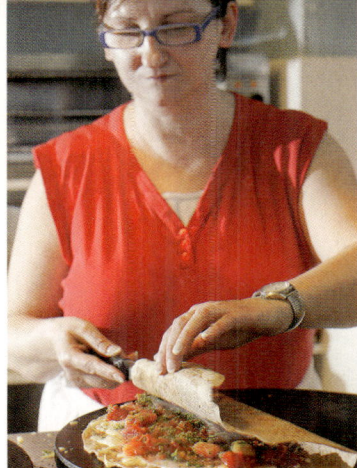

Tapenaden

Zubereitung

Tapenaden – eine Vorspeisen-Platte mit Quiche Lorraine (Lothringer Speckkuchen), Tatar von der Räucherforelle, gehobeltem rohen Lachsfilet, getrockneten Tomaten. Dazu kommt das wohl gehütete Küchengeheimnis – Würzpasten von Oliven, Thunfisch, Frischkäse, Sauerrahm und Limetten. Deren geschmackliche Vielfalt ist derart breit angelegt, dass so mancher Gast das „Entree" gleich doppelt – nämlich als Hauptspeise – bestellt.

Legende

**Crepêrie & Restaurant
La Commode**
Bahnhofsstraße 4
08280 Aue
Tel.: 03771-20204
www.la-commode.de
geöffnet: Di–So ab 18 Uhr
Ruhetag: Mo
Inhaberin: Iris Sebastian
Seit: 1994
Sitzplätze: 52, Garten 26
Küche: ländlich französisch
Spezialität: Tapenaden
Preise: 6,90–12 €
Reservierung: empfohlen
Tipps: Pension mit 20 Betten
(5 DZ, 2 Mehrbettzimmer, 1 DZ)
Zoo der Mini-Tiere in Aue,
Stadtmuseum, Museum „Erzgebirgisches Eisen und Zinn"
in Schwarzenberg, Schaubergwerk Herkules-Frisch-Glück in
Waschleithe

*Inhaberin Iris Sebastian.
Küchenchefin Ute Baier.*

121

Blauer Engel
Aue

Sein Credo: „Gutes Essen braucht Zeit – egal, ob in einer Metropole oder in der Provinz." Mit Essen kann man kommunizieren, sagt der Chefkoch, der Genuss mit regionaler Geschichte verbindet. Das beginnt beim Namen: Der rührt von der Weißen Erdenzeche „St. Andreas" in Aue, wo früher Kaolin als Ausgangsstoff für Meißner Porzellan gewonnen wurde. „Darauf wird serviert." Die Tischwäsche stammt von Curt Bauer. „Ein traditionsreiches Textilunternehmen der Stadt." Gabeln, Messer und Löffel tragen das Siegel von Wellner – ein Besteckhersteller, der bis 1995 in Aue produzierte. Auf Bestellung gibt es sogar ein Menü samt Besteckreise. „Mit Wellner-Besteck verschiedener Epochen. Das älteste ist 130 Jahre alt", erklärt Unger, der traditionelle Küche neu interpretiert und mit dem harmonischen Konzept seit zweieinhalb Jahren ein Ziel verfolgt: „Über Genuss, Tradition und Essen das zu transportieren, was in unserer Region steckt."

Qualität aus einer Hand – das steht hinter dem kulinarischen Konzept im Auer Flairhotel „Blauer Engel". Küchenchef Benjamin Unger, der das erste Haus am Platze mit seinen Eltern betreibt, spricht von einem „Genussauftrag". Der zergeht den Gästen in drei Restaurants auf der Zunge. Erzgebirgisch-traditionelle Küche bietet die Einkehr „Lotters Wirtschaft" samt Brauerei. „Sächsisch-höfisch", beschreibt Unger den Stil der „Tausendgüldenstube". Das Sahnehäubchen ist die dritte Gaststätte des Hotels: das „St. Andreas". Der Feinschmecker-Tempel wurde vom Restaurantführer „Gault Millau" mit zwei Hauben und 15 von 20 Punkten gekrönt. „Unser Ziel ist, die Kulinarik auch in einer Region wie Aue wieder an die Frau und den Mann zu bringen, Verständnis für Genuss zu wecken. Das Restaurant ist unsere Stimme nach außen", so der junge Küchenchef, der die Kunst des Kochens von der Pike auf gelernt und sich in der Branche längst einen Namen gemacht hat.

Eine große Auswahl an Käse und Zigarren, rund 245 Weinen und 280 hochwertigen Spirituosen, Gemälde, ein Kamin, prunkvolle Kerzenleuchter und Parkettboden im 40 Plätze fassenden Feinschmecker-Lokal bringen den letzten Schliff. „Für ein hohes Genießer-Niveau mit regionalem Charakter", sagt Unger.

Gebratene Gänseleber mit Erdbeeren und Kräutersalat

Zutaten (für 4 Personen)
Salat: 1 Bd. Basilikum, 1 Bd. Bärlauch, 1 Bd. frischen Kerbel, 1 Bd. Blattpetersilie, 1 Bd. Löwenzahn
Vinaigrette: 20 ml Sherryessig, 30 ml Olivenöl, 30 ml Walnussöl, Zucker, Salz, Pfeffer, 4 Stück Gänsebratleber á 90 g, 1 Schale Erdbeeren, 80 ml Portwein, 30 g Butter

Zubereitung

Die Kräuter für den Salat waschen und fein zupfen, in einer Schüssel kalt stellen. Für die Vinaigrette den Sherryessig, Olivenöl und Walnussöl vermengen, mit Zucker, Salz und Pfeffer abschmecken. Die Erdbeeren waschen, in dünne Scheiben schneiden und wie ein Carpaccio auf dem Teller drapieren. Gänseleber in erhitzter Pfanne anbraten, mit dem Portwein ablöschen und etwas Butter zugeben. Bei kleiner Hitze ziehen lassen. Die Leber sollte nicht zu trocken werden.
Die Erdbeeren und den Salat mit der Vinaigrette marinieren, Salat in die Mitte des Tellers und die rosa gebratene Leber darauf geben.

Legende

Flair Hotel Blauer Engel
Am Altmarkt 1
08280 Aue
Tel.: 03771-5920
www.hotel-blauerengel.de
geöffnet: Mo–Sa 11–1 Uhr,
So 15–1 Uhr
Ruhetage: keine
Inhaber: Familie Unger
Seit: 1991,
Anfänge bis ins 17. Jhd
Sitzplätze: 100 in drei
Restaurants
Küche: erzgebirgisch-traditionell, sächsisch-höfisch", Gourmet-Küche
Spezialität: Gebratene Gänseleber mit Erdbeeren
Preise: Hauptgerichte
ab ca. 5 €
Reservierung: empfohlen
Tipps: verschiedene Angebote
in drei Restaurants
🏰 Zoo der Mini-Tiere in Aue,
Stadtmuseum, Museum „Erzgebirgisches Eisen und Zinn"
in Schwarzenberg, Schaubergwerk Herkules-Frisch-Glück in
Waschleithe

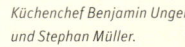

*Küchenchef Benjamin Unger
und Stephan Müller.*

Teichhaus
Burkhardtsdorf

Burkhardtsdorf, vor 800 Jahren vermutlich von einem Mönch namens Burchhardt aus dem Chemnitzer Kloster gegründet, liegt von Höhenrücken umrahmt im Zwönitztal, nur einen Katzensprung südlich von Chemnitz. Wanderer und Radfahrer finden hier unter anderem auf dem Eisenweg, einer alten, sagenumwitterten Höhenstraße, Ruhe und Entspannung. Wer hingegen alte Technik liebt, dem verspricht der Besuch einer Veranstaltung des ortsansässigen Traktorenclubs und die Besichtigung des liebevoll und fachkundig eingerichteten Traktorenmuseums mitten im Ort unvergessliche Erlebnisse für die ganze Familie. Ebenfalls sehenswert: das Buchdruckereimuseum, das aus einer kleinen Druckerei hervorgegangen ist. Die gesamte Einrichtung und die Maschinen aus alter Zeit sind im Originalzustand erhalten geblieben und voll funktionstüchtig. Sei es nach der Wanderung zum Mittagessen mit den Kindern, sei es ein

romantischer Abend zu zweit oder sei es eine unvergessliche Familienfeier mit Oma und Opa, Tanten und Enkeln – das Teichhaus bietet für jeden Anlass das passende Ambiente. In ruhiger Lage an einem Teich gelegen und doch nur zehn Gehminuten von der Ortsmitte Burkhardtsdorf entfernt, bezaubert der Gasthof mit gediegenem ländlichen Charme. Beim Kaminfeuer im gemütlichen Restaurant, im lichtdurchfluteten Wintergarten, oder in der rustikalen Bauernstube können sich die Gäste auf regionale, gutbürgerliche Küche freuen. Neben den genannten Räumen steht im Sommer zusätzlich eine Terrasse zur Verfügung. Zum Spektrum der mit Liebe zubereiteten Speisen zählen unter anderem Klassiker wie Teichforelle „Müllerin Art", Erzgebirgischer Krustenbraten, Holzfällersteak und gebratenes Zanderfilet mit Rahmspinat und Reis. Auch unvergessene schmackhafte Gerichte wie Ragout Fin, hausgemachte Soljanka und Schinken mit Setzei sind als Vorspeisen bzw. als Brotzeitteller zu haben. Daneben finden sich asiatische Spezialitäten auf der Speisekarte. Für besondere Anlässe offeriert das Teichhaus-Team eine Bankettkarte mit Menüs und einem reichhaltigen Büffet. Unter den Desserts zum Nachtisch erfreut sich unter anderem der hausgemachte Blechkuchen mit Schlagsahne großer Beliebtheit. Eine Ferienwohnung sowie schön eingerichtete Zimmer bieten die Möglichkeit die guten Augenblicke im Teichhaus Burkhardtsdorf auch für einen längeren Zeitraum festzuhalten und zu genießen.

Teichhauspfännchen mit Hähnchenbrust, Rinder- und Schweinefilet

Zutaten (für 1 Person)
80 g Hähnchenbrust, Rinderfilet und Schweinefilet, 150 g Bratkartoffeln, 120 g Brokkoli, Möhren, Blumenkohl, Mandelbutter, Speckwürstchen und Salatblätter

Zubereitung

Fleischstücke braten, dann salzen und pfeffern; Rinderfilet zusätzlich mit etwas Tymina würzen. Das frische Gartengemüse in Wasser und Butter blanchieren, mit Pfeffer und Muskat verfeinern. Die Kartoffeln in der Pfanne mit Salz, Pfeffer, Kümmel, Majoran, Zwiebeln und gewürfeltem Speck anbraten.

Das Gemüse mit Mandelspalten bestreuen und die Bratkartoffeln mit einer mit Speck umwickelten Grillwurst servieren.

Kellnerin Nicole Hauser.
Köchin Aileen Fischer.

Legende

Gaststätte & Pension Teichhaus
Winkel 7
09235 Burkhardtsdorf
Tel.: 03721-268962
www.gaststaette-pension-teichhaus.de
geöffnet: tägl. ab 11 Uhr
Ruhetage: keine
Inhaber: Familie Findeklee
Seit: 2003
Sitzplätze: 100
Küche: regionale, gutbürgerliche und internationale Küche
Spezialität: Asiatische Gerichte, Teichhauspfännchen
Preise: Hauptgerichte ab 8 €
Reservierung: keine
Tipps: ländlicher Gasthof in ruhiger Lage
⌂ Wasserschloss Klaffenbach, Stadt Chemnitz

Waldperle
Burkhardtsdorf

lädt nach einem guten Essen zu einem ausgedehnten Spaziergang ein. Neben dem Forellenteich gibt es einen Grillplatz, Tischtennisplatten sowie ein Spielplatz für Kinder. Doch im Park findet sich auch immer ein ruhiges Plätzchen.

Wer länger bleiben möchte, kann entweder im Hotel selbst oder in einem der elf Ferien-

Nomen est omen: Die Waldperle liegt in ruhiger Umgebung am Waldrand inmitten einer idyllischen Parkanlage. Das Restaurant des Hotels, das familiär geführt wird, bietet ca. 30 Gästen Platz, die sich von Küchenchef Volker Köhler kulinarisch verwöhnen lassen können. Auf der Speisekarte stehen überwiegend regionale Gerichte. Eine Spezialität der besonderen Art ist die Forelle, die man sich vor dem Essen selbst aus dem hauseigenen Teich angeln kann. Neben dem geschmackvoll eingerichteten Gastraum gibt es auch eine Sommerterrasse, auf der man nicht nur das schöne Wetter genießen kann. Der das Hotel umgebende Park

häuser übernachten, die sich auf dem Gelände der Anlage befinden. Die vier Zimmer, die im Hotel zur Verfügung stehen, sind alle komplett im Stil der Renaissance eingerichtet. Familien mit bis zu vier Personen können in einem der großen Ferienhäuser unterkommen, in denen es sowohl eine Küche als auch eine Ess- und Wohnecke und Schlafzimmer gibt.

Auch für Feste aller Art bietet sich die „Waldperle" an. Dabei richtet sich das Personal nach den Wünschen des Gastes. Je nach Vorlieben und Jahreszeit kann man sowohl ungestört im Separèe speisen oder unter freiem Himmel feiern.

Forellenvariationen

Zutaten (für 4 Personen)
4 Forellen, 40 g Mehl, 3 EL Öl, 40 g Butter, unbehandelte Zitronenscheiben, Salz und Pfeffer

Klassische Zubereitungsarten von Forelle

Forelle Müllerin Art: *Forellen unter fließendem kalten Wasser abspülen, trockentupfen, säuern und salzen. Innen und außen mit Salz und Pfeffer einreiben, in Mehl wenden. Öl erhitzen, die Forellen von beiden Seiten darin anbraten. Butter hinzufügen, zerlassen, die Forellen in etwa 6 Min. gar braten. Gehobelte Mandeln mitbräunen lassen und über die Forellen geben. Forellen mit Zitronenscheiben garnieren.*

Forelle Blau: *Frisches Suppengemüse würfeln. Die Forelle vorsichtig waschen. (Schleimschicht nicht verletzen, durch sie wird der Fisch „blau"). Am besten immer am Kopf oder am Schwanz anfassen. In einem großen Topf, in den die Forelle gut hinein passt, ausreichend Wasser mit einer Prise Salz und dem Suppengemüse aufkochen lassen. Den Herd auf die kleinste Stufe stellen und einen guten Schuss Essig dazu geben, bis das Wasser nicht mehr kocht. Nun wird die ganze Forelle ins Wasser gelegt, wenn nötig, mit Wasser und gegebenenfalls noch etwas Essig aufgefüllt, der Fisch muss bedeckt sein. Bei schwacher Hitze ca. 10 Min. leicht sieden lassen.*

Küchenchef Volker Köhler in der Gaststube.

Legende

Hotel und Restaurant Waldperle
Waldstraße 31
09235 Burkhardtsdorf/
OT Meinersdorf
Tel.: 03721-22510
www.waldperle-sachsen.de
geöffnet: tägl. 11–22 Uhr,
So 11–20 Uhr
Ruhetage: keine
Inhaber: Jörg Bahlke
Seit: 1993
Sitzplätze: 120
Küche: Regionale Küche
Spezialität: Forellen aus eigenem Teich, Wild aus eigener Jagd
Preise: Hauptgerichte ab ca. 6 €
Tipp: Ruhe und Entspannung in schöner Parkanlage, Familienfeiern, Übernachtungen (40 Betten)
🏠 Annaberg-Buchholz mit St. Annenkirche, Greifenbachstauweiher, Schaukäserei Burkhardtsdorf

Silberteich/Hotel Nussknacker

Ehrenfriedersdorf

Nach dem Weiher hinter dem Nussknacker-Ressort ist das Restaurant „Silberteich" benannt, denn in Nächten mit Vollmond soll sich der Himmelskörper silbern im Wasser spiegeln. Gut beobachten lässt sich das bei einem sinnlichen Abendessen mit dem Partner Ihrer Träume im Wintergarten, dem Ausblick auf den Sternenhimmel und dessen Widerschein auf der Wasseroberfläche. Die kleine Imitation des Gewässers findet sich in der weiträumigen Gaststube in Form eines leise plätschernden Goldfischteiches. Ein beruhigender Anblick nach einem spannenden Tag im nahe gelegenen Naherholungsgebiet der Greifensteine, sowohl im Sommer nach dem Besuch des Naturtheaters als auch im Winter nach Ausflügen auf gespurten Loipen. Getarnt unter dem Namen „Kleine Greifensteine",

verbergen sich dann Kartoffelpuffer mit Sauerkraut und Kassler in der regional und international gehaltenen Menükarte. Reizvoll für das sinnliche Abendmahl klingen saisonale Menüs wie Ingwer-Kürbis-Kartoffelsuppe gefolgt von einer Trilogie feiner gefüllter Fischröllchen an Weißwein-Kerbelsoße mit Safranreis und einem Dessert names Vugelbeerparfait. Deftiger geht es beim Grillteller „Nussknacker" an Salatbouquet und Bratkartoffeln zu – einer Variation dreier Steaks von Rind, Schwein und Pute mit reichlich Grillwürstchen und gegrillten Schinkenstreifen. Sollte der Nachwuchs beim Dinner stören oder schon aufgegessen haben, wartet der „Zwergengarten" mit allerlei Spielsachen auf – so entwickelt sich ein wahres Familienvergnügen.

Grillteller „Nussknacker"

Variation von drei Steaks (kleines Rumpsteak, kleines Putensteak, kleines Schweinesteak), Grillwürstchen, gegrillter Bacon/Schinkenscheiben verfeinert mit Kräuterbutter

Zutaten (für 4 Personen)

8 große Kartoffeln, Öl, 100 g Speck, 400 g Steak, 4 Rumpsteaks, 4 Putensteaks, 4 Schweinesteaks, 6 EL Öl, 4 große Zwiebeln, 1 Chilischote, 4 schwarze Oliven, 1 EL Essig, 1 TL gerebelten Oregano, 300 g Schinken, 8–12 Bratwürstchen

Zubereitung

Kartoffeln schälen, in Scheiben schneiden und 20 Minuten kochen. Das Öl in der Pfanne erhitzen, es darf nach Belieben auch mehr Öl sein, die abgegossenen Kartoffeln sofort in die heiße Pfanne geben und in ca. 5 Min. kross braten. Das Fleisch waschen, trocken tupfen, pfeffern und mit 2 EL Öl einreiben. Zwiebel und Knoblauch abziehen und fein hacken. Tomaten abtropfen lassen und in feine Würfel schneiden. Chilischoten sehr fein hacken. Oliven entsteinen und ebenfalls fein hacken. Zwiebel und Knoblauch in 2 EL Öl andünsten. Tomaten, Chilischoten und Oliven zugeben, kurz schmoren, mit Salz, Essig, Oregano, Zucker und Pfeffer kräftig abschmecken und etwas einköcheln lassen. Steaks in einer Grillpfanne (oder einer schweren Pfanne) im restlichen Öl von jeder Seite 2–3 Min. bei hoher Temperatur braten. 1–2 Min. ruhen lassen.

Legende

Restaurant Silberteich im AKZENT Hotel Nussknacker

Annaberger Straße 30
09427 Ehrenfriedersdorf
Tel.: 037341-140
Fax: 037341-14141
www.nussknacker-hotel.de

geöffnet: Mo–Fr 15–23, Sa, Feiertage 11–23 Uhr, So 11–21 Uhr

Inhaber: Nussknacker Hotel GmbH

Seit: 1996

Sitzplätze: 60, Feiern bis zu 200 Personen

Küche: Regionale und internationale Küche

Spezialität: Fischplatte Poseidon, Nussknacker-Pfanne, Schokoladenbrunnen

Preise: Hauptgerichte ab ca. 8 €

 Greifensteine, Frohnauer Hammer

Ratskeller Eibenstock

Eibenstock

Er steht seit 15 Jahren im Lokal und ist immer noch ein „heißes Eisen" – im übertragenen wie im wörtlichen Sinne. Denn der „heiße Tisch" im Eibenstocker Hotel Ratskeller ist nach wie vor der Renner bei den Gästen des Hauses – ein runder Edelstahltisch, dessen Zentrum sich wie eine Herdplatte erhitzen lässt, so dass die Gäste dort kleine Steaks, Gemüsescheiben oder Pilze selbst garen können. Das soziale Erlebnis des „gemeinsamen Kochens" fasziniert, auch wenn es sich rein technisch eher um den Vorgang des Bratens handelt, die Gäste immer wieder aufs Neue, zumal hier wirklich viel Raum für individuelle Zubereitungswünsche offen bleibt – selbst die Wahl der Zutaten kann persönlich festgelegt werden. Was im Gegenzug allerdings nicht bedeutet, dass man im Ratskeller nicht auch bestens bekocht und mit Kreationen des Hauses verwöhnt wird. Diese ersinnt Michael Schindler, seit seinem Amtsantritt 1994 Betreiber und zugleich Küchenchef. Der Meisterkoch, der sein Handwerk in Zwickau erlernte, betreibt dieses mit jener Hingabe, welche Gastronomen von echtem Fleisch und Blut auszeichnet: Er steht nicht nur am Ofen, sondern wirkt nebenher auch als „Reiseleiter", wenn er seine Hotelgäste zum geführten Stadtrundgang durch Eibenstock bittet und dabei die Ortsgeschichte vermittelt.

Das Hotel befindet sich mitten im Zentrum von Eibenstock, gegenüber der Stadtkirche. Das Restaurant im Erdgeschoss wird von Sabine Schindler geführt und umfasst vier Räume und eine Bar, wobei jedes Zimmer eine andere Grundgestaltung zeigt – man kann sich neutral-klassisch wohl fühlen oder neoklassizistisch oder in mediterranem Flair.

Die Küche des Hauses ist durchaus bodenständig und traditionsverbunden, wobei Michael Schindler marktfrische Produkte, auch von regionalen Erzeugern, in der Küche verwendet. Beachtenswert bei ihm ist außerdem das Angebot an Fischgerichten – das heißeräucherte Tilapiafilet, an Dillkartoffeln und Romanesco warm serviert, ist einer seiner „Klassiker".

Essen am „heißen Tisch"

Zubereitung

Der „heiße Tisch" im Eibenstocker Hotel Ratskeller ist nach wie vor der Renner bei den Gästen des Hauses – ein runder Edelstahltisch, dessen Zentrum sich wie eine Herdplatte erhitzen lässt, so dass die Gäste dort kleine Steaks, individuelle Zubereitungswünsche offen bleibt – selbst die Wahl der Zutaten kann persönlich festgelegt werden. Bei Bedarf gibt es auch gute Ratschläge aus der Küche des Hauses. Und mit etwas Phantasie lässt sich die Idee auch auf die Möglichkeiten am heimischen Herd übertragen.

Gemüsescheiben oder Pilze selbst garen können. Das soziale Erlebnis des „gemeinsamen Bratens" fasziniert die Gäste immer wieder aufs Neue, zumal hier wirklich viel Raum für

Legende

Ratskeller Eibenstock
Schönheider Str. 9
08309 Eibenstock
Tel.: 037752-67890
Fax: 037752-678950
www.ratskeller-eibenstock.de
geöffnet: tägl. ab 10 Uhr
Ruhetage: keine
Inhaber: Michael Schindler
Seit: 1994
Sitzplätze: ca. 110
Küche: bodenständig, regional, Fischgerichte
Spezialität: Fleisch selbstbraten am „heißen Tisch"
Preise: 6,60–20 €
Reservierung: für den „heißen Tisch" empfohlen
Tipps: Kinderkarte, Vereins- und Familien- und Firmenfeiern, Tanzabende
🛏 Stickereimuseum, Allwetter-Bobbahn am Adlerfelsen, Eibenstocker „Badegärten", Minigolf-Halle Eibenstock, Johanngeorgenstadt, Schneeberg, Schwarzenberg, Zwickau

Küchenchef Michael Schindler.

Schachtelhalm

Elterlein / OT Burgstädtel

Weil es auf den Bergwiesen zwischen Elterlein und Zwönitz so viele Schachtelhalme zu finden gibt, haben Ursula und Eberhard Tippmann ihr Haus nach dieser Sporenpflanze benannt. Der Naturverbundenheit suggerierende Name steht aber nicht einfach nur so als Gag über dem Eingang – er symbolisiert vielmehr ein gastronomisches Betreiberkonzept, dass die Tippmanns seit der Eröffnung ihres Lokals 1994 stringent umsetzen. Ihr erzgebirgischer Landgasthof ist keine jener Lokalitäten in denen man regionale „Traditionen" zu verkaufen sucht, die im Grunde gar keine sind.

Im Schachtelhalm von Burgstädtel sind Natur und Umwelt keine Phrasen. Statt schwülstigem Holzausbau findet sich hier ein adrett-schlichtes Ambiente, das zur Formensprache des übrigen Hauses passt. Der Tresen ist mit floralen Mustern bemalt – unter ausschließlicher Verwendung von natürlichen Kaseinfarben. In dem urig-gemütlichen Gastraum wird man nicht – wie in zahlreichen anderen so genannten erzgebirgstypischen Gaststätten – mit alpenländischer Musik oder werbelastigem Radioprogramm be-

spielt. Statt dessen gibt es ausgesucht dezente Unterhaltungsmusik, meist von Zupf-, Streich- oder Blasinstrumenten. Und die Speisekarte, auf der man „Roulade mit Rotkohl", „gebackene Garnelen" oder „Zigeunersteak" garantiert nie finden wird, überrascht mit Gerichten, denen man die Abstammung von alten Rezepturen aus den wirklich mageren Jahren der Gebirgsregion eher glauben mag.

So offeriert die Karte etwa Weißkrautsalat, Rauchfleischsuppe, warmes Eckchen vom Schweinebraten und Blaubeergetzn, wobei Küchenchefin Ursula Tippmann so gut wie alles selbst herstellt – einschließlich des süßen Rahmes, der ihrem Blaubeergetzn zur geschmacklichen Vollendung verhilft. In den Speisen werden weder Farb- noch Konservierungsstoffe verwendet, es kommen ferner nur Meersalz sowie kaltgepresstes Öl zum Einsatz – was eine klare, unverschnörkelte Linie ergibt, bei der die Speisen ihren Grundgeschmack beibehalten.

Eine extra Weinkarte gibt es im Schachtelhalm nicht – dafür lohnt sich der Blick in die sorgfältig zusammengestellte Auswahl von schwarzen oder Kräutertees. Das Bier (blond und braun) wird von der Brauerei Fiedler im benachbarten Scheibenberg geliefert, Fleisch und Milch beziehen Tippmanns vom bekannten „Rößlerhof". Ein dickes Plus gibt es für die wirklich tolle Kinderkarte – ein mit Handskizzen versehener Karton, den man nicht nur lustig um und um falten kann, sondern auf dem neben den Kindergerichten zugleich Ausmalfiguren oder Rätsel zu finden sind. Damit wird selbst für die zappeligsten Steppkes das Warten zur Kurzweil.

Blaubeergetzn

Zutaten (für 2 Personen)
600 g Heidelbeeren, 125 g Mehl,
60 g Zucker, 2 Eier, ¼ l Milch,
Speiseöl, geriebener Zwieback,
Salz

Zubereitung

*Zucker und Salz mit den Eiern ver-
quirlen, nach und nach Mehl und
Milch zugeben. Daraus einen Teig
bereiten. In einer breiten Pfanne Öl
erhitzen, Teig hineingeben und in
die vorgeheizte Backröhre schieben.
Nach kurzer Backzeit Heidelbeeren
darauf verstreichen, geriebener
Zwieback darüber, bei mittlerer Hitze
backen, bis die Ränder goldbraun
sind. Gericht mit Zucker bestreuen
und warm servieren.*

Legende

**Landgasthof & Pension
Schachtelhalm**
Zwönitzer Straße 122
09481 Elterlein
Tel.: 037754-2292
geöffnet: Di–So ab 11 Uhr
Ruhetag: Mo
Inhaber: Fam. Tippmann
Seit: 1994
Sitzplätze: 70,
Sommerterrasse 40
Küche: regional
Spezialität: Roulade mit
Rotkohl
Preise: 6,90–12 €
Reservierung: empfohlen
Tipp: Pension mit 20 Betten
🏠 ausgedehntes Waldgebiet
mit zahlreichen Wanderwegen
nach Elterlein, Grünhain,
Zwönitz Waschleithe oder
Scheibenberg, Klostergelände
in Grünhain, Papiermühle
Niederzwönitz, Museum
Schloss Schlettau, Natur-
denkmal Orgelpfeifen nach
Scheibenberg

Ursula Tippmann in der Küche.

Alte Schleiferei

Erlabrunn

Ein bisschen wie auf der Münchner Wies'n beim Oktoberfest geht es in Kuno's Brauereigasthaus zu. Flinke Serviererinnen sind immerfort bemüht, alle Gäste gut zu betreuen. Inhaber Steffen Großer hat ein wachsames Auge darauf, dass alles der Vier-Sterne-Qualität des Hauses entspricht. Das große Gebäude beherbergt außerdem das Hotel „Alte Schleiferei". Es wurde 2001 auf dem ehemaligen Gelände und den Grundmauern einer alten Holzschleiferei errichtet. Inmitten von sattem Grün im Tal am Fuße des Auersberges am Waldrand setzt man hier auf Erholung für die ganze Familie. Ausgedehnte Wälder in der Umgebung laden zum Schnüren der Wanderschuhe und zum Sammeln von Waldfrüchten oder Beobachten von Waldtieren ein. Gleich neben dem sehr familienfreundlichen Haus sind ein Spielplatz und ein Minizoo. Hängebauchschweine suhlen sich im Schlamm, Lamas weilen auf ihrer Ranch

und sogar meckernde Zwergziegen oder flauschige Hasen im Stall können gestreichelt werden. Wunderschöne Tage mit Kind und Kegel sind dabei garantiert. Im gemütlichen, lichtdurchfluteten Gastraum finden zirka 200 hungrige und durstige Gäste Platz. Die Besonderheit des mit viel Holz gestalteten Restaurants ist die hauseigene Brauerei mit großem Kupfersudkessel. Von Zeit zu Zeit können Sie hier den Brauer beim Brauen des Kuno

Bräu's beobachten. Frisch gebraut aus eigener Herstellung und frisch vom Hahn gibt es Pilsner, Dunkles und Schwarzbier. Saisonal bedingt werden auch Bockbier und andere Biere gebraut. Wer Genaueres wissen will, kann sich bei regelmäßigen Brauereiführungen in die Geheimnisse des Bierbrauens einweihen lassen. Freilich wird auch der Magen ausgiebig bedient.

Die Spezialität des Hauses ist die Braumeisterküche. Gepflegt speist man etwa Bierkutscherfleisch in Biersoße mit gebratenem Glitscherteig und Sauerkraut nach Art des Hauses, isst selbstgebackenes Treberbrot und trinkt dazu den süffigen Gerstensaft. Als Nachtisch schmecken selbst hergestellte Waffeln mit Obst und Sahne sowie leckeres Eis. Bevorzugt werden Bauernprodukte aus der Heimat verwendet. Bei einer Übernachtung kann man in der Spaoase phantastische Beauty- und Badeanwendungen genießen. Sehr außergewöhnlich ist das Regenerierungsbierbad.

Legende

Hotel Alte Schleiferei
Schulstraße 8
08359 Breitenbrunn/
OT Erlabrunn
Tel.: 03773-88050
Fax: 03773-880542
www.hotel-alte-schleiferei.de
geöffnet: tägl. ab 11 Uhr
Ruhetage: keine
Inhaber: Steffen Großer
Seit: 2001
Sitzplätze: 200
Küche: Braumeisterküche
Preise: ab 5,50 €
Tipps: großzügiger Winter-
garten, Tagungen, Kongresse
 Pferdegöpel Johann-
georgenstadt, Auersberg mit
Aussichtsturm

Bierkutscherfleisch, gebratener Glitscherteig gefüllt mit Kasseler und deftigem Sauerkraut nach Art des Hauses

Zutaten (für 4 Personen)

1 kg Kasseler (Nacken), 5 Zwiebeln, 1 Pr. Zucker, frisches Sauerkraut vom Faß, 1 kg Kartoffeln, 333 ml Buttermilch, Salz, Kümmel, 100 g Speck

Zubereitung

Fleisch in grobe Würfel schneiden (ggf. Knochen abtrennen), scharf anbraten, herausnehmen. Zwiebeln glasig dünsten, mit Zucker bestreuen und karamellisieren. Etwa 1 Stunde backen lassen. Die geschälten Kartoffeln reiben, austretendes Wasser leicht abgießen. Buttermilch, feingeschnittene Zwiebel, Salz und Kümmel unter die Kartoffelmasse rühren. In einer eisernen Pfanne 100 g Speckwürfel auslassen, die Masse darüber geben, kurz durchrühren. Den restlichen Speck in dünne Scheiben schneiden, auf der Masse verteilen und alles in der heißen Röhre backen, bis der Getzen knusprig ist und dann über das Menü legen. Mit Salat und etwas Balsamicosauce garnieren.

Restaurantfachfrau Katrin Stemmler. In der Hausbrauerei.

135

Zur Linde
Großolbersdorf

Grundstück und Gebäude der heute unter Denkmalschutz stehenden Linde, sind schon in ältesten Urkunden erwähnt, erstmals 1501 als Erbgarten (bäuerliche Kleinwirtschaft). Im Dreißigjährigen Krieg wurde das Gebäude zweimal zerstört und wieder aufgebaut. Johann Paul Düniß baute es 1819 zur Gast- und Raststätte aus. Er war Freund des Wildschützen Karl Stülpner und der Vormund von dessen Frau Christiane. Seither ist das Gasthaus nachweislich im Besitz der Familie Fritzsche. Ob Freisitz im Sommer oder gemütliches Kaminzimmer – natürlich mit einem echten Kamin, in dem echtes Holz brennt – das Restaurant in dem alten Fachwerkhaus hat sich mit seiner gehobenen, klassischen und sehr individuellen Küche überregional einen sehr guten Ruf erworben.

Die Speisekarte wechselt – saisonal bedingt – häufig, außerdem lohnt immer die Frage nach zusätzlichen Gerichten, originellen Beilagen, Vorspeisen oder Desserts.
In der Linde legt man Wert auf gute, alte Kochtradition, ohne sich modernen Wünschen nach leichten, internationalen Speisen zu verschließen. Alle Gerichte werden frisch zubereitet, selbst bei Suppen und Soßen wird vollständig auf vorgefertigte Ware verzichtet, und auch das Brot für die Knoblauchschnitten muss ein ganz bestimmtes Sauerteigbrot sein.
Das Gasthaus wird gern für Familien- und Firmenfeiern genutzt, deshalb empfiehlt sich zumindest für wichtige Termine eine Reservierung – die dann auch ruhig außerhalb der regulären Öffnungszeiten liegen darf.

Frischer hausgemachter Windbeutel mit Früchten

Zubereitung

Die Windbeutel werden noch nach traditionellem Rezept frisch und mit viel Handarbeit hergestellt. Zuerst wird Wasser mit wenig Margarine und einer Prise Salz zum Kochen gebracht. Dann wird Mehl im „Sturz" dazu gegeben. Nun kommt der namensgebende Teil der Herstellung – das Abbrennen. Dabei wird die Masse auf kleiner Flamme so lange durch Rühren bearbeitet, bis der Brandteig so trocken ist, dass er sich vom Boden löst. Nach einer kurzen Abkühlung werden der Brandmasse Stück für Stück Eier untergearbeitet. Zum Schluss handgrosse Portionen auf ein Backblech spritzen und bei ca. 200°C ausbacken. Kurz abgekühlt schneidet man die Windbeutel auf und füllt Früchte und frische Schlagsahne ein. Bitte keine Spraysahne verwenden, der Geschmack frisch geschlagener Sahne ist die Arbeit wert! Zum Servieren mit Puderzucker bestäuben und mit Schokosplittern garnieren.

Legende

Historisches Gasthaus „Zur Linde"
An der Kirche 2
09432 Großolbersdorf
Tel.: 037369-9323
www.gasthaus-zurlinde.de
geöffnet: Mi–Fr ab 17 Uhr
Sa/So/Feiertags ab 11 Uhr
nach Absprache auch außerhalb der Öffnungszeiten
Ruhetage: Mo/Di
Inhaber: Werner Fritzsche
Seit: 1819
Sitzplätze: 30 /
Vereinszimmer 30
Küche: klassisch, gehoben, regional, international
Spezialität: alles
Preise: ab 7 €
Reservierung: an Wochenenden empfohlen
Tipps: Geschäfts-, Familien- und Betriebsfeiern
 Nummerschildmuseum Großolbersdorf, Grab des Wildschützen Karl Stülpner auf dem Großolbersdorfer Friedhof, Dorfmuseum, Burg Scharfenstein

Köhlerhütte Fürstenbrunn

Grünhain-Beierfeld / OT Waschleithe

Eingebettet in die liebliche Landschaft des westlichen Erzgebirges schlummert die Köhlerhütte Fürstenbrunn. Das Hotel und Restaurant steht auf historischem Boden mitten im Wald und gilt als idealer Ausgangs- und Zielpunkt für Wanderungen. Im Jahr 1455 wurde der Prinzenräuber Kunz von Kauffungen von erzgebirgischen Köhlern gestellt. Direkt am Hotel steht ein Obelisk, der an den Sächsischen Prinzenraub und die Befreiung des Prinzen Albrecht durch den Köhler Georg Schmidt erinnert. Seit 1839 ist das geschichtsträchtige Köhlerhaus ein beliebtes Ausflugsziel, um sich von strapaziösen Fußmärschen zu erholen. Auf einem Schild am Eingang steht „hausgemachter Zwiebelkuchen das Stück 1,50 €". Wenn man dem Duft folgt, kommen wir hinein in die familiengeführte Einkehrstätte. Heiko und Katrin Schmidt und ihr Team möchten mit dem Besten aus Küche und Keller verwöhnen. Das Herzstück bildet die urig-rustikale, historische Köhlerstube mit Platz für 40 Personen, niedrigen Decken und braunem Holzgebälk. Die alte Bauernstube wurde mit einem Kachelofen, altbäuerlichem Gestühl und Tischen, dem „Blechwamms" eines Ritters und weiteren Gegenständen, die an den Prinzenraub erinnern, ausgestattet. Legendär sind dort die Bockbierfeste zu feststehenden Terminen. Festlich rustikal geht es dagegen in der Jagdstube zu. Große, schöne Tafeln laden zum bequemen Sitzen ein. Charakteristisch sind die mit Jagdtrophäen wie Geweihen und Tierfellen geschmückten Wände. 100 Herrschaften können majestätisch im Prinzensaal dinieren. Für Großveranstaltungen ist dieser Raum besonders geeignet. Und für kleinere Zusammenkünfte ist man am Stammtisch im Rondell unter sich, aber nicht abgeschieden. Noch ein paar erfreuliche Worte sind zur gutbürgerlichen, regionalen und internationalen Küche zu sagen. Unbedingt probieren sollten Sie das mit Senf und Zwiebeln gefüllte saftige Köhlerhüttensteak mit Speckbohnen und Bratkartoffeln für moderate 8,50 €. Außerdem gibt es Gutes aus Fluss und Meer z. B. Forelle, Bouillon aus dem Suppentopf und Fleischgerichte aus Topf und Pfanne. Erzgebirgisches Bierfleisch, Sauerbraten, Roulade, Wild, Speckfett und Sülze finden sich auf dem üppigen Speiseplan. Gern werden Fantasienamen verwendet wie Prinzen-Mahl und Ritterpfanne. Wärmstens empfiehlt sich der „Hüttenzauber", wenn es draußen knackig kalt und somit die Zeit für typische Genüsse des Winters ist.

Köhlerhüttensteak

Zutaten (für 4 Personen)
800 g Schweinkammfleisch am Stück
Füllung: 2 große Zwiebeln, 4 EL Senf,
Salz, Pfeffer, Margarine zum Anbraten
Bratkartoffeln: 8 gekochte Kartoffeln,
etwas gewürfelten Bauchspeck, in
Streifen geschnittene Zwiebeln, Salz,
Pfeffer, Majoran, gemahlenen Kümmel,
Öl zum Braten
Speckbohnen: 500 g Prinzessbohnen,
Salz, Pfeffer, Bohnenkraut, Speckfett
zum Dünsten

Zubereitung
Den Schweinekamm in 4 Schmetter-
lingssteaks schneiden und klopfen. Aus
Zwiebeln und Senf Füllung be-
reiten, mit Salz und Pfeffer würzen,
Füllung auf eine Hälfte des Steaks
streichen, andere Hälfte darüber
klappen, etwas festdrücken, Steak
in Mehl wälzen, in heißer Margarine
langsam auf beiden Seiten braten.
Kartoffeln in Scheiben schneiden in
heißes Öl geben, Bauchspeck und
Zwiebeln dazu, mit Pfeffer, Salz und
gemahlenem Kümmel würzen (wer
mag, kann auch ganzen Kümmel
nehmen), in der Pfanne braten, bis
die Kartoffeln schön knusprig sind.
Die Bohnen in Speckfett dünsten
und mit Salz, Pfeffer und Bohnen-
kraut würzen (statt Bohnenkraut
kann man auch mit Thymian würzen).

Legende

**Hotel & Restaurant
Köhlerhütte Fürstenbrunn**
Am Fürstenberg 7
08344 Grünhain-Beierfeld/
OT Waschleithe
Tel.: 03774-15980
Fax: 03774-1598100
www.koehlerhuette.com
geöffnet: tägl. 11–22 Uhr
Ruhetage: keine
Inhaber: Heiko Schmidt
Seit: 1839
Sitzplätze: ca. 200
Küche: gutbürgerlich, regional,
international
Spezialität: erzgebirgische
Gerichte, Sauerbraten,
Roulade, Wild, Bierfleisch
Preise: ca. 6–15 €
Tipps: zusätzliche saisonale
Angebote, Veranstaltungs-
kalender
⌂ Heimatecke Waschleithe,
Schaubergwerk, Dudelskirche,
Obelisk zum sächsischen
Prinzenraub

Katrin Schmidt und Thomas Ducho in der Küche der
Köhlerhütte

Villa Theodor

Grünhain-Beierfeld

Was wäre Grund genug in Grünhain-Beierfeld im sächsischen Erzgebirge halt zu machen? Ein Beweggrund ist die versteckte, leise Schönheit – die Villa Theodor. Stolz und edel liegt die 1923 erbaute ehemalige Industriellenvilla paradiesisch im Grünen. Eine weitläufige Parkanlage mit geschmackvollen Skulpturen, kleinem Pool, Schaukel und Pavillon schaffen ein herrliches Ambiente. Außenfassade und Fenster sind von stimmungsvollem Weinlaub umrankt. Da stellt sich sogar bei Einheimischen sofort ein Urlaubssentiment ein. Seit 1982 ist das Feinschmeckerrestaurant und Hotel in den Händen des Ehepaares Wiesner. Dass beide für das Thema Essen und Wein brennen, bemerken Sie nicht erst im Gespräch, wenn es sich um das Thema elsässische Kochkünste und frische Zutaten aus dieser Region dreht. Im hellen, klassisch-gediegenen Restaurant fallen die original erhaltene Stuckdecke, Wandvertäfelungen und Accessoires des benachbarten Mutterlandes der gehobenen Küche ins Auge. Und so wird bei französischer, regionaler und saisonaler Küche auch kulinarisch Urlaubsstimmung geweckt. Erwartungsvoll nimmt man an den festlich gedeckten Tischen Platz. Das Essen erfreut zunächst das Auge und später den Magen. Der „Maître de Cuisine" Rainer Wiesner kredenzt als Vorspeise Flusskrebse auf Artischocke, luftgetrockneten Schinken auf Honigmelone und Entenleberterrine. Der Hauptgang besteht aus Frenched Racks vom Lamm und Garnelen auf sautiertem Gemüsesockel sowie grüner Erbsenmousseline. Das Dessert – selbst hergestelltes Aprikosenparfait – zergeht auf der Zunge. Spielerisch kreiert er völlig neue, anspruchsvolle Gerichte aus den verschiedensten Zutaten. Kurse, um sich in die hohe Schule der Kochkunst einführen zu lassen, sind als Gruppenevent buchbar. Obendrein finden kulinarische Wochenenden und zweimal im Jahr kulinarische Themenabende statt. Von den Testern der Zeitschrift „Der Feinschmecker 2008" gab es das Prädikat „sehr empfehlenswert". Es ist die gelungene Kombination aus liebenswerter Bedienung, malerischer Umgebung und exzellenter Küche sowie köstlichen Weinen, die alle Sinne ansprechen und beflügeln. Abseits des Alltäglichen hat man wirklich das Gefühl willkommen zu sein und geht mit zufriedener Miene.

Schweinelendchen in Kirsch-Pfefferhonig glaciert mit Kastanien Mousseline und Mangold

Zutaten
Lende, Petersilie, Knoblauch, rote Zwiebeln, Thymian, Rosmarin, Salz und Pfeffer, ein Schweinenetz, Öl
Kastanien-Mousseline:
Esskastanien, Zucker, Rotwein, Sahne Kartoffeln, Muskat, Salz, Pfeffer
Mangold: Mangold, Butter, Salz
Glace: Zucker, Honig, Weißweinessig, Malzbier, Sauerkirchmarmelade, Tomatenmark, grob gemahlener Pfeffer

Zubereitung
Petersilie, Knoblauch, rote Zwiebel, Thymian und Rosmarin fein schneiden. Das Schweinenetz vom Metzger wässern und auf Arbeitsplatte ausbreiten, die Kräutermischung aufstreuen. Das Filet mit Salz und Pfeffer würzen, auf das Netz setzen und wieder mit Kräutermischung bedecken und wie eine Roulade mit weichem Druck einwickeln. Das Öl in der Pfanne erhitzen, die Lende allseitig gleichmäßig braten, danach auf ein Ofenblech setzen und im vorgeheizte-Ofen (Umluft, 160 °C) für etwa

8 Min. backen, Temperatur auf 120 °C setzen und weitere 12–15 Min. backen

Kastanien Mousseline: *Esskastanien blanchiert mit Zucker und Rotwein ca. 5 Min. köcheln lassen, zerstampfen. Sahne in Topf aufkochen, gekochte und gepresste Kartoffeln zugeben. Mit Muskat, Salz, Pfeffer würzen und der Kastanienmasse untermengen*

Mangold: *Butter in einer Pfanne aufschäumen, Mangold kurz darin schwenken, mit Salz würzen*

Glace: *Zucker in Topf schmelzen. Mit Honig, Weißweinessig und Malzbier ablöschen. Sauerkirchmarmelade, wenig Tomatenmark und Pfeffer zugeben. Das Ganze bis zur gewünschten Konsistenz einkochen lassen.*

Legende

Hotel Villa Theodor
Frankstraße 27
08344 Grünhain-Beierfeld
Tel.: 03774-15020
Fax: 03774-150220
www.villa-theodor.de
geöffnet: tägl. ab 11 Uhr, Mo ab 17 Uhr
Ruhetage: keine
Inhaber: Fam. Wiesner
Seit: 1982
Sitzplätze: 90
Küche: regional, französisch, saisonal
Spezialität: Flambieren, Zubereitung der Speisen am Tisch, Entenleberterrine, Chateaubriand
Preise: Hauptgerichte 9–39 €
 Schaubergwerk Waschleithe, Pumpspeicherwerk Markersbach

Chefkoch Rainer Wiesner (Hobbies: Fußball, Obst- und Gemüseschnitzerei).

Omas Kartoffelhaus
Marienberg

Dass die ursprünglich aus Übersee stammende Kartoffel nicht nur als Beilage, sondern auch als Hauptgericht mundet, wussten schon die Indianer Südamerikas. Von dort brachten die spanischen Eroberer im 16. Jahrhundert die bekömmlichen Erdfrüchte nach Europa, wo sie auch unter den Namen Erdbirnen oder Erdäpfel (im Erzgebirge: Ardäppeln) angebaut und bekannt wurden. So einfallsreich wie die knuffige Knolle in Omas Kartoffelhaus zubereitet wird, hätten es sich aber wohl weder die Indios noch die Spanier träumen lassen. Da gibt es unter anderem aus Kartoffeln zubereitete Aufläufe, Lasagne oder Kränze, es gibt traditionelle Erzgebirgsgerichte wie Buttermilchgetzen und Klitscher sowie Suppen nach altdeutschem Rezept. Die typischen Pellkartoffeln mit Quark fehlen ebensowenig auf der Speisekarte wie Folienkartoffel oder Kartoffelspalten zu denen man verschieden zubereitete Soßen zum Eintunken probieren kann. Zur besonderen Note des Restaurants passen die urigen Sitzgelegenheiten, die vom Schlitten über Weinfässer bis hin zur Kutsche über 60 Personen Platz bieten. Wer gut speist, der möchte auch gut trinken. Das Team von Omas Kartoffelhaus offeriert nicht nur extravagante Cocktails sondern auch Milchshakes oder lädt an schönen Sommertagen zum Entspannen in den Biergarten ein. Kalte und warme Buffets werden auf Wunsch gerne zubereitet, auch steht das Haus für die verschiedensten Feierlichkeiten sowie für Bus- und Reisegruppen offen. Im Anschluss an den Restaurantbesuch bietet sich ein Stadtrundgang durch das historische Marienberg an.

Kartoffelkranz Gärtnerin

Zutaten (für 1 Person)
Kartoffelpüree: 200 g gekochte Kartoffeln, 100 ml Sahne, Muskat, Pfeffer, Salz, Spritzbeutel mit Tülle
Füllung: 30 g Zucchini, 30 g Paprika, 30 g Mais, 30 g Champignons, 30 g Lauch, ¼ l Sahne, Pfeffer, Salz, klare Brühe, gehackte Petersilie

Zubereitung

Die gekochten Kartoffeln werden mit der Kartoffelquetsche zerdrückt und mit Pfeffer, Salz, Muskat und Sahne zu Pürree verrührt. Das noch warme Püree in den Spritzbeutel geben und in gusseiserner Pfanne mit kleinen Fosetten zu einem Kranz spritzen.

Das Gemüse wird leicht angeschwitzt, Sahne hinzugefügt, mit Salz, Pfeffer und einer Prise klarer Brühe abgeschmeckt und mit Petersilie garniert. Das Gemüse kann nach Geschmack und Jahreszeit variiert werden.

Legende

Omas Kartoffelhaus
Zschopauer Straße 19
09496 Marienberg
Tel.: 03735-660677
www.omas-kartoffelhaus.de
geöffnet: Di–Do 11–14.30 Uhr und 17.30–23.30 Uhr,
Fr 17–24 Uhr, Sa. 11–15 und 17–24 Uhr, So 11–14.30 und 17.30–23.30 Uhr
Ruhetag: Mo
Inhaber: I. u. T. Philipp GbR
Seit: 1998
Sitzplätze: 60
Küche: Kartoffelgerichte aus aller Welt
Preise: Hauptgerichte ab 3 €
Tipp: ausgefallene Sitzmöglichkeiten, Sommerterrasse
🏛 Zschopauer Tor mit Museum in Marienberg

143

Ratskeller

Marienberg

Rülein von Calw, Mathematik-Professor und Doktor der Medizin aus Freiberg symmetrisch anlegen. Neben dem historischen Rathaus mit dem Ratskeller findet sich eine Reihe weiterer bemerkenswerter Gebäude am und um den Markt wie die große Stadtkirche St. Marien, das kurfürstliche Jagdschloss, das Zschopauer Tor oder das Bergmagazin. Im Gewölbe des historischen Ratskellers kann man bei regionalen und nach Landhausart zubereiteten Speisen die gedankliche Zeitreise auf angenehmste Art nachklingen lassen. Bei einem wohlschmeckenden Essen und einem guten Tropfen regt das ehrwürdige Restaurant auch selbst rasch die Fantasie an: Wer mag wohl schon alles in Marienberg verweilt haben? Kischs „Offiziere" aus dem Dreißigjährigen Krieg fallen einem dabei ein – die Handlung spielt gleich hinter der Grenze in Sebastiansberg-, aber auch Berg- und Hüttenleute oder der russische Zar Alexander. Auch an den Stülpner-Karl muss man denken; nicht weit von hier auf dem Reizenhainer Pass hat er des öfteren die Grenze überquert und drüben, in Böhmen, unterhielt er sogar ein Gasthaus. Und dann die Meisterschaftsläufe auf dem legendären Marienberger Dreieck: Nahezu die gesamte deutsche Motoradelite ging damals, Ende der Zwanzigerjahre, in Marienberg an den Start. Sogar Motorräder wurden kurze Zeit in Marienberg gebaut. Ja, der Ratskeller hat vieles zu erzählen, und dabei war von der reizvollen Erzgebirgslandschaft mit ihren Wald, den Bergbaurelikten und den Aussichtsbergen noch gar nicht die Rede.

Wie nur wenige Städte nördlich der Alpen vermittelt Marienberg eine Ahnung von der Denkweise der Renaissance. Der große quadratische Marktplatz und die sich rechtwinklig nach allen Seiten erstreckenden Straßen sind das Ergebnis bewusster Stadtplanung. Herzog Heinrich der Fromme ließ die Bergstadt 1521 von Ulrich

Legende

Ratskeller
Markt 1
09496 Marienberg
Tel.: 03735-266892
geöffnet: tägl. 10–22 Uhr,
Mi/So bis 16 Uhr
Ruhetage: keine
Inhaber: Danny Achtruth
Seit: 2008
Sitzplätze: 80
Küche: regionale und
Landhausküche
Spezialität: Bergmanns-
schmaus, Cocktails
Preise: 2,50–20 €
🏛 Marienkirche, Markt,
historischer Stadtkern,
Bergmagazin, Erlebnisbad
Aqua Marien

☂ 🚗 🍷

Maishähnchenbrust mit Waldpilzen und Kartoffelnest

Zutaten (für 4 Personen)
4 Hähnchenbrüste, (Maishähnchenbrüste) mit Haut je ca. 230 g, Salz, Pfeffer,
Öl (Rapsöl), Waldpilze, Kartoffeln

Zubereitung

*Hähnchenbrüste mit
Pfeffer und Salz würzen
und in Rapsöl von beiden
Seiten insgesamt etwa
10 Min. anbraten. Auf kleiner
Flamme bei geschlossenem
Deckel ca. 15 Min. ziehen
lassen.*

*Inhaber Danny Achtruth
beim Pfannkuchenwenden.
Kellnerin Madlen Steinert.*

Weisses Ross

Marienberg

Da gibt es einmal den Gewölbekeller „Rosstunnel", der rustikal eingerichtet ist, und auch über einen Raucherraum verfügt. Dort erwarten den Gast deftige erzgebirgische Spezialitäten und eine gutbürgerliche Küche. Werktags bietet das Restaurant ein Tagesgericht zum Kantinenpreis. Sonntags kann man dann einen leckeren Sonntagsbraten genießen. Im Sommer steht den Gästen die großzügige Terrasse zur Verfügung.

Zum anderen gibt es im Hotel das Gourmet-Restaurant „Rote Stube". Dort kann der Gast aus einem abwechslungsreichen kulinarischen Angebot internationaler Küche wählen und in festlichem, exklusivem Ambiente genießen.

Für Übernachtungen stehen auf drei Etagen insgesamt 50 Zimmer zur Verfügung, die alle bequem durch einen Lift erreichbar sind. Neben Zimmern für Nichtraucher werden auch Zimmer für Raucher angeboten.

Wer nach einem anstrengenden Tag etwas trinken möchte, kann dies in der hauseigenen Bar tun, die sich gleich der stilvollen Lobby anschließt. Zur Entspannung stehen Sauna und Dampfbad zur Verfügung.

Auch für Tagungen ist das Hotel gut eingerichtet. Drei Räume, die man miteinander verbinden kann, bieten insgesamt 150 Personen Platz. Für Familienfeiern stehen verschiedene Arrangements zur Verfügung. Wer allerdings lieber im kleinen Kreis feiern möchte, für den bietet der „Roßtunnel" eine gute Möglichkeit: Dort kann man in der „Stülpner Stube" oder der „Schwemme" mit bis zu 25 Personen feiern.

Das Hotel „Weißes Ross" mit seinen Restaurants atmet die Geschichte der alten Bergstadt Marienberg. Das Haus unweit des Renaissance-Marktes ist über 500 Jahre alt, wurde lieb- und stilvoll restauriert und knüpft an die gastronomischen Qualitäten des Erzgebirges an. Im Hotel „Weißes Ross" hat man die Wahl zwischen zwei verschiedenen Restaurants.

Rosa gebratener Hirschrücken auf Preiselbeerjus mit tounierten Gemüse dazu Mohnklößchen

Zutaten (für 4 Personen)

1,2 kg Hirschfleisch, Hirschrücken mit Knochen, 100 g Möhren, 2 Zwiebeln, 2 Tomaten, 1 Stange Lauch, 80 g Petersilie, 80 g Preiselbeeren, ½ l Rotwein, 60 ml Sahne, 2 Feigen, 1 cl Portwein, ½ l Wasser

Zubereitung

Hirschrücken von Knochen entfernen, Knochen anbraten, Möhren, Lauch, klein geschnittene Zwiebeln dazu geben und braten. Mit Rotwein und ½ l Wasser auffüllen. Tomatenwürfel und Petersilie dazu geben, salzen und pfeffern. Eine Stunde garen lassen (ist die Grundlage für die Soße). Fond passieren, 80 g Preiselbeeren und Sahne dazu geben und einkochen, abschmecken. Fleisch mit Salz und Pfeffer würzen und in der Pfanne von beiden Seiten anbraten. Im vorgeheizten Backofen bei 180 °C etwa 20 Min. garen lassen. Feigen halbieren, Portwein und Zucker aufkochen, Feigen im Sud etwa 3 Min. garen.
Gemüse: *z. B. – Möhrchen; tournieren, garen. Fleisch aufschneiden und mit der Soße und den Feigen anrichten.*
Mohnklößchen: *50 g Mohn in 150 ml Milch und einer Prise Salz, Muskat und 1 TL Butter unter Rühren 10 Min. köcheln lassen, abkühlen lassen. In einem anderen Topf 30 g Butter in 100 ml Wasser zergehen lassen, 60 g Weizenvollkornmehl einrühren, bei mittlerer Hitze rühren bis sich der Teig vom Topfboden löst (Brandteig) und 5 Min. abkühlen lassen. Dann ein Ei unterrühren. Den Mohn unter den Teig mischen. Mit Salz, Pfeffer und Salz und Kerbel würzen. Kleine Klößchen mit zwei Teelöffeln formen (geht am besten wenn man sie ein bisschen feucht hält) und in siedendem Salzwasser 10 Min. garen.*

Legende

Hotel Weißes Ross
Annaberger Straße 12
09496 Marienberg
Tel.: 03735-6800-0
Fax: 03735-680077
www.erzgebirgshotels.de
geöffnet: ganzjährig 7–24 Uhr
Ruhetage: keine
Inhaber: Fam. Weiß
Seit: 2006
Sitzplätze: 165
Stil: Gewölbekeller, zwei separate Räume holzgetäfelt
Küche: regional, mediterran, gut bürgerlich, vegetarische Gerichte
Spezialität: Hirschrücken, rosa gebraten, in Holunderjus, Schokoladenkuchen im Glas gebacken
Preise: 5,50–20 €
Reservierung: für größere Gesellschaften empfohlen
Tipps: Veranstaltungen, Angebote für Kinder
🛏 Bergmagazin, Pferdegöpel, Stadt Marienberg

Küchenchefin Ina Schumann.

Loipenklause
Oberwiesenthal

In Sachsen ganz oben, an der Auffahrt zum Fichtelbergplateau, grüßt aus dem Grün des Waldes das rote Dach der Sachsenbaude weit ins Land. Die exponierte Lage auf dem Erzgebirgskamm in über 1100 m Höhe verspricht nicht nur intensive Natureindrücke, sondern auch exklusive Wohlfühlerlebnisse für Leib und Seele. Das aus Natursteinen im Baudenstil errrichtete Haus bietet seinen Gästen ein umfassendes Wohlfühlprogramm, das von sportlichen Aktivitäten bis hin zu einem Beauty- und Wellnessprogramm reicht. Die Loipenklause mit Wintergarten und Sommerterrasseempfängt als eines von zwei Restaurants im Haus die Gäste in rustikaler Atmosphäre mit einer reichhaltigen Speisekarte. Das Speiseangebot reicht von einer Extrakarte für den kleinen Hunger bis zum 5-Gänge-Gourmet-Menü und lässt kaum Wünsche offen. Ein kulinarischer Aktionskalender garantiert zudem jeden Monat zusätzliche thematische Abwechslung, sei es „Rund ums Mittelmeer", das „Kochen mit Köstritzer Schwarzbier" oder ein typisch erzgebirgisches Bockbierfest. Darüber hinaus können vielseitige Arrangements gebucht werden, wie zum Beispiel die „Zeit zu Zweit", eine „Auszeit zum Auftanken" oder „Familie willkommen", die den unterschiedlichsten Bedürfnissen entgegen kommen. Die reizvolle Lage des Hauses gestattet sowohl geruhsame Entspannung als auch zahlreiche Aktivitäten. Während im Sommer weitverzweigte Waldwege zum Wandern und Mountainbike-Fahren einladen, lockt im Winter die schneesichere Kammlandschaft mit einem ausgedehnten Loipennetz und etlichen gut präparierten Abfahrtspisten verschiedenster Schwierigkeitsgrade. Zudem lädt das Erzgebirge mit zahlreichen Sehenswürdigkeiten der Umgebung vom Schaubergwerk bis zur Stadtbesichtigung aber auch die nahe Tschechische Republik mit dem Böhmischen Bäderdreieck zu Abstechern ein. Nach einem erlebnisreichen Tag an der frischen Luft gibt es dann am Abend nichts Schöneres, als sich nach Herzenslust verwöhnen zu lassen und so bleibt nur ein Wunsch offen: dass die schöne Zeit länger dauern möge.

Martinsgans mit grünen Klößen mit gebutterten Semmelwü·feln

Zutaten (für 4 Personen)
1 Gans, Salz, Pfeffer, Paprika, Beifuß, Biskin, Malzbier, 1 Rotkohl, 3 Äpfel,
2 Zwiebeln, Lorbeerblätter, Wacholderbeeren, Rotwein, Kartoffelmehl,
1 EL Butter

Zubereitung

*Die Gans waschen, mit Küchenpapier abtupfen und würzen. Den Beifuß in die
Gans geben, Bräter einfetten und die Gans im auf 200 °C vorgeheizten Ofen
2 ½ Stunden bei 150 °C braten. Ab und an mit dem Malzbier übergießen und
das Fleisch schön goldgelb bräunen. Zwiebel und Äpfel in Butter schmorren.
Rotkohl, Lorbeer, Wacholder hinzugeben und mit Rot-
wein ablöschen. Kurz aufkochen umd mit dem in
wenig Wasser aufgelösten Kartoffelmehl binden.
Zur Gans die Klöße servieren.*

Legende

**Restaurant Loipenklause im
Relaxhotel Sachsenbaude**
Fichtelbergstraße 4
09484 Oberwiesenthal
Tel.: 037348-1390
Fax: 037348-139140
www.sachsenbaude.de
geöffnet: tägl. ab 12 Uhr,
Wochenende/Feiertage
ab 11 Uhr
Ruhetage: keine
Inhaber: Dr. Wilhelm Gross
Seit: 1999
Sitzplätze: 130
Küche: regionale Speziali-
täten, monatlich wechselnde
kulinarische Aktionen, regio-
nale Biere und Spirituosen
Preise: Hauptgerichte ab 8 €
Fichtelberg, Annaberg-
Buchholz, Karlsbad

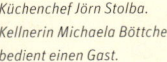

*Küchenchef Jörn Stolba.
Kellnerin Michaela Böttcher
bedient einen Gast.*

149

Hüttenschänke
Olbernhau

Seit 1997 werden die Gäste des Hotels Saiger-hütte in den traditionsreichen Häusern „Hütten-schänke" und „Haus des Anrichters" von Familie Gorny umsorgt. Als Mittelpunkt des ehemaligen mittelalterlichen Ensembles der Buntmetallurgie bietet die historische Saigerhütte heute familiär geprägte Gastfreundschaft, Ruhe und Geborgen-heit. Das in Europa einzigartige Originalareal „Saigerhütte", bestehend aus 22 Fachwerk-häusern des 16. Jahrhunderts, geht auf den mehr-stufigen Schmelztrennprozess, das „Saigern" nach Georgius Agricola (1494–1555) zur Entsilberung von Rohkupfer, zurück. Heute beherbergt die be-kannte Museumsanlage u. a. auch das Restaurant „Hüttenschänke" im „Hotel Saigerhütte" unter der Führung von Brit und Markus Gorny. Die Olbernhauer „Hüttenschänke" im altehrwürdigen Fachwerkhaus wartet mit original Holzbalken und einer Rekonstruktion, die die Liebe zum Detail erkennen lässt, auf.

Die moderne junge Küche unter der Leitung von Jens Morgenstern zeichnet sich durch regionale und überregionale Speisen aus. Der jährlich veröffentlichte kulinarische Kalender gehört ebenso zum gastronomischen Angebot wie eine erlesene Weinkarte und einheimi-sche Biere. Täglich wechselnde Tagesgerichte runden die Gaumenfreunden ab. Nicht nur für private Anlässe stehen in drei Räumlich-keiten insgesamt 150 Plätze zur Verfügung, auch Firmenveranstaltungen können profes-sionell durchgeführt werden. Ab Sommer 2009 wird zusätzlich eine restaurierte Scheune für Events im rustikalen Stil das Angebot erweitern.
Einmalige Historie gepaart mit landschaftlicher Idylle, persönlicher Gastlichkeit und Verwöhn-angeboten in Restaurant und Hotel bieten vorzügliche Voraussetzungen für individuell gestaltete Aufenthalte.

Rinderfilet mit Lauch und rotem Paprika an Balsamico-Orangensauce

Zutaten (für 2 Person)
2 x 200–250 g Rinderfilet, Kräuter der Saison, Lauchstangen, Paprika, rote Zwiebeln, Olivenöl zum Braten
Salz und Pfeffer aus der Mühle
Balsamicocreme Orange

Zubereitung

Das Gemüse putzen, nach Belieben schneiden und kurz (2–3 Min.) in heißem Salzwasser blanchieren.
Das Rinderfilet von jeder Seite 3 Min. (medium) in Olivenöl anbraten, danach mit Salz und Pfeffer würzen und vor dem Anrichten kurz ruhen lassen, Bratensatz mit Balsamicocreme ablöschen.
Lauch und Paprika sowie separat Kräuter und Zwiebeln in Olivenöl anschwenken.
Die Filets auf dem Teller anrichten und Bratenfond darüber geben, mit Zwiebeln und Kräutern garnieren.
Lauch und Paprika auf dem Teller dekorieren und auf Wunsch nochmals Balsamicocreme Orange darüber geben.
Als Beilage empfehlen wir frisches Baguette.

Legende

Restaurant Hüttenschänke im Hotel Saigerhütte
In der Hütte 4 und 9
09526 Olbernhau
Tel.: 037360-7870
Fax: 037360-78750
www.saigerhuette.de
geöffnet: tägl. ab 11 Uhr
Ruhetage: keine
Inhaber: Brit und Markus Gorny
Seit: 1997
Sitzplätze: 150
Küche: moderne, junge Küche, regional und überregional, frische saisonale Zutaten, vegetarische Gerichte
Preise: Hauptgänge ab ca. 8 €
Tipps: Familien- und Firmenfeiern
Museumsgelände Saigerhütte mit Kupferhammer

Koch Marco Ruhland.

Schwarzbeerschänke

Pobershau

Ein wenig Schwarzwaldflair erwartet Sie mitten im Erzgebirge im freundlichen Bergdorf Pobershau. Am Fuße des wildromantischen Schwarzwassertales finden Sie das komfortable 3-Sterne-Superior-Flair-Hotel „Schwarzbeerschänke". Das nähere Umfeld ist geprägt von herrlicher Natur – eine Oase der Ruhe am Waldesrand. Die im Landhausstil eingerichtete, traditionsreiche Schwarzbeerschänke verbindet stilvolle Gastlichkeit mit modernem Ambiente. Ein roter, ein blauer und ein grüner Salon laden Groß und Klein zum Verweilen und Genießen ein. Jeder Gastraum hat ein eigenes Flair und ist vom Vorhang über die Tischdecken bis hin zur Serviettenfarbe wunderbar farblich aufeinander abgestimmt. Besonders positiv erwähnenswert sind das Kamin- und das Erzgebirgszimmer. Der erzgebirgischen Tradition verpflichtet, wird einerseits großen Wert auf klassische regionale Kartoffelgerichte wie Ardäppelsupp, Latschen (Kartoffel-

puffer), Ardäppel mit Quark un Leineel und gutbürgerliche Spezialitäten wie zum Beispiel pikante Grillspieße, Bratpfanne, Kutscherkarren und „Wanderbeutel" gelegt. Andererseits stehen aber auch gesundheitsbewusste Gerichte auf der reichhaltigen Speisekarte. Während der so genannten Wellnesswoche werden leichte Mahlzeiten köstlich zubereitet. Da läuft einem schon im Voraus das Waser im Munde zusammen. In „de Schwarzbeerschänk" familienfreundlich und sehr serviceorientiert jeden neuen Tag entspannt erleben oder einfach einen spontanen Kurzurlaub im tollen, hauseigenen Schwimmbad und der Saunalandschaft verbringen. Beim neugierigen Klick auf die Homepage erklingt folkloristische Musik und in einheimischer Mundart heißt es da: „In dor Schwarzbeerschänk' im Schwarzwassertal, doa kehr' ich so gern wohl ein. An der Schwarzbeerschänk' im Schwarzwassertal, doa kimmt ma so leicht net vorbei …"

Schwarzbeerschänkenspieß

Zutaten (für 4 Personen)
500 g selbst zubereitetes Kartoffelpüree, 1 Kopfsalat, 4–6 Bunte Paprika
½ Blumenkohl, 1 Brokkoli, Tomate,
Gurke, Petersilie zur Dekoration
300 g Rinderfilet, 300 g Schweinefilet
Schinkenscheiben, Brustfilets vom
Huhn, 1 kleine Zwiebel

Legende

Schwarzbeerschänke
Hinterer Grund 2
09496 Pobershau
Tel.: 03735-91910
www.schwarzbeerschaenke.de
geöffnet: tägl. 10–24 Uhr,
Frühstück ab 7 Uhr
Ruhetage: keine
Inhaber: Bernd Neumann
Seit: 1992
Sitzplätze: 150
Küche: regionale, gutbürger-
liche Küche, vegetarische
Gerichte
Spezialität: Kutscherkarren,
Grillspieß, Wanderbeutel
Preise: 3,50–19 €
⌂ Schwarzwassertal,
Katzenstein, Schaubergwerk
Pobershau, Puppenmuseum,
Pferdegöpel

Zubereitung

Das Fleisch mit Salz und Pfeffer würzen.
Öl in einem Bratentopf erhitzen, die
beiden Filetarten darin ringsum anbraten. Mit Fleischbrühe ablöschen.
Zugedeckt bei kleiner Hitze 35–40 Min.
schmoren. Das Fleisch aus dem
Schmorfond nehmen und im Ofen bei
etwa 85 °C circa zehn Minuten ruhen
lassen. Schinken und Brustfilets (z. B.
Pute, Huhn, etc.) scharf anbraten. Teller
mit z. T. gekochten Gemüse garnieren,
Kartoffelpüree durch Spritztüte aufs
Backblech bringen und im Ofen backen,
Schinken und die fertigen Filets mit der
Paprika auf Holz- oder Metallspießen
anrichten und die letzten Minuten mit
den nun entstandenen Kroketten im
Ofen garen.

Küchenchefin Katrin Nowak.

153

Berghotel Steiger

Schneeberg

„Glück auf! Glück auf! Der Steiger kommt! Und er hat sein helles Licht bei der Nacht und er hat sein helles Licht bei der Nacht schon angezündet. […] Die Bergleut' sein so hübsch und fein […] Und sie graben das Silber und das Gold bei der Nacht aus Felsenstein." In einem populären Bergmannslied, der Steigermelodie von ca. 1700, wird die alte Bergmannszunft besungen. Gut essen, sich erholen und Neues erleben Sie im Berghotel und Restaurant Steiger. Überall gut sichtbar platziert innen und außen sind Sachzeugnisse bergbaulicher Geschichte. In idyllischer Lage an einem Berghang mit freier Sicht sind die in nebliges Licht getauchte Kirchturmspitze und die Stadt Schneeberg ein geradezu mysthischer Anblick. Ein Sammelsurium an sympathischen Miniaturholzbergmannsfiguren sowie eine alte Stadtansicht als großes Wandbild findet sich im Salon Schneeberg. In zwei ganz unterschiedlichen Restaurants bietet die Küche Reichhaltiges und Abwechslungsreiches, vom einfachen Gericht, wie es schon die Bergleute früher kochten, bis zum außergewöhnlichen Mahl, wie es auch August der Starke liebte. Die Hausempfehlung für den besonders großen Hunger ist das „Schneeberger Arschleder" – ein knusprig gebackenes Riesenschnitzel vom Schwein mit kleinem Salatteller für nur 8,90 Euro. Aus einer reichhaltigen Palette kann man sich dazu beliebig Pommes frites, Brat-, Petersilienkartoffeln, Bunte Nudeln, Waldmischpilzsahne-, Tomaten-, Remouladensoße, Kräuterhollandaise, Waldmischpilze, Mischgemüse, Zwiebel- und Paprikagemüse zusammenstellen. Weiterhin wählen Sie zwischen Wild-, Steak-, Salat-, Fischgerichten wie z. B. Seezunge, vegetarischen Gerichten, typischer Westerzgebirgsküche, kalten Platten und dem Steigermenü. Ein Glück-Auf Pils oder ein Kräuterlikör „Bergmannsgold" zum Anstoßen und Zuprosten nach alter Sitte und alles ist perfekt. Bei Feierlichkeiten im Hause und nach vorheriger Absprache übernachten Geburtstagskinder oder Hochzeitspärchen gratis. Wer sich nur auf der Durchreise befindet, kann in der Zeit von 7 bis 10 Uhr spontan für 8 Euro pro Person am Frühstücksbüffet teilnehmen. Die neu gestaltete Freizeitwohlfühlwelt steht bei einem längeren Aufenthalt im 3-Sterne-Superior-Quartier wieder zur Verfügung. Sie sind immer herzlich eingeladen.

Gebackenes Riesenschnitzel vom Schwein mit kleinen Salatteller

Zutaten (für 4 Personen)

4 Schweineschnitzel, Salz, Pfeffer, 60 g Öl, 2 Zwiebeln, 20 g Mehl, 2 Gurken, 4 Kapern, 2 Sardellenfilets, 1 TL Senf, Essig, buntes Gemüse je nach Saison

Zubereitung

Die Schnitzel leicht klopfen, am Rand einschneiden, von beiden Seiten schön braun anbraten und auf die Seite legen. Die feingehackten Zwiebeln im Bratfett anrösten, mit dem Mehl stauben, mit Wasser oder Suppe aufgießen, die Gewürze (alle fein gehackt) dazugeben, aufkochen und mit Essig abschmecken. Die Schnitzel in die Sauce legen, noch 10 Min. darin dünsten lassen und danach mit dem Saft übergossen anrichten. Zur Verbesserung kann man noch $^1/_8$ Liter sauren, versprudelten Rahm zur fertigen Sauce gießen. Das bunte Gemüse zu einem schönen Salat der Saison fertigen und mit Kräutern garnieren.

„Frühstücksfee" Marion Bochmann.

Legende

Berghotel Steiger
Am Mühlberg 2a
08289 Schneeberg
Tel.: 03772-39490
Fax: 03772-394969
www.berghotel-steiger.de
geöffnet: tägl. 7–24 Uhr
Ruhetage: keine
Inhaber: Mike Hübner
Seit: 1997
Sitzplätze: 100
Küche: regionale und saisonale Küche
Spezialität: Riesenschnitzel, Seezunge, Buttermilchgetzn, vegetarische Gerichte
Preise: ab 5 €
Reservierung: keine
Tipps: Frühstücksbüffet von 7–10 Uhr zum Preis von 8 € p. P., bei Feierlichkeit in unserem Haus mit vorangegangener Absprache, ist eine Übernachtung für Geburtstagskinder und Hochzeitspaare gratis.
 Filzteich, St. Wolfgangskirche, Museum für bergmännische Volkskunst

Goldne Sonne

Schneeberg

Als die „Goldne Sonne" 1995 nach fast zweijähriger Komplettsanierung endlich wieder eröffnet wurde, mochten manche das moderne bis zeitgeistige, denkmalgeschützte Kulturzentrum nicht so recht annehmen. Das hat sich grundlegend gewandelt. Mittlerweile ist das Haus ein fester Partner für viele Vereine der Bergstadt – hier haben u. a. die Schnitzer und Klöpplerinnen sowie das Bergmusikkorps ihr Domizil, außerdem eine Chorgemeinschaft und eine Tanzschule. Darüber hinaus bietet die „Sonne" auf den Bühnen ihrer zwei Säle ständig kulturelle Veranstaltungen von der Kleinkunst bis zur Gala an und betreut diese darüber hinaus mit einer eigenen Gastronomie.

Das Team in der Küche wird von Meisterin Birgit Colditz dirigiert, die eine flexible Gastronomie installieren konnte: Von der Familienfeier im eher kleinen Kreis bis zum Ärzteball mit 200 Gästen stemmt die Mannschaft alle Aufgaben und hat diesbezüglich in den zurückliegenden drei Jahren enorm aufgeholt, sich von einem Gast-Haus mit Attribut „gutbürgerlich" so weiter entwickelt, dass man den inzwischen hohen Anforderungen einer modernen Restaurantküche nachkommt. Dabei gelingt der oft nicht leichte Spagat zwischen Tages-Gerichten und Feinschmecker-Menü: Man bietet das klassische Wiener Schnitzel mit Kartoffeln ebenso an wie Wildschweinkeule mit Semmelknödeln und Spitzkohl oder Bratwurst an Grünkohl (im Erzgebirge eher ein ungewöhnliches Gericht). Andererseits sind auch vegetarische Gerichte ein selbstverständlicher Bestandteil der Karte und auch das Rumpsteak ist durchaus passabel, wozu man unbedingt Pommes Frites bestellen sollte, obwohl die inzwischen zum „Junk Food" gezählt werden, was in der Sonne aber überhaupt nicht zutrifft – dort sind die Kartoffelstäbchen ein echter klassischer Kracher: außen knackig, innen weich und in feinstem Fett goldbraun fritiert.

geschmolzene Butter, wo er bei mittlerer Hitze im eigenen Saft fertig dünstet. In der Zeit zerteilt man frische Erdbeeren in Scheiben und gibt sie in eine Pfanne zu karamellisiertem Zucker und erhitzt sie kurz. Den Fisch aus der Kasserole heben, in den Fischfond frisch gehackte Kräuter mit viel Dill geben und alles mit einer hellen Soße binden. Angerichtet wird alles auf einem Teller und mit einigen dekorativen Spritzern von schwarzer Aceto-de-Modena-Creme verziert.

Gedünsteter Zander mit karamellisierten Erdbeeren an Kartoffelschnee

Zutaten (für 2 Personen)
1 Zander, 400 g Kartoffeln, Salz,
1 Pr. Muskat, Butter,
100 g frische Erdbeeren, Zucker,
verschiedene Kräuter, Dill,
Aceto-de-Modena-Creme

Zubereitung
Kartoffeln in Salzwasser kochen, danach durch eine Presse zu Flocken quetschen. Darüber eine Prise Muskat streuen. Den Zander bereitet man nach der 3–S–Regel (säubern, säuern, salzen) vor und gibt ihn in ein wenig

Legende

Kulturzentrum Goldne Sonne
Fürstenplatz 5
08289 Schneeberg
Tel.: 3772-370917
www.goldne-sonne.de
geöffnet: Mo–Fr 11–14 Uhr,
ab 18 Uhr, Sa/So 11–14.30 Uhr,
ab 18 Uhr
Ruhetage: keine
Inhaber: Volker Schmidt
Seit: 1995
Sitzplätze: 70, Säle 130/400
Küche: regionale Frischeküche,
vegetarische Gerichte
Spezialität: Gedünsteter
Zander mit karamellisierten
Erdbeeren an Kartoffelschnee
Preise: 5.50–15 €
Tipps: Kinderkarte, regelmäßig Kulturveranstaltungen,
Lesungen, Vorträge
St. Wolfgangkirche
Schneeberg, Museum für
erzgebirgische Volkskunde

Chefköchin Birgit Colditz.

Kunst und Kneipe
Schwarzenberg

und im Obergeschoss das von Lydia Schönberg geführte Café Piano betreiben. Schon von außen sieht das mit wildem Wein bewachsene Gebäude etwas anders aus als die anderen Häuser in der Oberen Schlossgasse – hier ist der Geist der „Freien Republik Schwarzenberg" lebendig, gehen internationale Künstler ein und aus, inmitten der von Jörg Beier aus aller Herren Länder zusammengetragenen Versatzstücke fühlen sich Banker eben so wohl wie Proletarier, manchmal kommt es zu Spontanvorstellungen am verstimmten Klavier. Auch Dichter und kleine Bands werden gern eingeladen. Dazu gibt es Guinness vom Fass und andere Biere, Wein und Mixgetränke und eine kleine, aber feine Speisekarte, die von der hausgemachten Speckfettbemme bis zu Spaghetti israelisch reicht und ein bisschen mediterran angehaucht ist. Jeden ersten Sonntag im Monat ist Brunch. Und zu den Kneipenöffnungszeiten kann man auch die Galerie Silberstein besuchen, wo sogar schon Werke von Christo zu sehen waren. (MZ)

„Kunst und Kneipe" ist das Motto der Schwarzenberger Künstlerfamilie Christine und Jörg Beier, die in einem Hause die Galerie Silberstein, den gemütlichen Weinkeller Zum Drachen

158

Spaghetti israelisch

Zutaten

Spaghetti, Schafskäse, Olivenöl, Pfeffer, Salz, Kräuter

Zubereitung

Spaghetti al dente kochen, mit bisschen Olivenöl und frischem gehackten Basilikum mischen, geriebenen Schafskäse und frische Kräuter, alles was so im Garten an Kräutern wächst, Petersilie, Dill, Schnittlauch etc. vermischen und mit Gewürzen (die sind allerdings eine Spezial-Kur st-und-Kneipe-Mischung) abschmecken und mit kleinen, gehackten, in Olivenöl gedünsteten Frühlingszwiebeln garnieren.

Legende

Kunst & Kneipe Piano & Drachenkeller
Obere Schlossstraße 5
08340 Schwarzenberg im Erzgebirge
Tel.: 03774-22498
www.freie-republik-schwarzenberg.de
geöffnet: Weinkeller zum Drachen: Mi/Do/Fr/Sa ab 18 Uhr; Café Piano: Mo/Di/Fr/Sa/So ab 18 Uhr
Ruhetage: keine
Inhaber: Fam. Beier
Seit: 1990
Sitzplätze: 30/50
Küche: international
Spezialität: ein „Piano" für Klavierspieler, Konzerte, Ausstellungen
Preise: Hauptgerichte ab 4 €
Tipp: In der Kneipe gibt es Material zur „unbesetzten Zone" Schwarzenberg.
Reservierung: möglich
Schloss Schwarzenberg, Eisenbahnmuseum Schwarzenberg, zahlreiche Bergbau-Denkmale in der Umgebung

Köchin Kerstin Schwarzlos serviert Spaghetti israelisch.

Landhotel zu Heidelberg
Seiffen

Im wohlbekannten Spielzeugdorf und Kurort Seiffen im Erzgebirge befindet sich das familiär geführte „Landhotel zu Heidelberg". Von der Terrasse oder den üppig begrünten Blumenbalkonen hat man einen idyllischen Blick auf das Spielzeug- und Freilichtmuseum. Das Restaurant ist individuell nach zwei Jahreszeiten eingerichtet. Mit leicht gedimmtem Licht und einem gemütlich, rustikalen Ambiente begrüßt Familie Krallert ihre Gäste. Das Interieur beherbergt eine Vielzahl an (hand-) gefertigten Produkten traditioneller, erzgebirgischer Holzkunst. Die Nussknacker, Räuchermänner, Schwibbögen und Pyramiden können auch käuflich erworben werden.

Im Gastraum für 150 Personen sowie dem behaglichen Bergstüb'l, das etwa 70 Personen Platz bietet, werden typisch erzgebirgische, kulinarische Köstlichkeiten und auch internationale Spezialitäten serviert. Die Küche verwendet nur beste Qualitätserzeugnisse einheimischer Lieferanten. Im kulinarischen Online-Kalendarium kann man schauen, was im aktuellen Monat auf der Tagesordnung steht, seien es Pasta, Wild- oder Spargelgerichte. Lassen Sie sich verzaubern vom besonderen Flair und schlemmen Sie in großartiger Kulisse. Bei einem längeren Aufenthalt relaxen Sie entspannt in der neuen Wellness-Oase „1001 Nacht" unmittelbar im Haus.

Gedünstetes Rotbarschfilet auf provenzialischem Gemüse, Zitronensoße, Rosmarienkartoffeln

Zutaten (für 4 Personen)

Rotbarsch: 1 kg Rotbarschfilet, 1 Bd. gehackte Frühlingszwiebeln,
4 Champignons, 3 Tomaten, 250g Oliven entsteint, 4 Zehen Knoblauch, Salz,
1 EL Apfelessig, 6 EL Olivenöl, 2 Zitronen, Saft und geriebe Schale,
2 EL glatte Petersilie, 1 EL frisch gehackten Basilikum, 1 EL frisch gehackten
Rosmarin, 1 EL Oregano, gerebbelt, 1 EL Bohnenkraut
Provenzialisches Gemüse: 4 Fleischtomaten, 3 Zucchini, 2 Auberginen,
4 große festkochende Kartoffeln, 2 Zwiebeln, 4 Zehen Knoblauch, 3 rote
Paprikaschoten, frischer Thymian, Salz, frisch gemahlener Pfeffer, Olivenöl

Zubereitung

*Fischfilets salzen, einschneiden, so dass die Soße in das Fleisch eindringt. Filets
so anrichten, dass das Gemüse vollständig bedeckt ist.*

Zitronensoße: *Zitronen abreiben, Saft auspressen. Petersilie, Basilikum und
Knoblauch fein hacken und mit Zitronensaft, -schale und Kräutern vermengen.
2 El Olivenöl und 125 g fein gehackte Oliven dazugeben. Zitronensoße über die
Filets gießen und die Alufolie so anrichten, dass der Dampf nicht seitlich ent-
weichen kann, sondern direkt in die Filets geht. Bei 190 °C ca. 30–40 Min.
backen. Zubereitungszeit: ca. 20 Min.*

Provenzialisches Gemüse: *Zucchini, Aubergine und Paprika in 5 mm große
Scheiben schneiden, mit dem fein geschnittenem Knoblauch und Zwiebel
mischen. Die Tomaten in Scheiben schneiden. Die Kartoffeln schälen
und in ca. 5 mm dicke Scheiben schneiden. Diese dann in eine
mit Olivenöl eingeriebene große, flache Auflaufform fächerförmig
auslegen. Zuerst mit Thymian, Pfeffer und Salz würzen. Etwas Olivenöl
darübergeben. Dann ca. die Hälfte der Gemüsemischung darüberschichten,
erneut würzen. Nun die andere Hälfte aufschichten und würzen. Am Schluss die
Tomaten darauf, nur mit Thymian würzen. Im auf 180 °C vorgeheizten Backofen
ca. 1 Std. garen. Anrichten. Dazu französisches Weißbrot.*

Legende

Landhotel zu Heidelberg
Hauptstraße 196
09548 Seiffen
Tel.: 037362-8750
Fax: 037362-87555
www.landhotel-zu-heidelberg.de
geöffnet: tägl. ab 8 Uhr
Ruhetage: keine
Inhaber: Fam. Krallert
Seit: 1995
Sitzplätze: 220
Küche: gut bürgerlich,
international
Spezialität: Kulinarischer
Kalender, Haustee, Eis im Sack
Preise: Hauptgerichte 3–15 €
Reservierung: keine
Freilichtmuseum Seiffen,
Schauwerkstatt, Wanderwege

*Erzgebirgskunst in den
Gasträumen des Landhotels.
Küchenchef Uwe Beer.*

Badmühle Warmbad
Wolkenstein

Einen Steinwurf entfernt vom grünen Kurpark lockt das entzückende „Café Badmühle" in Warmbad seine Gäste in die gute Stube. Es gehört zu den nicht so häufig zu findenden Exemplaren der Gattung „gemütliche Eckkneipe mit Charme". Dabei richtet sich das Haus in erster Linie an Hausgäste der Pension, Anwohner der Umgebung, Kurgäste, Besucher und Urlauber. Die 36 Plätze innen, Sonnenterrasse, Kaffeegarten und Grillmöglichkeiten außen sind stets gut frequentiert. Eine Dekoration aus Kaffeemühlen

und Bierkrügen schafft Gemütlichkeit. Freitag bis Mittwoch hat das Restaurant ab 11 Uhr geöffnet, die Küche schließt 22 Uhr. Das Betreiberehepaar Roswitha und Manfred Weber erfüllt selbst ausgefallene Sonderwünsche. Neben Speisen, die jeder kennt – sprich traditionelle Hausmannskost auf sächsischer und erzgebirgischer Basis – ist das frisch zubereitete Essen auf dem Heißen Stein eine weitere Spezialität. Täglich kann man aus 26 verschiedenen Gerichten wählen. Gesundes, vitaminschonendes Braten ohne Fett und Kochsalz lassen die Genüsse vom Heißen Stein zu einem kulinarischen Erlebnis werden. Egal ob Fleisch, Fisch, Meeresfrüchte, Gemüse oder sogar Früchte mundgerecht als Dessert – Feinschmecker können dieses Fest ohne jede Reue genießen. Abwechslungsreich sind weitere Gerichte wie exotisches Känguru-, Haifisch- und Straußensteak sowie Krokodil-Filet. Eventuell auftretende Wartezeiten werden mit „Gratis-Appetit-Machern" verkürzt. Alle teilbaren Gericht gibt es auch als „Senioren-Portion". Ein breites Angebot an Durstlöschern sind hiesige Biere, wie das Rechenberger vom Fass, Säfte und Limonaden. Ein besonderer Tipp ist das „flambierte Aventinus", das älteste Weizenstarkbier Deutschlands abgelöscht mit einem Liter Bier und serviert im Riesenglas für nur 6,60 Euro. Ein kleiner Verdauungsspaziergang nach der Freude beim Probieren ist durchaus nötig. Den angenehmen Aufenthalt im gastlichen Haus der „Heißen Steine" und „Flammenden Biere" verbinden Sie am besten mit einem Besuch der „Silbertherme".

Eine Spezialität des Hauses ist die Filet-Platte „Sydney 2000" auf dem Heißen Stein. Dazu gehören jeweils 100 g Filet vom Strauss, vom Känguru und vom Krokodil. Dazu werden mit Vollkorn-Toast, drei verschiedenen Dipps und eine fruchtige Beilage gereicht.

Legende

Gaststätte und Pension „Café Badmühle" Warmbad
Am Kurpark 7
09429 Wolkenstein/
OT Warmbad
Tel.: 037369-8271
Fax: 037369-9149
www.badmuehle-warmbad.de

geöffnet: Mi–Fr ab 11 Uhr
Küche bis 22 Uhr
Ruhetag: Do (außer für Pensionsgäste)
Inhaber: Manfred und Roswitha Weber
Seit: 1995
Sitzplätze: 38
Küche: erzgebirgische Spezialitäten, Hausmannskost, Fisch, vegetarische Gerichte
Spezialität: täglich 25 Gerichte „auf dem heißen Stein", flambiertes Bier
Preise: 5–25 €
Tipp: Kleinkinderstuhl, Kinderkarte, Seniorengerichte
⌂ Kurpark und Silbertherme im Thermalbad Warmbad

Ehepaar Roswitha (Köchin)
und Manfred Weber
mit zwei leckeren Eisbechern.

163

Zughotel
Wolkenstein

Es ist eines der originellsten Restaurants in Sachsen: das Zughotel am Wolkensteiner Bahnhof. In 15 originalen Mitropa-Wagen der ehemaligen Deutsche Reichsbahn der DDR Wolkenstein gibt es allerdings nicht mehr originales Mitropa-Essen, sondern solide regionale Kost aus Sachsen und dem Erzgebirge.

Das Restaurant bietet etwa 80 Gästen Platz, und es hat weit mehr als den Charme eines einstigen D-Zuges. Der edle Salonwagen bietet auch für Reisegesellschaften oder Familienfeiern genügend Platz. Neben alkoholfreien Getränken und Bieren wird Wein aus allen Regionen angeboten, durch die der auch international eingesetzte Zug früher fuhr.

Eiligere Reisende können am Imbisswagen Station machen; zudem lockt im Sommer der einladende große Freisitz. Gäste, die länger bleiben möchten, können im Zughotel auch übernachten – in ebenfalls originalen Schlafwagen erster und zweiter Klasse der Deutschen Reichsbahn. Die waren früher samt Konferenzraum dem Präsidenten bzw. dem SED-Generalsekretär vorbehalten. Heute stehen sie zu moderaten Preisen allen zur Verfügung. Während Gäste der ersten Klasse Dusche und WC im eigenen Abteil haben, gibt es in den Kabinen zweiter Klasse Toiletten und Waschräume auf dem Gang. Insgesamt stehen 62 Betten zur Verfügung. Und es gibt sogar drei Ferienwohnungen auf Gleisen. Und weil am Zughotel alles mit der Bahn zu tun hat, dreht um Grillplatz und Fischteich eine richtige Mini-Lokomotive ihre Runden – nicht nur zur Freude der Kinder.

Eisbein mit Sauerkraut und grünen Klößen

Zutaten (für 4 Personen)
4 Eisbeine, 4 Lorbeerblätter,
1 Bd. Suppengrün, 8 Pimentkörner,
2 Zwiebeln, 1 kg frisches Sauerkraut,
2 rohe Kartoffeln, 50 g gewürfelter
Schinkenspeck, 1 Pr. Zucker,
2 Gewürznelken, 125 ml Weißwein,
300 g Kartoffeln, Meerrettich

Zubereitung

Das Eisbein am Vortag kochen, den Sud
entfetten und anderweitig verwenden.
Eisbeine waschen und in einen großen
Topf legen, mit Wasser auffüllen bis die
Eisbeine gerade bedeckt sind. Eisbeine
einmal aufkochen lassen, danach Hitze
reduzieren, bis sie nur noch leicht
simmern. Öfter abschäumen. Suppengemüse putzen, waschen und grob
zerkleinern, mit den drei Lorbeerblättern, Pimentkörnern und den zwei geschälten und in Spalten geschnittenen
Zwiebeln zu den Eisbeinen geben.
Eisbeine (ca. 1,5–2 Std., je nach Größe)
garen.
Für das Sauerkraut 2 Zwiebeln würfeln.
Speck in einem Topf erhitzen, Zwiebeln
zugeben und glasig
dünsten. Etwas Sauerkraut
zugeben, mit andünsten.
Den Rest Kraut zuführen,
alles mit Weißwein ab-
löschen. Lorbeerblatt
und die abgeriebenen Kartoffeln
zugeben.
Bei mittlerer Hitze (ca. 30–40 Min.)
garen. Das Sauerkraut sollte nicht
zerkochen. Wenn nötig, etwas Eis-
beinsud angießen. Mit Zucker, Pfeffer
Kümmel und Salz abschmecken.
Für die grünen Klöße die Kartoffeln
schälen und die Hälfte der Kartoffeln
kochen. Die rohen Kartoffeln reiben,
die gekochten Kartoffeln zerdrücken
und beides mit etwas Meerrettich
zu einer festen Masse verkneten.
Daraus Klöße formen, in gesalzenes
kochendes Wasser geben und bei
mittlerer Hitze ein paar Minuten
köcheln lassen. Die Klöße sind fertig,
wenn alle oben schwimmen.
Das Sauerkraut auf einem Teller
anrichten, ein Eisbein daraufsetzen
und die grünen Klöße daneben anrichten.

Legende

Zughotel
Am Bahnsteig 10
09429 Wolkenstein/
OT Schönbrunn
Tel.: 037369-5821
Fax: 037369-88780
www.wolkensteiner-zughotel.de
geöffnet: tägl. ab 11 Uhr
Ruhetage: keine
Inhaber: Ulrich Reuter
Seit: 1993
Sitzplätze: 80
Küche: regional, gutbürger-
lich, Imbissgerichte
Spezialität: Eisbein mit grünen
Klößen
Preise: ab 3,50 €
Reservierung: keine
Tipps: Direkt an der B101
unter dem Schloss Wolken-
stein, 62 Übernachtungsmög-
lichkeiten in verschiedenen
Klassen, zwei Ferienzüge
🏰 Schloss Wolkenstein,
Wanderwege, Schauwerkstatt
Schönbrunn

*Im Wolkensteiner Zughotel
erinnern originale Reichsbahnuniformen
an die Vergangenheit.*

Zum Grenadier

Wolkenstein

Wer den steinernen Torbogen von Schloss Wolkenstein durchschreitet und die kleine, schwere Pforte zur zauberhaften Schankwirtschaft „Zum Grenadier" öffnet, erhält erstaunliche Einblicke in eine längst vergangene Zeit. In schmucken, gelben Uniformen (sächsisch „Mehlsäcke" genannt) stehen Eigentümer und Wirt Thomas Leschner und seine zuverlässige Mannschaft Ihnen stets zu Diensten. Wo man geht, steht und sitzt, fühlt man sich zurückver-

setzt in die Napoleonische Epoche und es gibt in jedem Winkel etwas Spannendes zu entdecken. Gemäß dem Motto – das 18. Jahrhundert originalgetreu erleben – finden sich in dem großen Gewölbe originale Accessoires dieser Zeit (1806 bis 1815). Überall stehen illustre Figurengruppen und Puppen bekleidet mit historischen Uniformen und Gewändern. Gebrauchsgegenstände des täglichen Lebens, aber auch verschiedene Waffen (Säbel, Gewehre usw.) und zeitgenössische Bilder hängen an den Wänden. Gemütliche, dunkelbraune Holzbänke mit warmen Fellen bedeckt, schummrig-romantisches Kerzenlicht und delikate Speisen locken viele Gäste an. Verschiedene papierne Schriftrollen (z. B. Kinderkarte, saisonale Karte) versprechen in altdeutscher Schrift vollkommenen Genuss bei einem rustikalen Mahl von Kanonenwurst über Feldherrenschnitzel bis hin zur gefüllten Granate und einem würzigen „Regimentsbräu". Bei Vorbestellungen ab fünfzehn Personen wird überdies außerhalb der Öffnungszeiten aufgeschlossen. Auch im Ritterkeller darunter wird aufgetafelt, was das Zeug hält. Rittermahl, Wikingerschmaus, Wildgerichte mit Stülpner Karl, dem „Robin Hood des Erzgebirges" und französische Speisen munden bei mittelalterlicher Musik der Spielleut' wie anno dazumal. Vergessen Sie nicht einen Abstecher in das Militärhistorische Museum vor dem Schloss der Bergstadt zu unternehmen. Alsdann: Vielen Dank für Speis' und Trank.

„Gefüllte Granate"
Große Brotkugel, gefüllt mit Szegediner Gulasch

Zutaten (für 4 Personen)
Selbstgebackenes Brot, 750 g Schweinefleisch von der Schulter,
250 g gewürfelte Zwiebeln, 1 gewürfelte Knoblauchzehe, 100 g geräucherter
magerer Speck, 400 g Sauerkraut, edelsüßes Paprikapulver, ½ l Gemüsebrühe, 200 g saure Sahne, 1 TL Kümmel, Salz, Pfeffer

Zubereitung
*Fleisch abbrausen, trocken tupfen und in 3 cm große Würfel schneiden. Speck
klein würfeln. Speck in einem Topf auslassen, herausnehmen. Fleisch im
Speckfett portionsweise anbraten, herausnehmen. Zwiebeln und Knoblauch
darin andünsten. Sauerkraut, Fleisch und Speck zufügen, mit Paprika bestäuben, umrühren und knapp mit Brühe bedecken.
Zugedeckt bei mittlerer Hitze ca. 1 Std. schmoren,
eventuell etwas Brühe nachgießen.
150 g Sahne unterziehen, mit Salz, Pfeffer
und Paprika würzen. Mit restlicher Sahne
und Kümmel garnieren und in ausge-
höhltes Brot füllen.*

Inhaber Thomas Leschner und Köchin Susan Neubert.

Legende

**Erlebnisgasthaus
Zum Grenadier**
Schlossplatz 1
09429 Wolkenstein
Tel./Fax: 037369-88480
www.zum-grenadier.de
geöffnet: Mi–Fr ab 17.30 Uhr
Sa/So/Feiertag ab 11.30 Uhr
Ruhetag: Mo/Di
Inhaber: Thomas Leschner
Seit: 1999
Sitzplätze: 70
Küche: regional, saisonal
Spezialität: Ritteressen,
Wikingeressen, Wildtafel
(ab 15 Personen nach
Voranmeldung)
Preise: 3–15 €
🏰 Schloss Wolkenstein mit
Ausstellungen, Wolkensteiner
Schweiz

Zum Schwarzen Bären

Zöblitz

Der gutmütige Meister Petz ist das Wahrzeichen des Restaurants „Zum Schwarzen Bären". Das historische Gasthaus wurde 1840 errichtet. Es befindet sich im Ortszentrum an der sächsischen Silberstraße direkt am Markt. Nach der Modernisierung wurde das Lokal 2003 im neuen Antlitz wiedereröffnet. Im Flur empfängt ein großer, schwarzer Plüschteddy nicht nur die kleinen Gäste sondern auch die Eltern und Großeltern. Drinnen finden sie eine Gaststube für etwa 35 Personen, ein Gesellschaftszimmer mit 50 Plätzen und das Ratszimmer für 14 Hungrige. Die Einrichtung ist recht schlicht und besteht hauptsächlich aus dunklem Ebenholz, eine aparte Bar und schöne Tischdekoration runden das Ganze ab. Im mediterranen Ambiente und kleinem Gewölbe lässt es sich beschaulich speisen. Besitzer Steffen Klemm kocht hier auch selbst. Die Karte enthält gut bürgerliche Offerten, die selbst den größten Bärenhunger und Durst gleichermaßen befriedigen können. Bei den Hauptgerichten sehr zu empfehlen, sind Sauerbraten mit Apfelrotkohl, hausgemachte Sülze mit Bratkartoffeln und Grillpfanne nach Art des Hauses für Fleischliebhaber. Fischfans freuen sich über gesundes Zanderfilet auf wildem Reis und kaiserlichem Gemüse. Der preiswerteste Hauptgang schlägt mit 7 Euro zu Buche, der teuerste mit zirka 22 Euro. Das Restaurant hat täglich ab 11 Uhr geöffnet, Dienstag und Mittwoch schließt es bereits um 14 Uhr. Bei vorheriger Reservierung und Bestellung ist es aber dennoch möglich vorbeizukommen. Wenn Sie unter dem Gütezeichen des himmlischen Bären gespeist haben, schauen Sie sich unbedingt die Zöblitzer Sehenswürdigkeiten wie das Serpentinsteinmuseum und die Kirche mit Silbermannorgel an.

Zanderfilet
an Kaisergemüse mit Wildreis

Zutaten (für 4 Personen)
4 frische Zanderfilets, 2 große Ge-
müsezwiebeln (auch rote Zwiebeln),
2 Knoblauchzehen, Salz, Pfeffer,
Olivenöl, Melonenstückchen, Apfel,
Physalis, Dill, Schnittlauch, Salat,
essbare Blüten zur Dekoration,
frische Möhrchen, Erbsen, Blumen-
kohlstücke, Wildreis

Zubereitung

*Zanderfilets trocken tupfen,
salzen und pfeffern. In
einer Pfanne mit Oli-
venöl anbraten und
anschließend warm-
halten. Im restlichen
Olivenöl die in Würfel
geschnittenen Zwiebel-
stückchen glasig dünsten,
Knoblauchzehe dazu pressen. In einer
feuerfeste Form wenig Olivenöl erwärmen und die Fischstücken einschichten.
Die Zwiebelmasse hinzu fügen und bei ca. 220 °C etwa 30 Min. garen. Gemüse
zart dünsten, mit geschmolzener Butter übergießen.*

Legende

Zum Schwarzen Bären
Markt 78
09517 Zöblitz
Tel.: 037363-7246
Fax: 037363-18573
geöffnet: tägl. ab 11 Uhr,
Di, Mi bis 14 Uhr
Ruhetage: keine
Inhaber: Steffen Klemm
Seit: 2003
Sitzplätze: 260
Küche: gutbürgerliche Küche
Spezialität: Zander auf
Gemüse, Sauerbraten mit
Apfelrotkohl, Sülze und
Grillpfanne nach Art des
Hauses
Preise: 7–22 €
Tipps: Familien- und Firmen-
feiern, Bar
 Serpentinsteinmuseum
Zöblitz, Kirche mit Silbermann-
orgel

*Restaurantfachfrau
Heike Frank.*

Austelvilla

Zwönitz

immer dann zur Stelle, wenn man ihn gerade braucht. Er sieht alles und scheint die Wünsche seiner Gäste im Voraus zu ahnen, behält bei allem Rundum-Service aber stets eine angenehm wirkende Dezenz.

Seine Frau Catrin setzt dazu das Pendant in der Küche. Sie bringt eine spannende Mixtur von regionalen Gerichten und mediterranen Splittern (Elchroulade mit Rosenkohl, Lammfilet in Portwein oder Steinbeisser mit Algengemüse).

Der Renner schlecht hin ist „Austel's Nachtmahl" – ein pikantes Vor- oder Zwischengericht von hausgemachten Kartoffelreibekuchen, die mit geräuchertem Lachs und Rogen von Seehase sowie Forelle belegt sind. Die Leidenschaft für Portugal, der beide seit Jahren nachgehen, schlägt sich sowohl in Küche wie auch Weinkeller nieder. Der Gast wird in Zwönitz mit einer fein ausgesuchten und durchaus speziellen Auswahl portugiesischer Tropfen umworben – dies gilt sowohl für Weiß- und Rotweine als auch für Port- und Madeiraweine.

Streubel's Weinladen befindet sich im Flur des Restaurant's und kann von jedem Gast besichtigt werden. Das schafft nicht nur zusätzliche Atmosphäre, sondern auch eine Plattformfür den zusätzlichen Weinhandel.

Dies ist ein kleines, sehr schickes Lokal im Erzgebirge mit geradlinig anspruchsvoller Küche, überraschend tollem Weinangebot und einem Service, dessen Niveau in der Region höchsten Anforderungen Stand hält.

Eingerichtet im ehemaligen Entree der Villa des Zwönitzer Fabrikanten Austel ist das Parkcafé vor allem abends eine Top-Adresse für Schlemmer, die es klassisch-schick und Fachkompetent mögen.

Uwe Streubel, seit 1994 Inhaber und Lokalchef, verkörpert jenen Typus eines „Obers" der vielgerühmten „alten Schule". Mit einem Höchstmaß an Aufmerksamkeit und Umsicht ist er

Legende

Parkcafé Austelvilla
Rathausstraße 14
08297 Zwönitz
Tel.: 037754-2930
www.austelvilla.de
geöffnet: Mai–August Mo–Sa
11–23 Uhr, So/Feiertage
11–21 Uhr; Sept.–April Mo–Fr
17–23 Uhr, Sa 11–23 Uhr,
So/Feiertage 11–21 Uhr
Ruhetage: keine
Inhaber: Uwe Streubel
Seit: 1994
Sitzplätze: 60/Beletage 60
Küche: regional und
mediterran
Spezialität: „Austels
Nachtmahl", hausgebackener
Kuchen
Preise: ab ca. 10 €
Reservierung: empfohlen
Tipps: Themen-Brunch,
auserlesenes Weinsortiment
(Portugal), Handel mit
portugiesischen Weinen
⌂ Gebhardtschen Samm-
lungen, Papiermuseum,
Austelpark

Austels Nachtmahl

*Der Renner schlechthin ist ein pikantes Vor-
oder Zwischengericht von hausgemachten
Kartoffelreibekuchen, die mit Lachs und Rogen
von Seehase sowie Forelle belegt sind.*

*Küchenchefin
Catrin Streubel.*

Weitere Restaurants im Erzgeirge

Forsthaus .... Schneeberger Straße 22, 09456 Annaberg-Buchholz, Tel. 03733-69010, www.forsthaus.de, Di–Fr 11.30–14.30 Uhr und ab 17.30 Uhr, Sa, So, feiertags ab 11.30 Uhr, Ruhetag: Mo

Hotel am Kurhaus .... Richard-Friedrich-Boulevard 16, 08301 Bad Schlema, Tel. 03772-37170, www.am-kurhaus.com, tägl. 11.30–22 Uhr

Ausflugslokal Zugspitze .... An der Zugspitze 15, 09618 Brand-Erbisdorf, Tel. 037322-52398, www.ausflugslokal-zugspitze.de, Di–Fr 11.30–14 Uhr und ab 17 Uhr, Sa, So ab 11.30 Uhr, Ruhetag: Mo

Landgasthof .... Topfmarkt 7, 09235 Burkhardtsdorf, Tel. 03721 24324, Di–Fr ab 12 Uhr,
Topfmarktscheune Sa, So, feiertags ab 11 Uhr, Ruhetag: Mo, www.topfmarktscheune.de,

Landhotel Osterlamm .... Talstraße 25, 08344 Grünhain-Beierfeld, Tel. 03774-22243, www.hotel-osterlamm.de, täglich ab 8 Uhr

Gasthof Hilmersdorf .... Annaberger Straße 13, 09429 Hilmersdorf, Tel. 037369-9659, www.gasthof-hilmersdorf.de, Fr–Di 11–22 Uhr, Ruhetage: Mi, Do

Restaurant .... Neue Hauptstraße 1, 09434 Hohndorf, Tel. 03725-787821,
Schwarzes Roß www.schwarzes-ross-hohndorf.de, Mi,Do 11–14.30 Uhr und 18–22 Uhr, Fr, Sa 11–14.30 Uhr/18–22 Uhr, So 11–14.30 Uhr/18–21 Uhr, Ruhetage: Mo, Di

Forellenhof .... Hauptstraße 2, 09477 Jöhstadt, Tel. 037343-2472, www.forellenhof.com, Mi–So ab 11 Uhr

Hotel Waldesruh .... Obervorwerk 1–3, 09514 Lengefeld, Tel. 037367-3090, www.hotel-waldesruh-lengefeld.de, tägl. 11–22 Uhr

Gasthof Dreihansen .... Dittersdorfer Straße 8, 08294 Lößnitz, Tel. 03771-35741, www.gasthof-pension-dreihansen.de, Mi, Do, Fr 11–14 Uhr und ab 17 Uhr, Sa, So ab 11 Uhr, Ruhetage: Mo, Di

Berggasthof .... Am Hirtstein 3, 09496 Marienberg/OT Satzung, Tel. 037364-12844,
Hirtsteinbaude www.hirtsteinbaude.de, 1.5.–31.10.: Di, Mi, Do 11–17 Uhr, Sa 11–20 Uhr, So 11–17/ 1.11.–30.4.: Di, Mi, Do 11–16 Uhr, Sa 11–20 Uhr, So 11–16 Uhr, Ruhetage: Mo, Fr

Gasthof Promnitzer .... Am Promnitzer 1, 09376 Oelsnitz, Tel. 037298-2174, Di 11–15 Uhr, Mi–So 11–21 Uhr, Ruhetag: Mo

Landgasthof .... Karlsbader Straße 32, 08352 Pöhla, Tel. 03774-86012,
Vugelbeerschänk www.vugelbeerschaenke.de, Di ab 17, Mi–Fr 11–14 Uhr und 17–23 Uhr, Sa 11–24 Uhr, So 11–21 Uhr, Ruhetag: Mo

Sächsischer Hof .... Markt 6, 09481, Scheibenberg, Tel. 037349-13480, www.hotel-saechsischerhof.de, tägl. ab 11.30 Uhr

Flair-Hotel .... Auerbacher Straße 15, 08304 Schönheide, Tel. 037755-630,
Forstmeister www.forstmeister.de, tägl. 11–23 Uhr, 20.–24. 12 geschl.

Hotel Wettiner Höhe .... Jahnstraße 23, 09548 Seiffen, Tel. 037362-1400, www.wettiner-hoehe.de tägl. ab 18, wochentags/feiertags auch mittags ab 12 Uhr

Hotel Roß .... Markt 1, 08297 Zwönitz, Tel. 037754-2252, www.hotelross.de, Mo–Fr ab 16, Sa 11.30–24 Uhr, So 11.30–15 Uhr

Staahadler Aff .... Steinheidel Nr. 7, 08359 Breitenbrunn/OT Steinheidel, Tel. 037756-1240, www.staahaadler-aff.de; So/Mo/Do/Fr 11–21, Sa 11–22 Uhr, Ruhetage: Di, Mi

Glashaus- .... Am Bühl 1, 08309 Eibenstock, Tel. 037752-56810,
Panoramarestaurant www.hotel-blaues-wunder.de, tägl. ab 11.30 Uhr

Neues Haus .... Fichtelbergstraße 2, 09484 Kurort Oberwiesenthal, Tel. 037348-2390, www.neues-haus-web.de, tägl. ab 10.30 Uhr

Mittelsachsen

208 210 212
Rochlitz **214**

216 **188**
198 200 Rossau
Mittweida **186**
Hainichen

206 194

190 192
Lichtenwalde
Frankenberg
180
202 204 **178**
Flöha
196 **182**
Memmendorf Freiberg
176 174
Augustusburg
184
Großwaltersdorf

Die Zahlen sind identisch mit den Seitenzahlen
der einzelnen Restaurants in diesem Buch und bezeichnen
ihre Lage in dieser Region.

Cafe Friedrich

Augustusburg

Das Cafe Friedrich hat sich nicht nur als Konditorei sondern längst auch als Restaurant und kleines aber feines Hotel einen Namen gemacht. Das 1908 von Paul Friedrich gegründete und unter Theodor Friedrich bekannt gemachte Haus wird heute von dessen Tochter und den Enkelinnen im Familienbetrieb weitergeführt. Touristen und Tagesgäste aber auch Geschäftsleute und Reisegruppen lieben das individuelle Flair des komfortablen kleinen Hotels. Die Gäste können sich auf täglich frisch zubereitete Speisen und Weine aus deutschen Anbaugebieten freuen, Hotelgäste erwartet zudem ein hervorragendes Frühstück. Neben dem Gastraum stehen eine geräumige Veranda und ein stilvolles Cafe zur Verfügung. Letztgenannte Räumlichkeiten eigenen sich besonders auch für Familien-, Firmen-, und Vereinsfeiern sowie Tagungen. Zu den Spezialitäten des Hauses zählen Leckereien aus der eigenen Konditorei wie Baumkuchen, sächsische Eierschecke oder in der Weihnachtszeit – Stollen und weihnachtliches Gebäck. Besonderer Beliebtheit erfreuen sich die meisterhaft komponierten, mehrstöckigen Hochzeitstorten. Für Frischverheiratete steht außerdem ein Hochzeitszimmer zur Verfügung. Ob beim Mittagessen oder beim Duft frischgebackenen Kuchens und einer guten Tasse Kaffee – im nahe der Augustusburg in schöner Umgebung gelegenen Cafe Friedrich können sich die Gäste auf angenehme Stunden freuen.

Forelle gebacken

Zutaten (für 4 Personen)
4 küchenfertige Forellen, 2 Zitronen (1 gepresst, 1 geviertelt), Salz, 100 g Mehl, 60 ml Öl zum Braten, 200 g Butter, 80 g Mandelblättchen, 1 kg Kartoffeln

Zubereitung

Die geschälten Kartoffeln in Salzwasser ca. 30 Min. gar kochen. Die Forellen abwaschen, trocken tupfen, mit Zitronensaft beizen, dann salzen und in Mehl wenden. Öl nicht zu stark erhitzen und die Forellen darin je nach Größe auf jeder Seite 7–9 Min. langsam braten. Nun das Bratöl abgießen und die Butter zerlassen, die Mandelblättchen hineingeben und die gebratenen Forellen darin kurz nachgaren. Die Forellen auf vorzugsweise ovalen Tellern anrichten, mit Mandelbutter übergießen und Zitronenecke anlegen und dazu die Kartoffeln reichen. Guten Appetit!

Legende

Cafe Friedrich
Hans-Planer-Straße 1
09573 Augustusburg
Tel.: 037291-6666
www.cafe-friedrich.de
geöffnet: tägl. 8–22 Uhr,
Ruhetage: keine
Inhaber: Claudia Sahlmann, Christiane Doege
Seit: 1908
Sitzplätze: 100
Spezialität: Pücklereis mit Eichenblatt, Baumkuchen, Stollen, Spitzkuchen
Preise: 6–7 €
Reservierung: am Wochenende empfohlen
Tipps: Kinderangebote, Familien- und Firmenfeiern, Schloss Augustusburg, Sommerrodelbahn, „Klein Erzgebirge", Scharfenstein, Lichtenwalde, Freiberg

Chefin Claudia Sahlmann.

Erbgericht

Erdmannsdorf

mit Holz ausgestattete Gaststube vor. Das am Fuß der Augustusburg gelegene alte Gasthaus wurde in den zurückliegenden Jahren umfangreich saniert. Die Gäste können sich auf regional-bürgerliche Speisen freuen, bei schönem Wetter lädt ein Biergarten zum Verweilen ein. Das Haus steht zudem für Veranstaltungen, Familien- und Firmenfeiern zur Verfügung. Die schöne Umgebung des Zschopautals und der Anblick des hoch darüber thronenden Schlosses Ausgustusburg sorgen dafür, dass ein Besuch des „Erbgerichts" zu einem Erlebnis wird, das als schöne Erinnerung im Gedächtnis haften bleibt.

Landgasthöfe haben seit jeher ihren eigenen Charme. Auch wenn das moderne Leben längst Einzug gehalten hat, scheinen doch die Uhren hier mitunter noch etwas langsamer zu gehen, jedenfalls was Stress und Hektik anbelangt. Nicht selten finden Städter, die aufs Land fahren, dass sich hier der Fokus noch auf das zu allen Zeiten Wesentlich bleibende konzentriert: Familie, Haus und Hof, die Launen der Natur, das Leben in der Gemeinschaft. Und es ist ja auch etwas dran an dieser Vorstellung. Nicht umsonst nimmt gerade im ländlichen Raum das Vereinsleben einen besonderen Platz ein. Der Landgasthof Erbgericht trägt diesem Umstand mit einem extra Vereinszimmer Rechnung. Wie man das noch von alteingesessenen Gasthöfen mit angegliedertem Tanzsaal kennt, steht auch ein Saal für bis zu 150 Personen zur Verfügung. Die Gäste finden zudem eine rustikale,

Eisbein mit Sauerkraut, Meerrettichsoße und Kartoffelklöße

Zutaten (für 4 Personen)

750 g Eisbein, 1 l Wasser, 750 g Sauerkraut, 1 rohe Kartoffel, Salz, Zucker
Kartoffelklöße: 1 kg Pellkartoffeln vom Vortag, 1 Tasse zarte Haferflocken,
1 Tasse Grieß, (Hartweizengrieß), 2 Tassen Semmelbrösel, 4 EL Mehl, Salz,
Muskat, 2 Eier, Öl
Meerrettichsauce: 200g Butter, wenig Mehl, 1 l Gemüsebrühe, 12 EL frisch
geriebenen Meerrettich, 4 Pr. Salz, 4 Pr. Pfeffer, 4 Pr. Muskat, 4 Pr. Zucker

Zubereitung

Eisbeine: Das gewaschene Fleisch ca. 1,5 Stunden bei schwacher Hitze kochen.
Dann das Sauerkraut in die Kochbrühe unter das Eisbein geben, zum Kochen
bringen und noch einmal 1 Std. bei schwacher Hitze kochen lassen. Die geriebene
rohe Kartoffel an das fertige Gericht geben, aufkochen lassen, damit das Kraut
sämig wird. Mit Salz und Zucker abschmecken.

Kartoffelklöße: Die geschälten Pellkartoffel durch die Kartoffelpresse drücken.
Die Hälfte der Semmelbrösel in etwas Öl goldbraun anrösten. Den durchgepress-
ten Kartoffeln die Haferflocken, den Grieß, die angerösteten sowie die trockenen
Semmelbrösel, das Mehl und die Eier dazugeben, gut verkneten, mit Salz und
Muskat abschmecken. Den Teig zu kleinen Klößen verarbeiten und in kochendes
Salzwasser geben. Leicht kochen lassen bis die Klöße hochkommen,
noch ca. 5 Min. ziehen lassen.

Meerrettichsauce: Butter mit wenig Mehl anschwitzen,
mit ¼ l Gemüsebrühe aufgießen. Danach 3 EL frisch
geriebenen Meerrettich dazugeben. So lange rühren,
bis die Soße dick genug und auch von gewünschter
Schärfe ist. Kurz aufkochen lassen und mit Salz,
frisch gemahlenem Pfeffer, etwas Muskat und einer
Prise Zucker abschmecken.

Legende

Gaststätte Erbgericht
Kunnersdorfer Straße 2
09573 Erdmannsdorf
Tel.: 037291-6330
www.landgasthof-
erbgericht.de
geöffnet: tägl. ab 11 Uhr
Inhaber: Thomas Katzorreck
Seit: 1994
Sitzplätze: 266
Küche: regional, bürgerlich,
vegetarische Gerichte
Preise: ca. ab 4,50 €
Reservierung: empfohlen
Tipps: Veranstaltungen,
Familien- und Firmenfeiern
 Augustusburg, Draht-
seilbahn

Koch Ingo Giesecke.

177

Bauernschänke Zum Pomselberg
Flöha

Wenn man in Flöha in die Bauernschänke „Zum Pomselberg" durch die gläserne Tür eintritt, hat man sofort ein gutes Gefühl. Es ist urgemütlich, eine entspannende Atmosphäre. Überall ist adrett eingedeckt, und das hübsche traditionsreiche Gestühl vermittelt: Hier kannst du dich fühlen wie im heimischen Wohnzimmer.

Inhaber Helmut Röder freut sich über das Kompliment und gesteht: „Eigentlich sollten Tisch und Stuhl, die wir bei uns auf dem Boden, wie das auf dem Lande üblich ist, von Generation zu Generation aufbewahren, längst durch neues Mobiliar ersetzt werden." Aber man habe doch recht schnell gemerkt, dass das Mobiliar aus den 1950er Jahren bei Gästen gut ankommt, man der Einrichtung eine eigene Note verleiht. „Und so haben wir eben unseren Schatz behalten", schmunzelt der 51-Jährige. Doch natürlich ist nicht allein die urige Ausstattung für viele Gäste, die sogar aus der Landeshauptstadt Dresden anreisen, der Grund, dass die „Bauernschänke" auf dem Pomselberg gut geht. „Schreiben Sie ruhig", so erklärt es Walter Meyer,

der gerade am Nachbartisch speist, „dass es einfach gut schmeckt. Futtern eben wie bei Muttern." Auch Ehefrau Elke nickt. Bereits zum dritten Mal waren die Oederaner in der „Bauernschänke" kurz vor dem Ortsausgang in Richtung Falkenau eingekehrt. „Und wir kommen wieder", versprechen sie. Die da so Leckeres aus Topf und Pfanne „zaubert" ist Tochter Claudia. Die sympathische junge Frau hat im Restaurant „Schloss Augustusburg" das Handwerk gelernt – „und natürlich von meiner Großmutter und meiner Mutter, die auch noch oft am Herd steht". Auf jeden Fall merkt man: Sie ist mit Liebe bei der Sache. Und kocht beispielsweise – eine „Fuhre Mist". Sie muss lachen: „Nein, nicht etwa, was Sie denken. Das ist ein Gericht aus Pommes, Putensteak, Schweinesteak, Schweinefilet, dazu ein Maisspieß, eine Wiener drauf und Kräuterbutter", erklärt sie das Mahl. Das Tollste: Das Ganze wird hübsch in einem kleinen hölzernen Karren angerichtet. „Den hat mein Großvater gebaut", erklärt sie. „Ebenso wie die Platte ,Kalter Latsch', darauf wird Käse und Schinken und im großen Zeh eine Überraschung serviert", erklärt sie.

Zum eingespielten Familienteam, das bereits seit Jahrzehnten auf dem Pomselberg mit eigenem Gehöft und Land zuhause ist, gehört neuerdings auch Schwiegersohn André Otto, der mit für das Technische zuständig ist. „Ein Segen", lobt Hausherr Röder. Denn eines ist sicher: Gastronomie, für die er sich erst nach der Wende entschieden hat, kann Spaß machen. „Aber man muss auch viel Zeit reinstecken", macht der gebürtige Flöhaer, der das Außengelände in Schuss hält, deutlich. „Wer das nicht kann, sollte es lassen."

Bauernpfanne – deftig und gut

Zutaten (für 1 Person)
4 gekochte Kartoffeln, Schinkenspeck, Salz, Pfeffer, Majoran,
Kümmel, Zwiebeln, 2 Eier, Öl

Zubereitung

*Die Kartoffeln in den Tiegel einschnip-
peln und mit Salz, Pfeffer, Majoran und
Kümmel abschmecken. Den Schinkenspeck in schmale Streifen schneiden,
knusprig anbraten. In einem weiteren
Tiegel die Spiegeleier braten.
Auf einem Teller angerichtet werden
zuerst die Bratkartoffeln mit dem
Schinkenspeck, darauf legen Sie die
zwei Setzeier mit einem Salatblatt
und dekorieren die Speise mit einer
Tomatenrose.*

Getränke-Tipp: *Der hauseigene
naturbelassene Apfelsaft kommt gut
bei den Gästen an. Die Äpfel von den
Pomselberger Streuobstwiesen
werden aufgelesen. Dann kommt
eigens ein Unternehmen aus Sachsen
ins Haus und presst das Obst vor
meinen Augen. Ich weiß also genau,
was rein- und rauskommt."* Gern
wird auch der „Flöhaer Pomsel-
troppen" getrunken. Das ist ein
würziger Verdauer, der eigens nur
für die Gaststätte hergestellt wird.

Legende

**Bauernschänke
Zum Pomselberg**
Dresdner Straße 79
09557 Flöha
Tel.: 03726-2151
geöffnet: Mo–Fr 11–14 Uhr/ab
16 Uhr, Wochenende ab 11 Uhr
Ruhetage: keine
Inhaber: Fam. Röder
Seit: 1980
Sitzplätze: 85
Stil: gemütliche Landgast-
stätte
Küche: gutbürgerlich, saisonal
Spezialität: hauseigener
Apfelsaft, Kräuterschnaps
„Flöhaer Pomseltropfen"
Preise: ab ca. 5 €
Tipps: Eselreiten
🏰 Augustusburg, Wanderun-
gen im Flöhatal

*oben: Claudia und Ricarda Röder
(vorn, v. l.), André Otto und Helmut
Röder – die Mannschaft der
Bauernschänke.*

Fischerschänke Sachsenburg

Frankenberg

Spezialität des Hauses: Fischergeist. Das unterhalb der Sachsenburg direkt an der Zschopau gelegene Restaurant versteht sich als familienfreundliches Haus für den kleinen und großen Geldbeutel. Das im 17. Jahrhundert erbaute Gebäude wurde seit 2000 von den Inhabern restauriert und 2004 eröffnet.

Bei schönem Wetter laden eine Terrasse und der Biergarten zum Verweilen ein. Eine vorherige Reservierung ist empfehlenswert – das Restaurant steht auch für Familien- und Firmenfeiern zur Verfügungung und führt zudem Veranstaltungen durch. Nach den kulinarischen Annehmlichkeiten bietet sich eine gemütliche Wanderung entlang der Zschopau mit ihrer Hängebrücke oder ein Spaziergang zum Schloss Sachsenburg

Der Name ist Programm. In der Fischerschänke erwartet den Gast maritimes Flair. Während die Inneneinrichtung mit einem Boot als Tresen, saisonal angepasster Dekoration und der Massivholzbestuhlung ein Fest für die Augen ist, bietet die Küche mit regionalen und internationalen Speisen sowie Fischgerichten die verschiedensten Gaumenfreuden. Spezialitäten flüssiger Art finden sich in der Weinkarte aber auch in Form spezieller Cocktails oder beispielsweise der

an. Auch zum Radfahren eignet sich die von der Zschopau geprägte Region sehr gut. Immer einen Besuch wert sind das nur einen Katzensprung entfernte Besucherbergwerk „Alte Hoffnung-Erbstolln" und der historische Bergbaulehrpfad in Biensdorf-Dreiwerden. Erzbahn und Freilichtmuseum sowie ein Naturlehrpfad bieten weitere Gelegenheiten, den Restaurantbesuch mit interessanten Einblicken in die Geschichte und Natur der Region anzureichern.

Victoriaseebarsch mit Gemüsereis

Zutaten (für 4 Personen)

700 g Victoriaseebarschfilet, 2 EL Rapsöl, 3 Paprikaschoten (rot, grün, gelb),
2 große Zwiebeln, 400 g Champignons,
2 Tas. Basmatireis, 3 Tas. Gemüsebrühe
200 ml Weißwein, 1 Msp. scharfer
Paprika, 2 EL Sojasauce, 6 EL Sahne
Zitronensaft, Curry, Salz, Pfeffer

Zubereitung

*Den Fisch in mundgerechte Happen
schneiden. In einer großen Pfanne oder
einem Wok mit dem Öl braun anbraten,
dabei immer soviel Zitronensaft zugeben, wie der Fisch aufnehmen kann.
Wenn er braun ist, mit Salz, Pfeffer und
Curry würzen. Den Fisch aus der Pfanne
nehmen und beiseite stellen. Gewürfelte
Zwiebeln in der Pfanne glasig werden
lassen. Geschnittene Paprika und
Champignons dazugeben, leicht anbraten. Mit Weißwein ablöschen. Den
Reis hinzufügen, mit Gemüsebrühe
auffüllen und mit dem scharfen Paprika
und Sojasauce würzen. Alles gut*

*durchmischen und 15–20 Min. köcheln
lassen bis der Reis gar ist. Die Flüssigkeit sollte verdampft sein, evtl. etwas
Gemüsebrühe nachfüllen, Sahne einrühren und abschmecken. Den Fisch
vorsichtig unterheben und kurz ziehen
lassen.*

Legende

Fischerschänke
An der Zschopau 1
09669 Sachsenburg
Tel.: 037206-880438
geöffnet: Mi/Do 11.30–
22 Uhr, Fr/Sa 11.30–23 Uhr,
So/Feiertage 11.30–20 Uhr
Ruhetage: Mo, Di
Inhaber: Mike Zühlke
Seit: 2004
Sitzplätze: 240
Küche: regional, international,
vegetarische Gerichte
Spezialität: Fischgerichte,
Babylachs im Ganzen, Parfait,
Cocktails, Fischergeist,
rustikales Spanferkel-Essen
Preise: für jeden Geldbeutel
Reservierung: empfohlen
Tipps: Kinderangebote, Ver-
anstaltungen, Familienfeiern,
🏰 Schloss Sachsenburg,
Freibad Sachsenburg, Berg-
werk Biensdorf, Dreiwerden,
Hängebrücke, Erzbahn, Frei-
lichtmuseum, Naturlehrpfad,
Rad- u. Wanderweg an der
Zschopau

Chef Mike Zühlke
mit einem Wels.

Le Bambou

Freiberg

Etwas versteckt, aber als wahre Perle unter den Gourmetrestaurants präsentiert sich das „Le Bambou" (zu Deutsch: „Der Bambus") in der Berg- und Silberstadt Freiberg. Von außen wie ein exotischer Pavillon wirkend, finden sich im Inneren der Gründerzeitvilla handgefertigte Bronzeskulpturen, Teppiche und Malereien von Künstlern aus Westafrika. Aus Bambus gefertigte Stühle machen dem Namen des Restaurants alle Ehre. Insbesondere im beliebten Wintergarten lässt sich die mehrfach preisgekrönte, französische Sterneküche (2007 Varta-Guide Tipp mit Stern – diese Ehre wird nur ca. 200 Lokalen in Deutschland zuteil) des Kochduos Raik Bötel und Susen Pieper genießen. Als schmackhaften Appetitanreger werden Frosch-

schenkelchen sowie kleine Chili- und Olivenbrötchen mit einem Buttertöpfchen serviert. Zu den Spezialitäten zählen Meeresfrüchte und Krustentiere, aber auch köstliche Wild- und Fischgerichte. Wer exotische Gerichte mag und mit Lust etwas Neues ausprobieren möchte, der ist hier genau richtig. Die Weinkarte mit 761 Positionen wird betreut und am Tisch empfohlen von Ronny Löser, der auch den Weinkeller mit ca. 1000 Positionen verwaltet und betreut. Im „Maison des Vins", dem dazugehörigen Weinhandel, können Sie auch aus Spezialitäten unbekannter, kleiner Winzer wählen. In der angrenzenden „Auberge Mistral" kann man sich anschließend erholen, übernachten und von fernen Ländern und dem nächsten Menü träumen.

Offener Ravioli von Saibling und grünem Spargel mit confierten Tomaten an Lauch

Zutaten (für 4 Personen)
Nudelteig: 125 g Hartweizengrieß, 125 g Mehl, 2 Eigelb, Salz, 30 ml Olivenöl, 30 ml lauwarmes Wasser
Sonstige Zutaten: 2 ganze Saiblinge (je 1 Kg), 500 g grüner Spargel, 12 rote Kirschtomaten, 12 gelbe Kirschtomaten, 1 Zweig Thymian und Rosmarin, 2 Knoblauchzehen, 200 ml Olivenöl, Salz, Pfeffer, Basilikum, 50 g Butter

Zubereitung

Ei und Eigelb, Olivenöl, lauwarmes Wasser und Salz vermengen. Den Hartweizengrieß und Mehl gleichmäßig unterarbeiten und kneten bis es ein geschmeidiger Teig ist. Mindestens eine Stunde ruhen lassen, am besten im Kühlschrank. In der Zwischenzeit das Olivenöl mit dem Thymian, Rosmarin und Knoblauch sowie Salz und Pfeffer erhitzen. Das Olivenöl ein wenig abkühlen lassen und dann die Kirschtomaten zufügen und

ziehen lassen. Den Grünen Spargel schälen und bissfest blanchieren. Den Saibling filetieren, die Gräten zupfen und in gewünschte Stücke portionieren. Den Nudelteig mithilfe einer Nudelmaschine bis auf 2 m ausrollen. Einen runden Ausstecher von ca. 7 cm Durchmesser nehmen und 12 Nudelplatten ausstechen. Den restlichen Teig kann man wieder zusammenkneten und für Spaghettis nutzen oder gut in Folie einschlagen und kühl stellen. Die Nudelplatten jetzt im Wasser abkochen. Den Saibling mit Salz und Pfeffer würzen, auf der Hautseite mehlieren und in Olivenöl auf der Hautseite 3 Min anbraten. Dann Butter, Thymian und Rosmarin dazugeben und die Filets wenden. Tomaten in dem Öl erwärmen. Den Spargel im Butterfond erhitzen und eventuell nachwürzen. Zum Anrichten je eine Nudelplatte in tiefe Teller legen darauf eine Tomate, einer Teil Spargel sowie ein Stück Saibling. Eine weitere Nudelplatte auflegen und so immer weiter bestücken bis die letzte Nudelplatte abschließt. Zum Schluss mit Basilikum garnieren und mit der Kräuterbutter vom Fisch saucieren.

Kochduo Raik Bötel und Susen Pieper.

Legende

Restaurant Le Bambou
Obergasse 1
09599 Freiberg
Tel.: 03731-353970
www.lebambou.de
geöffnet:
Mo–So 11.30–14 Uhr,
Mo–Sa 18–23 Uhr
Ruhetag: So
Inhaber: Christoph Wiesner
Restaurantleiter, Sommelier,
Betreiber: Ronny Löser
Seit: 1994
Sitzplätze: 40
Küche: International,
Französisch
Spezialität: Fischgerichte,
französisches Geflügel,
Desserts, perfekt zubereitete
Saucen und Suppen
Preise: Hauptgerichte 12–24 €
Tipps: große Weinkarte
www.weinparadies.de, vom
Feinschmecker zu den 50
besten Weinkartenlokalen in
Deutschland gewählt

Bergstadt Freiberg

Trakehnerhof

Großwaltersdorf

„Baumwiese" geht sie den Weg vieler erfolgreicher Kollegen und damit erst einmal in die Küchen verschiedener renommierter Häuser. Nach vielen Erfahrungen und neuen Erkenntnissen arbeitet sie schließlich anderthalb Jahre im „Hilton" in Berlin – eine harte, aber erfolgreiche Schule. Aber warum in so kurzer Zeit so viele Stationen? „Als Koch muss man gerade am Anfang sehr viel lernen. Bei Kollegen nimmt man viel mit den Augen auf und wird inspiriert", meint Steffi Kerber – zum Beispiel, wie kreativ sich Salat auf einem Teller anrichten lässt, wie aus Obst und Gemüse mit der richtigen Technik und entsprechenden Messern kleine Kunstwerke entstehen, wie Nahrungsmittel perfekt harmonieren und auf dem Teller aussehen können. Die Eindrücke einfach nur zu übernehmen, das wird mit der Zeit jedoch langweilig. Und so entstehen dann eigene, unverwechselbare Kreationen. Seit anderthalb Jahren arbeitet Steffi Kerber im „Trakehnerhof". Das Landhotel im idyllischen Großwaltersdorf hat seinen Namen von den Pferden, die hier schon zu DDR-Zeiten gezüchtet wurden. Und häufig im Sommer stehen diese eleganten Tiere in unmittelbarer Nähe des Hotels auf der Koppel und liefern zum kulinarischen Genuss die perfekte Kulisse.

Nicht nur edle Pferde bietet der Trakehnerhof in Großwaltersdorf, sondern auch meisterhafte Genüsse. Kein Wunder, denn hier kocht Steffi Kerber, amtierende Vize-Weltmeisterin der Jungköche. Die 22-Jährige weiß, dass ihre Erfolge die beste Werbung sind für das Hotel, das ihren Eltern gehört. Und es kommt nicht selten vor, dass Gäste nach ihr fragen, sie an den Tisch und um ein Autogramm bitten. Natürlich ist das jedes Mal ein schöner Augenblick. „Aber der Küchenchef kocht nicht allein, dazu gehört eine ganze Mannschaft", sagt die Fachfrau.

Der Beruf Köchin stand für Steffi Kerber schon sehr früh fest: „Inspiriert hat mich Oma Inge." Großmutter Inge Richter ist selbst Köchin und die gute Seele des Trakehnerhofes. „Ich habe viel von meiner Oma gelernt und bekomme noch heute so manchen Tipp", sagt Steffi Kerber. Nach der wegen sehr guter Leistungen um ein halbes Jahr verkürzten Lehre im Dresdner Hotel

Carpaccio von Anguskalb mit Ruccola, Kirschtomaten und gehobeltem Parmesan

Zutaten (für 10 Personen)
Kalb: 500 g Kalbsfilet, je 2 Stängel Rosmarin, Thymian, Oregano, Salbei, 100 g Parmesan (gehobelt), 20 Cocktailtomaten, 2 Radieschen, 2 Ruccola, 100 ml Vinaigrette.
Vinaigrette: 50 ml Öl, 25 ml Wasser, 25 ml Essig, 1 TL Senf, 1 TL Salz, 1 TL Zucker.

Zubereitung

Das Kalbsfilet portionieren und die Kräuter fein hacken. Das Filet in den Kräutern wälzen, straff mit Klarsichtfolie und Alufolie umwickeln und ca. 4 Std. einfrieren. Dann hauchdünn schneiden und im Kreis auf die Teller auflegen, mit Salz und Pfeffer würzen und mit Olivenöl bestreichen. den Ruccola zupfen und davon kleine Nester formen, mit Vinaigrette marinieren und in die Mitte setzen. Die Cocktailtomaten werden geviertelt und auf den Tellern verteilt. Mit Parmesan und Radieschenscheiben bestreuen.

Vinaigrette: *Alle Zutaten, außer Öl, vermengen. Öl unter ständigem Rühren tropfenweise zufügen.*

Küchenchefin Steffi Kerber und Kellnerin Silke Hetzel.

Legende

Trakehnerhof
Mittelsaidaer Straße 25
09575 Großwaltersdorf
Tel. 037293 329
Fax 037293 74802
Kinderpension mit Reitbetrieb
Eppendorfer Straße 65
09575 Großwaltersdorf
Tel.: 037293-329
Fax: 037293-74802
www.trakehnerhof.de
geöffnet: 9–23 Uhr,
Ruhetag: Mo (außer Hausgäste)
Inhaber: Fam. Kerber
Seit: 1994
Sitzplätze: 120
Küche: gutbürgerlich, Vegetarische Gerichte
Spezialität: gegrillter Hirschrücken im Biskuitmantel auf Speckrosenkohl
Preise: ab ca. 5 €
Tipp: Familienfeiern, Reiterhof mit Kinderbetreuung

EigenARTig

Hainichen

Die Gaststätte „EigenARTig" in Hainichen ist ein ganz besonderes Exemplar eben ganz eigener Art: In dem gemütlich eingerichteten Raum der Kneipe werden Speisen, Kunst und Kultur auf wunderbare Weise miteinander verbunden. Diese Verbindung erschöpft sich nicht nur in den Spielen, die den Gästen zur Verfügung stehen. Neben wechselnden Ausstellungen verschiedener Stilarten und Künstler bietet das „EigenARTig" regelmäßig Kultur: Zum Beispiel in Form von Konzerten, für die bei Bedarf auch der Ratskeller genutzt wird. Überregionale Tradition hat bereits das Internationale Cajun, Zydeco & Country Festival, das sich einer speziellen Art der amerikanischen Südstaaten-Musik verschrieben hat.

Das Restaurant bietet insgesamt 45 Plätze, aber wenn man ein bisschen zusammenrückt, finden auch mehr Gäste einen Platz. Die rustikale Kneipe, die mit urigen Möbeln aus Holz eingerichtet ist, ist für alle Jahreszeiten gerüstet. Während man im Sommer auf der schönen Außenterrasse sein Essen und den Sonnenschein genießen kann, brennt im Winter ein gemütliches Feuer im hauseigenen, rustikalen Kamin aus Lehm. Die Küche bietet von heimischen bis internationalen Gerichten einen bunten Mix. Auch zum Feiern kann man ins „EigenARTig" gehen: Das Personal um den kunstbegeisterten Inhaber Steffen Kunze kümmert sich um das leibliche Wohl der Gäste und arrangiert je nach Anlass ein passendes kulturelles Rahmenprogramm.

Putengeschnetzeltes im Pilzrahm, dazu Basmatireis

Zutaten (für 2 Personen)
250 g Putenbrust, 1 Zwiebel,
250 g Champignons, 1 Knoblauchzehe, 2 TL Pflan-
zenöl, Salz, Pfeffer,
150 ml Gemüse-
brühe, 125 ml fett-
arme Milch,
1 EL Soßenbinder,
240 g Basmatireis

Zubereitung

Die Putenbrust in Streifen, Zwiebel in Würfel, Champignons in Viertel schneiden und Knoblauch zerdrücken. 1 TL Öl in einer beschichteten Pfanne erhitzen, Fleisch Zwiebelwürfel und Champignonviertel darin 7 Min. andünsten und mit Salz und Pfeffer würzen. Brühe und Milch dazugeben und weitere 10 Min. köcheln lassen. Mit Saucenbinder andicken und nochmal mit Salz und Pfeffer abschmecken. Den Reis nach Packungsanleitung garen und zum Putengeschnetzelten servieren.

Legende

Gaststätte EigenARTig
Ottendorfer Straße 5
09661 Hainichen
Tel.: 037207-51990
www.kneipe-eigenartig.de
geöffnet: So, Mo 17–22 Uhr,
Mi–Sa 17– 24 Uhr, auf Anfrage
auch Mittagstisch
Ruhetag: Di
Inhaber: Steffen Kunze
Seit: 1998
Sitzplätze: 45
Küche: international,
vegetarische Gerichte
Spezialität: Kuno's Knoblauch-
suppe, Nudelgerichte – eigene
Kreation und Rezepturen,
Lammbraten, viele Sorten
Whiskys
Preise: für jeden Geldbeutel
Reservierung: empfohlen
Tipps: Kinderangebote, Ver-
anstaltungen, Familien- und
Firmenfeiern
Camera Obscura, Stadt-
park mit Gellert Museum
zum Parkschloss, Striegistal-
wanderweg

Köchin Angelika Drapatz.

Gasthof Hermsdorf

Hermsdorf

Ungarische Spezialitäten gehören zu den kulinarischen Highlights, die im Gasthof Hermsdorf offeriert werden. Auch Räucherfisch frisch auf Bestellung oder Wildschweinbraten zählen zu den Spezialitäten der regional-bürgerlichen Küche, mit dem das Restaurant seine Gäste verwöhnt. Das in der dritten Generation bewirtschaftete Haus empfängt seine Besucher im ländlichen Ambiente im von Feldern und Wiesen umgebenen Ortskern von Hermsdorf. Das Dorf gehört zur Gemeinde Rossau und liegt zwischen Mittweida und Waldheim unweit der Talsperre Kriebstein. Diese ist ein beliebtes Ausflugsziel mit zahlreichen Freizeitmöglichkeiten für Jung und Alt, dazu zählen: Bootsverleih, Schifffahrt sowie Wander- und Radwege. Anschauen sollte man sich auch die Dorfkirche von Rossau. Das aus dem 12./13. jahrhundert stammende Gotteshaus erinnert vom Baustil her an eine Wehrkirche. Sehenswert ist zudem der nahe Hermsdorf gelegene Ort Ringethal mit seiner Dorfkirche, die die kleinste bekannte Silbermannorgel beherbergt. Hermsdorf ist mit dem Auto sowohl von der A4 über die Anschlussstelle Hainichen (in Richtung Rossau) als auch über die aus dem Zschopautal herausführenden Landstraßen gut zu erreichen.

Wildschweinbraten mit Kartoffelklößen und Rotkohl

Zutaten (für 4 Personen)
1 kg Wild (Wildschwein), am besten Oberschale ohne Knochen
1 Bd. Suppengrün, 2 Zwiebeln
3 Knoblauchzehen, 2 Lorbeerblätter, 4 Wacholderbeeren,
2 Pimentkörner, 4 Pfefferkörner,
1 l Buttermilch, 170 ml Rotwein, Salz, Pfeffer, Öl zum Anbraten, etwas Butter für die Soße

Zubereitung

Das Wild gut enthäuten, Sehnen entfernen und in eine Schüssel mit Deckel geben. Das geputzte und in Würfel geschnittene Suppengrün, die grob zerschnittenen Zwiebeln, den Knoblauch, Lorbeerblätter sowie den leicht zerstoßenen Wacholder, Piment und Pfeffer dazu. Mit der Buttermilch begießen und zugedeckt für mindestens 48 Std. in den Kühlschrank stellen. Einmal täglich das Fleisch wenden. Wild herausnehmen,

gut abtrocknen, mit Salz und Pfeffer leicht würzen und im Öl kräftig anbraten. In der Zwischenzeit das Suppengemüse herausnehmen, kurz abspülen, mit Küchenpapier abtrocknen und die Hälfte mit anbraten. Wenn es gut angebraten ist, herausnehmen und beiseite stellen. Bei Bedarf mit der Marinade und einem bisschen heißem Wasser angießen, das restliche Suppengemüse dazu und zugedeckt ca. 2–2½ Std. schmoren lassen. Nach Beendigung der Garzeit das Fleisch herausnehmen und in Alufolie gewickelt ca. 15 Min. ruhen lassen. In dieser Zeit mit dem Rotwein den Bratenfond ablöschen, das Gemüse mit dem Zauberstab zerkleinern und auf die gewünschte Konsistenz einköcheln lassen. Mit etwas Salz und Pfeffer würzen und bei Bedarf mit Mehlbutter binden. Das angebratene Gemüse in der Soße erwärmen. Das Fleisch in Scheiben Schneiden und auf einer Platte mit dem erwärmten Gemüse anrichten, etwas Soße darüber. Dazu reichen wir grüne Klöße und Rotkohl oder Rosenkohl, ein Schälchen Preiselbeeren und frisch geschlagene Sahne.

Legende

Gasthof Hermsdorf
Hermsdorf 34
09661 Rossau
Tel.: 03727-2435
geöffnet: Mi–Fr 11–13 und 17–23 Uhr, Sa–So 10–14 und 16–23 Uhr
Ruhetage: Mo, Di (Reservierung möglich)
Inhaber: Steffen Böttcher
Seit: 1988
Sitzplätze: 220
Küche: regional, bürgerlich, vegetarische Gerichte
Spezialität: ungarische Speisen, Räucherfisch – frisch auf Bestellung
Preise: 4–11 €
Reservierung: empfohlen
Tipps: Kinderangebote, Veranstaltungen, Familien- und Firmenfeiern, Bar
Burg und Talsperre Kriebstein, Schaubergwerk Schönborn

Wirt Steffen Böttcher.

La Vinothéque

Lichtenwalde

Vinothéque mit dazugehöriger Weinhandlung. Der Name ist Programm – der Genuss des edlen Rebensaftes wird hier zum stilvollen Erlebnis. Den Gästen steht eine immense Auswahl erlesener Weine aus aller Welt zur Verfügung. Besondere Aufmerksamkeit gilt den französischen, deutschen und australischen Weinen. „Guter Wein ist ein gutes, geselliges Ding, wenn man mit ihm umzugehen weiß", sagt Shakespeare im Othello. Dieses Wissen im Umgang mit dem Wein zu fördern und zu vertiefen, haben sich die Inhaber der Vinothéque auf ihre Fahnen geschrieben. Eigens veranstaltete, nach verschiedenen Themen aufbereitete, Weinseminare tragen dazu bei, die Kenntnisse sowohl über den Weinanbau und seine Herstellung als auch die Kultur des

Seit das Schloss Lichtenwalde in neuem Glanz erstrahlt, hat sich der Barockbau mit seinem großartigen Park zu einem der beliebtesten Ausflugsziele in Mittelsachsen entwickelt. Passend zum Ambiente des Schlosses findet sich seit 2006 in den Gewölberäumen des ehemaligen Rittergutes Lichtenwalde das Restaurant La Weingenusses auf niveauvolle Art zu steigern. Zu einem guten Tropfen gehören selbstverständlich auch erlesene Speisen. Die kreative Küche des Restaurants offeriert frisch gekochte, saisonal passende Gerichte und vermag so auch in kulinarischer Hinsicht seine Gäste auf anspruchsvolle Weise zu verwöhnen.

Gebackene Fasankeule mit Quitten-püree & Holunderbeersauce

Zutaten (für 4 Personen)
4 Fasankeulen á 150–200 g, Orangen-saft, 5 große Quitten, Apfelsaft,
4 mehlige Kartoffeln, Geflügelbrühe
1 Ei, Semmelbrösel, Pfeffer, Lorbeer,
Thymian, 2 EL Nussbutter, Wachholder
100 g ausgereifte Holunderbeeren
Rotwein, 1 EL Zucker, winterliches
Gemüse wie Rosenkohl, Schwarz-wurzel oder Pastinaken

Zubereitung

Die Fasankeulen auf der Fleischseite längs aufschneiden, die Knochen entfernen. Aus den gehackten Knochen mit Wurzelgemüse und Gewürzen sowie Rotwein und Wasser eine Sauce herstellen. Die ausgelösten Keulen mit einer Frischhaltefolie belegen und kräftig plattieren, würzen und zu einer Rolle formen. Die Rollen auf eine gebutterte Alufolie legen und zu einem Bonbon formen. Anschließend im Backofen bei 140 °C ca. 25 Min. garen und kalt stellen.

Die Quitten schälen, in 4 gleiche Teile schneiden, Kerngehäuse entfernen und in einem Fond aus Apfelsaft, Orangensaft und Geflügelbrühe weich garen. Kartoffeln schälen und weich kochen, gegarte Quitten und Kartoffeln zusammen zu einem Püree verarbeiten, mit Nussbutter und einem Schuss Sahne verfeinern. Die Holunderbeeren mit Zucker versetzen und schnell zu einem Püree kochen, durch ein grobes Sieb streichen und abschmecken. Die Fasankeule aus der Alufolie wickeln, den entstandenen Fond in die Sauce geben, diese mit dem Holundebeer-püree abschmecken und gegebenenfalls passieren. Die Keulen mit Mehl, Ei, Semmelbrösel panieren und im heißem Pflanzenöl knusprig backen. Das warme Quittenpüree auf dem Teller anrichten, die Keulen evtl. halbieren, darauf anrichten und mit der Sauce umgießen.
Das Gericht ist ein saisonales Gericht. Bereiten Sie es nur im Spätherbst zu, wenn die Quitten, Holunderbeeren und Fasane angeboten werden. Als Gemüse eignen sich dafür Rosenkohlblätter, gebratene Schwarzwurzel oder Pastinaken.

Legende

La Vinothéque
Schlossallee 6
09577 Lichtenwalde
Tel.: 037206-881209
www.la-vinotheque.de
geöffnet: Di–Fr 17.30–22 Uhr,
Sa 12–24 Uhr, So 12–20 Uhr
Ruhetag: Mo, nach Absprache
erweiterte Öffnungszeiten
Inhaber: Janek Schumann
und Karsten Schönfeld
Seit: 2003
Sitzplätze: 90
Küche: saisonal, regional,
vegetarische Gerichte
Spezialität: 500 Weine aus
aller Welt, v. a. Frankreich,
Deutschland, Australien
Preise: 10–20 €, Menüs
um 25 €
Reservierung: empfohlen
Tipps: Veranstaltungen,
Familien- und Firmenfeiern,
 Schloss und Barockgarten
Lichtenwalde

Küchenchef Karsten Schönfeld.

Vitzthum

Lichtenwalde

Auch im ansprechend restaurierten Schloss in Lichtenwalde kann man gemütlich essen: im Restaurant Vitzthum. Durch seine Kreuzgewölbe ist das Speiserestaurant historisch geprägt und wirkt mit den romantischen Nischen sehr gemütlich. Hier kann man sich mit einem vielseitigen Angebot von Speisen der regionalen und gutbürgerlichen Küche verwöhnen lassen. Neben sächsischen Klassikern und Wildbret, stehen auch Fisch oder leckere Salate auf der Speisekarte. Das Restaurant hat 25 Plätze.

Ein wahrhaft gräfliches Ambiente zeigt der Wintergarten. Durch die großen Fenster, die einen schönen Blick auf den Garten bieten, wird der gesamt Raum vom Licht durchflutet. In solch einer Umgebung lässt es sich natürlich gut feiern, bis zu 30 Personen finden dort Platz.

Ebenfalls zum Feiern eignet sich der Gräfliche Speisesalon, hier haben bis zu 80 Gäste Platz. In stilvoller Umgebung können sich die Gäste hier verwöhnt wie einst die gräfliche Familie fühlen. Der durch die großen Fenster sehr hell wirkende Salon eignet sich besonders für Feste aller Art.

Wer lieber zünftig feiert, wird sich im Harraskeller wohl fühlen. Das rustikale Gemäuer, das über 70 Sitzplätze verfügt, lädt zum Ritteressen mit dem Burgherren Harras ein.

Wer dem Restaurant einen Besuch abstattet, dem sei ein Spaziergang durch den Barockgarten angeraten. Nach Sanierungsarbeiten erstrahlt er seit 2004 wieder in neuem Glanz. Plastiken, Teiche, verschlungene Wege – auf dem zehn Hektar großen Gelände gibt es viele Lieblingsplätze zu entdecken. Eine besondere Attraktion sind die Wasserspiele, die bereits im 18. Jahrhundert berühmt waren.

Hirschkalbsroulade mit sächsischen Wickelklößen & Grünkohl

Zutaten (für 4 Personen)

6 Stück Hirschkalbsschnitzel à 150 g, 6 Scheiben Speck, 2 Möhren,
1 Sellerie, 3 Zwiebeln, 1 EL Tomatenmark, Salbei, Rosmarin, Ingwer,
Pfeffer, Knoblauch, Wacholder, Madeira/Rotwein, Wildfond,
1 Rippe Bitter Schokolade, $^1/_8$ l Sahne
Sächsische Wickelklöße: 800 g Kartoffeln, 300 g Mehl, 2 Eier,
1 TL Backpulver, 2 EL Milch, 1 kg durchwachsener Speck, 2 EL Semmelbrösel, 1 l Fleischbrühe, etwas Schnittlauch, Salz

Zubereitung

*Hirschschnitzel dünn klopfen, mit Speck, Wurzelwerk, Salbei, Knoblauch, gerös-
teten Zwiebeln und Ingwer fein geschnitten, belegen, einrollen und zu Rouladen
binden. Die Rouladen melieren, in heißem Fett anbraten und mit Rotwein ablöschen. Rouladen aus dem Topf nehmen, das Gemüse mit etwas Tomatenmark anrösten und Gewürze dazugeben bis es goldbraun ist. Mit zwei EL Mehl stäuben
und rösten, danach mit Rotwein und Wildfond aufgießen. Die Hirschrouladen in der
Sauce fertig schmoren lassen. Zum Ende der Garzeit die Sauce passieren, evtl. mit
Mehlschwitze nachbinden und mit Madeira, Sahne und Bitterschokolade verfeinern.*
Wickelklöße: *Kartoffeln kochen pellen und reiben. Mehl, Eier, Salz und Backpulver
zufügen. Alles zu einem geschmeidigen Teig verkneten, Milch dazu
geben, der Teig darf nicht zu fest sein. Den Teig zu einem 1 cm
dicken Rolle formen. Den Speck in Würfel schneiden und anbraten. Abgekühlt, ohne Fett, auf dem Teig verteilen. Semmelbrösel darauf streuen. Von der Längsseite her aufrollen.
4 cm dicke Scheiben abschneiden und in der auf 90 °C erhitzten. Fleischbrühe 20 Min. ziehen lassen. Herausnehmen, abtropfen lassen, in eine Schüssel füllen. Etwas von dem ausge-
lassenen Speckfett darüber geben. Mit Schnittlauch garnieren.*

Legende

Schlossrestaurant Vitzthum
Schlossallee 1
09577 Lichtenwalde
Tel.: 037206-891898
Fax: 037206-891387
www.restaurant-vitzthum.de
geöffnet: Di–So ab 11 Uhr,
Cafe ab 14 Uhr
Ruhetag: Mo
Inhaber: Maik und Gesine
Hunger, Tillmann Köhler
Seit: 2001
Sitzplätze: 400
Küche: regional, bürgerlich,
vegetarische Gerichte
Spezialität: Augustiner Bier
Preise: 8–13 €
Reservierung: empfohlen
Tipps: Kinderangebote, Ver-
anstaltungen, Familien- und
Firmenfeiern
Barockgarten, Lichten-
walde, Schloss, Harrasfelsen

Wirt & Küchenchef Maik Hunger.

Prellbock

Lunzenau

Im Prellbock erwarten den Besucher gleich mehrere Überraschungen. Die Gaststätte bietet dem Besucher eine vorwiegend regionale Küche. Das Besondere des Gastraumes ist seine Gestaltung: Man ist umgeben von Bahnschildern und Eisenbahnermützen, von Signalen und Stellwerksgeräten – ein kleines Paradies für Eisenbahn- und Reisenostalgiker. Dementsprechend sieht auch die Speisekarte aus. Von der „Flotten Schaffnersohle" bis zu „Bahnhofvorstehers Sonntagsessen" reicht der Fahrplan. Die Speisen können je nach Veranstaltung variieren, denn auch das ist eine Besonderheit des Prellbocks: In dem kleinen Restaurant finden während des Jahres verschiedene Veranstaltungen, wie Ausstellungen und Buchlesungen, Diavorträge und Musikabende statt. Wer dann in dieser historischen Umgebung übernachten will, denn der Prellbock befindet sich auf dem Gelände des früheren Eisenbahnhaltepunktes Obergräfenhain, dem steht eine echte Rarität zur Verfügung: das kleinste Hotel Deutschlands. In dem in Form eines Koffers gestalteten Raum können immerhin bis zu zwei Personen in einem Doppelstockbett übernachten. Schlafsäcke können mitgebracht oder ausgeliehen werden. Der Koffer, der 2,80 Meter lang, 1,70 Meter breit und 2,20 Meter hoch ist, verfügt außer dem Bett auch über eine Toilette und ein Waschbecken. Nach einer Nacht im Koffer kann man bei schönem Wetter sein Frühstück gleich vor dem Hotel einnehmen und einen schönen Ausblick auf die Mulde genießen. Ein kleines Eisenbahnmuseum und eine Rangierlok runden das Angebot für Hobby-Eisenbahner und solche, die es werden wollen, ab.

Rosmarinkartoffeln

Zutaten (für 4 Personen)

1 kg festkochende Kartoffeln, 1 TL Salz, schwarzer Pfeffer aus der Mühle,
1 TL getrockneter oder frischer Rosmarin, 4 EL Olivenöl

Zubereitung

*Die Kartoffeln schälen und entweder in Würfel oder in Spalten schneiden. Das
Olivenöl in einer beschichteten Pfanne erhitzen und die Kartoffeln darin kräftig
anbraten. Mit Salz, Pfeffer und Rosmarin würzen. Dann etwas Wasser angießen,
dass die Kartoffeln knapp bedeckt sind und die Flüssigkeit bei großer Hitze ver-
kochen lassen. Wenn die Flüssigkeit ganz verdampft ist, die Kartoffeln noch
einmal kurz rundum goldbraun braten.*

*Passt hervorragend zu Kurzgebratenem wie Steak oder Kotelett, wir mögen es
auch gerne zur Grillsaison als Beilage!*

Legende

Gaststätte Zum Prellbock
Burgstädter Straße 1
09328 Lunzenau
Tel.: 037383-6410
Fax: 037383-6386
www.prellbock-bahnart.de
geöffnet: Mo, Do, Fr, Sa, So
ab 11.30 Uhr, Di, Mi nach
Vereinbarung
Inhaberin: Maritta Trommer-
Lehmann
Seit: 1998
Sitzplätze: 30
Küche: regional, veranstal-
tungsabhängig/Themen,
vegetarische Gerichte
Spezialität: „Bahnhofsvorste-
hers Sonntagsessen"/Forelle,
Eintopf, Prellbocksbeutel –
Wein aus Franken, gebackene
„Muldentaler"
Preise: 4–13 €
Reservierung: empfohlen
Tipps: Kinderangebote, Ver-
anstaltungen, Familien- und
Firmenfeiern
⌂ Eisenbahnmuseum „Zum
Prellbock", Göhrener Eisen-
bahnviadukt, Rochsburg

☂   ♿

*Inhaberin Maritta
Trommer-Lehmann.*

Goldener Stern

Memmendorf

Eine strahlend-gelbe Fassade, die Visitenkarte des Hauses, empfängt die Besucher des Gasthofs „Goldener Stern". Chef Wolfgang Eckardt und sein zuvorkommendes Personal verwöhnen alt und jung mit regionaler, gutbürgerlicher und internationaler Küche. Ob größere Gesellschaften wie Familien-, Firmen- und Vereinsfeiern oder Gäste mit kleinem Hunger zwischendurch, es findet sich für jeden Geschmack und Geldbeutel etwas Passendes. Die Räumlichkeiten sind individuell gestaltet: Im Kaminzimmer lässt sich nicht etwa nur an kalten Herbst- und Winterabenden gemütlich bei einem Glas Wein und knusprigbraunem Elsässer Flammkuchen (Montag ist Flammkuchentag) entspannen. Auf der Terrasse oder im lichtdurchfluteten Wintergarten werden die letzten Sonnenstrahlen beim Essen, speziell von heiß geräuchertem Fisch und appetitlich Gegrilltem, ausgiebig genossen. Weitere Attraktionen für die sportliche Betätigung oder Siesta nach dem Schmaus bieten sich auf dem großen, weitläufigen Gelände reichlich. Im Haus gibt es drei Bowlingbahnen und eine Sauna mit Dampfbad. Außerhalb kann man sich auf einer Minigolfanlage sowie einem Kinderspielplatz austoben.

Neben der Gastronomie hat das Betreiberpaar noch eine andere große Passion. Gegenüber stößt der aufmerksame Betrachter auf ein extra Hinweisschild für einen ganz speziellen „Streichelzoo". 41 ursprünglich aus den südamerikanischen Anden stammende Alpakas leuchten schon von weitem auffällig in vielfältigen Farben von reinweiß über silbergrau bis zu dunkelbraun. Die sanften und ruhigen Herdentiere werden vorwiegend wegen ihrer sehr weichen Wolle gezüchtet. Auf Anfrage erklären die Besitzer Interessierten gern ihre Aufzucht oder laden zu einer Trekkingtour.

Legende

Gasthof Goldener Stern
Dorfstraße 52a
09569 Memmendorf
Tel.: 037292-21951
Fax: 037292-21952
www.goldener-stern.com
geöffnet: tägl. 11–23 Uhr
Ruhetage: keine
Inhaber: Wolfgang Eckardt
Seit: 1994
Sitzplätze: 245
Küche: gutbürgerlich, international
Preise: niedrige bis gehobene Preiskategorie, für jeden Geldbeutel etwas dabei
🏚 Augustusburg, Bergstadt Freiberg

Saltimbocca vom Zander mit Zucchininudeln und geschmorten Tomaten

Zutaten (für 2 Personen)
Zander: 2 Zanderfilets, 3 EL Zitronensaft, 4 dünn geschnittene Scheiben Parmaschinken, 16 Blätter Salbei
Nudeln: 250 g Nudeln (am besten Spaghetti), 2 frische Zucchini, 1 Zwiebel, 2 Knoblauchzehen, Salz, Pfeffer, Paprikapulver, nach Belieben Olivenöl

Zubereitung

Zander: Zanderfilet quer halbieren und mit Zitronensaft beträufeln. Jedes Filet mit 2 Scheiben Parmaschinken und 3–4 Salbeiblättern belegen. Wie Rouladen aufrollen und mit Holzstäbchen zusammenstecken. Mit Salz und Pfeffer würzen. 3 EL Öl in einer Pfanne erhitzen und die Zanderfilets darin bei starker Hitze 2 Min. von allen Seiten anbraten. Dann bei milder Hitze weitere 3–4 Min. braten.

Nudeln: Nudeln nach Packungsanweisung bissfest kochen, dann durch ein Sieb abgießen. Zucchini waschen, abtupfen und anschließend in Scheiben schneiden. Zwiebeln und Knoblauchzehen schälen und hacken. Zwiebeln und Knoblauch in reichlich Olivenöl andünsten, später die Zucchini hinzugeben. Mit Salz, Pfeffer und Paprikapulver nach Belieben und Geschmack würzen. Das Ganze so lange in der Pfanne dünsten, bis die Zucchini schön weich sind. Danach einfach über die gekochten Nudeln schütten und verrühren. Zubereitungszeit: ca. 25 Min.

Kaminzimmer mit Marcel Schmidt, einer von sechs Köchen, und leckerem Flammkuchen.

197

Pension Moritzburg

Mittweida

Bereits um 1900 verzeichnet Mittweida unter seinen Gaststätten mit zum Teil so kuriosen Namen wie Kanone, Pech, Vogelsang, Börse und Wartburg auch ein „Restaurant am Auensteig". 1897 von seinem Erbauer, einem Karl Wippler, eröffnet, nannte es sein Nachfolger ab 1904 unter Einbeziehung seines Vornamens Moritzburg. Das Restaurant bot seinen Gästen entspannte Stunden. Gewiss zählte auch so mancher Student dazu. Im seit 1867 bestehenden Technikum Mittweida wurden schon früh Elektro- und Maschinenbauingenieure ausgebildet, aber auch Büro- und Betriebstechniker sowie Werksmeister. Nach dem mitunter recht trockenen Stoff dürfte ein frischer Umtrunk durchaus willkommen gewesen sein. Ende der 1950er Jahre verjüngte sich das Alter der Gäste dann erheblich – die Stadt, inzwischen Eigentümer des Hauses, richtete darin einen Kindergarten ein. Am „Tag der Republik", dem 7. Oktober 1979, erfolgte die Wiedereröffnung als Gaststätte. Seither erfreut sich die Moritzburg wieder großer Beliebtheit bei Gästen aus nah und fern. Unter anderem weilten hier schon der ehemalige Bundespräsident Richard von Weizsäcker, der Schriftsteller Erich Loest und der Politiker Gregor Gysi. Außer auf regionale Speisen und Wildgerichte können sich die Gäste auch auf internationale Spezialitäten freuen. Für die kleinen Gäste gibt es Kinderangebote. Für Groß und Klein steht das Haus für Veranstaltungen und Familienfeiern zur Verfügung. Wer außer Haus feiern möchte, dem bietet das Restaurant einen umfangreichen Partyservice an. Darüberhinaus laden angenehme, rustikal eingerichtete Fremdenzimmer zum längeren Verweilen in der behaglichen Pension ein.

Kesselgulasch in einer Brottasse

Zutaten (für 4 Personen)

750 g Schweinefleisch in Stücken, 6 Kartoffeln in Würfeln, 4 Zwiebeln in Würfeln, 1 ½ Knoblauchzehen, 1 ½ Paprikaschote gelb oder rot in Stücken, 2 Petersilienwurzeln in Scheiben, 2 Möhren in Scheiben, $1/_8$ l Öl, 1 EL edelsüßes Paprikapulver, ½ EL Kümmel, Salz, gemahlener Pfeffer, scharfe Paprika-Würzpaste

Zubereitung

Zwiebeln in Öl glasig anbraten, Fleisch dazu, kurz anbraten, Wasser dazu und Salz, Paprikapulver süß, reichlich gemahlener Pfeffer, Kümmelpulver, reichlich Knoblauch. Jetzt 30 Min. köcheln. Möhren in Scheiben, wieder 30 Min. köcheln. Paprika , Petersilienwurzel und 2 Löffel scharfe Paprikapaste dazu kurz aufkochen, dann die gewürfelten Kartoffeln dazu, 20–25 Min. kochen lassen. Schmeckt am Besten über offenem Feuer gekocht.

Legende

Resaturant und Pension Mortzburg
Rößgener Straße 50
09648 Mittweida
Tel.: 03727-3177
www.gaststaette-pension-moritzburg.de
geöffnet: Mo 11.30–24 Uhr, Mi–Sa 11.30–24 Uhr, So 10.30–21 Uhr
Ruhetag: Di
Seit: 1897
Inhaberin: Babette Sobe
Sitzplätze: 100
Küche: bürgerlich, regional, international, vegetarische Gerichte
Spezialität: Wild- u. internationale Spezialitäten, Salatbüffet, Cocktails, Eisbecher
Preise: 2,50–12 €
Reservierung: empfohlen
Tipps: Kinderangebote , Veranstaltungen, Familien- und Firmenfeiern,
 Raumfahrtmuseum, Talsperre Kriebstein, Schaubergwerk

Chefin Babette Sobe.

199

Deutsches Haus

Mittweida

kulinarischen Annehmlichkeiten aufwartet, bieten niveauvoll eingerichtete Zimmer die Möglichkeit in aller Gemütlichkeit einmal vom Alltag auszuspannen. Die Gäste finden zudem einen romantischen Biergarten vor, in dem es sich bei schönem Wetter bei einem guten Glas Bier oder Wein entspannt plaudern lässt. Wer Aktivitäten bevorzugt, dem bietet sich die reizvolle Umgebung von Mittweida mit dem Zschopautal, der Talsperre Kriebstein und der märchenhaften Burg Kriebstein für Ausflüge an. Sei es eine Wanderung entlang der Zschopau, eine Kanufahrt auf der Talsperre oder einfach nur ein geruhsamer Tag am Ufer – Erholungsmöglichkeiten finden sich ausreichend. Andererseits: Wer das lebhafte Treiben in der Stadt und vielleicht auch einen Einkaufsbummel bevorzugt, der findet im nur wenige Autominuten entfernten Chemnitz, der drittgrößten sächsischen Stadt, ein ergiebiges Terrain. Ob Stadtbesuch oder Ausflug in die Natur – nach der Rückkehr kann man sich im Deutschen Haus von Küche und Keller wieder vortrefflich verwöhnen lassen. Apropos Keller: Die Weinkarte des Restaurants umfasst eine interessante Auswahl edler Tropfen aus dem In- und Ausland.

Die „Prinzen" waren schon da, Richard von Weizsäcker, Erich Loest – das Deutsche Haus in Mittweida hat namhafte Gäste empfangen. Das Hotel verbindet eine gehobene Küche mit einem komfortablen Aufenthalt. Während das rustikale, in einem Gewölbe eingerichtete Restaurant mit Daneben kann eine Reihe namhafter Weine auch im Weinverkauf erworben werden. Auf diese Art kann man die Erinnerung an einen angenehmen Aufenthalt ganz bekömmlich mit nach Hause nehmen.

Schweinelendchen Calvados

Zutaten (für 4 Personen)
4 Stück Schweinelende, 1600 ml Sahne, 2 Fl Calvados Dauphin, Fett zum Braten, Salz, Pfeffer

Zubereitung

Die Schweinelendchen bzw. Filets in daumendicke Scheiben schneiden. In einer Pfanne Bratenfett erhitzen und eins der geschnittenen Lendchen (!) gut anbraten. Abtropfen lassen und in einer abgedeckten und vorgewärmten Auflaufform geben. Jetzt den Bratensatz mit Calvados lösen. nicht ganz verdunsten lassen, und 150–200 ml Sahne hinzugeben. Mit Salz und Pfeffer würzen, kurz aufkochen lassen. Die Flüssigkeit zu den Stücken in die Auflaufform geben. Die Pfanne mit Küchentuch auswischen und Vorgang wiederholen bis alle Stücke gebraten sind. Noch für ca. 25 Min. bei 180 °C in den Ofen stellen und zusammen mit geschnittenen Baguette servieren.

Legende

Hotel Deutsches Haus
Rochlitzer Straße 5
09648 Mittweida
Tel.: 03727-998037
www.hotel-dh.de
geöffnet: tägl. durchgehend
Ruhetage: keine
Inhaber: Steffen Rätzer
Seit: 1827
Sitzplätze: 100
Küche: gehoben mit frischen Produkten, vegetarische Gerichte
Spezialität: gute Weine, hausgemachte Desserts, frisch gezapftes Kellerbier
Preise: 6,50–22,50 €
Reservierung: empfohlen
Tipps: Kinderangebote, Veranstaltungen, Familien- und Firmenfeiern, Bar
🏛 Museum der Stadt Mittweida, Wasserkraftwerk und Marktplatz Mittweida

Koch Max Kasparek.

Brauhof

Niederwiesa

Also, der SV Grün-Weiß Niederwiesa war schon oft zu Gast. Und Firmen aus der Region. Und die ganzen Fußballmannschaften und viele andere Familien und Firmen auch. „Ich denke", erklärt Geschäftsführer Andreas Heim vom „Brauhof Niederwiesa", „das Ausrichten von großen und kleinen Feiern und Festen ist unser Markenzeichen." Bis zur Wende war Heim Gastronomiemeister in Chemnitz. 1993 bewarb er sich für das Objekt in Niederwiesa – „Es gefiel uns hier ganz einfach"– und hat den Zuschlag erhalten. 1996 konnten er und Frau Kerstin das Haus von der Gemeinde kaufen. Zuvor hatte der Gastronom die Einrichtung nach einem großen Umbau als Gaststätte und Hotel wieder fest im Ort etabliert. Ulf Tittel schwingt in dieser Gaststätte mitten im Zentrum der Gemeinde auch schon seit 2001 den Kochlöffel. Ist Heim mit ihm zufrieden? „Wenn ich das nicht wäre, wäre er nicht mehr da", lautet die kurze Ansage vom Chef. Wobei es gar nicht so einfach sei, einen geeigneten Koch

zu finden – „die Arbeit ist anstrengend und zeitintensiv."

Vor allem, wenn die bei den Niederwiesaern sehr beliebten Buffet-Tage anstehen. Angefangen hat man vor Jahren mit gerade mal zehn bis zwölf Gästen, heute zählt man zum Fischbuffet im Januar an drei Tagen meist an die 300 Gäste. Fürs Spargelbuffet im Frühling kommen gut 80 Kilogramm zusammen, die geschält werden müssen, per Hand, versteht sich. Aber der 45-Jährige winkt ab: „Das ist jahrelanges Training, das kriegen wir hin." Denn auch nach fast 30 Jahren Berufserfahrung hat er gern die Kochmütze auf. Das Kreative ist es, was ihn reizt, die Arbeit mit Leuten, das macht dem Frankenberger, der einst im Hotel Kongress in Karl-Marx-Stadt gelernt hatte, Spaß. Scharf auf Kochshows im Fernsehen ist er nicht – „ich habe einfach keine Zeit". Sein eisernes Motto: „Ich koche alles, ich probiere alles, aber ich muss nicht unbedingt alles essen."

Edelwild-Gulasch gebeizt an Knödel

Zutaten (für 4 Personen)

1 kg Edelwild, z. B. Hirsch oder Wildschwein, 1 kg Zwiebeln, 1 Möhre, 1 Stück Sellerie, ½ l Buttermilch, ½ l trockener Rotwein, 1 Lorbeerblatt, Piment, Wacholderbeeren, Salz und schwarzer Pfeffer, Paprika

Zubereitung

Wildgulasch erst einmal beizen, d. h.: 2–3 Tage in einem Sud aus Buttermilch, Pfeffer, Rotwein, Zwiebeln, Möhren, Lorbeerblatt, Piment, Salz und Pfeffer ziehen lassen. Den Sud durch ein Sieb gießen. Das Fleisch wird nun kräftig angebraten, ebenso die Zwiebeln. Mit Rotwein ablöschen und mit Brühe auffüllen. 75 Min. kochen lassen, gegebenenfalls mit wenig Mehl binden und mit saurer Sahne und Preiselbeeren anrichten. Dazu werden Knödel gereicht. Bei uns wird das Gericht in einer Stahlpfanne serviert.

Legende

Gaststätte und Hotel Brauhof Niederwiesa
Dresdner Straße 21
09577 Niederwiesa
www.brauhof-niederwiesa.de
Tel.: 03726-589510
Fax: 03726-589515
geöffnet: Mo–Sa 11–14 Uhr und ab 17 Uhr, So 11–14 Uhr
Ruhetage: keine
Seit: 1884
Inhaber: Andreas Heim
Sitzplätze: 50/Saal 60
Küche: gutbürgerlich, saisonal
Spezialität: Wildgerichte
Preise: Hauptgerichte ab 7 €
Tipps: Buffets, Familienfeiern, Bar, Kellertreppchen, Hotel  Augustusburg, Wanderungen im Flöhatal, Feuerwehrmuseum Niederwiesa, Schauweberei Tanner Braunsdorf, Schloss Lichtenwalde

Kellnerin Kerstin Heim.
Küchenchef Ulf Tittel.

Schwalbennest

Niederwiesa

In der Gaststätte „Schwalbennest" Niederwiesa wird der Beweis erbracht: Viele Köche verderben doch nicht den Brei. Zumindest kann sich Chef und Restaurantleiter Ralf Pönisch mit seinem Team nicht über mangelnden Zuspruch beklagen. Die gastliche Stätte ist beliebt bei Einwohnern, aber auch weit über die Grenzen hinaus. So meinen Royko und Claudia: „Sind wieder mal von Chemnitz nach Niederwiesa gefahren, um uns kulinarisch verführen zu lassen. Die Qualität der Speisen sucht in Chemnitz ihresgleichen."
Aber auch die Speisegaststätte ist ein Hingucker. Rustikal von außen, stilvoll von innen. Alles ist fein eingedeckt, selbst das einfache Tässchen Kaffee wird mit Noblesse kredenzt. Die, wie es heißt, „saisonalen" Angebote gehen richtig gut. Die deftige russische Küche im Januar beispielsweise, die wärmt die Leute gleich von innen. „Aber auch die Fischwochen zu Jahresbeginn sind immer mehr ein Muss geworden", zählt Pönisch auf. „Gegenwärtig dominiert das leichte, das frühlingshafte: Spargel in allen Varianten,

sogar mit Baguette. In einer guten Woche schälen die Köche an die 50 Kilogramm. Das „Schwalbennest" leistet sich fünf solcher „Kochkünstler". Pönisch: „Die geben die richtige Würze." Und zählt auf: Christa Barth aus Flöha macht unschlagbar Eintöpfe. Küchenchef Andreas Giel kann kochen und backen. Alexander Seikat hat ein Händchen für richtig gute Beilagen." Andre Guglielmi, der andere Küchenchef, hatte in Tirol gekocht, bevor er sich vor zwei Jahren bewusst für das „Schwalbennest" entschied. „Hier wird man gefordert", sagt der junge Mann. „Hier hat man bei Kreativität weit gehend freie Hand." Und Martin Leber hat sich schon an den Kochtöpfen der Welt ausprobiert.
Für Pönisch ist die Qualität der Waren das A und O. „Wie sonst sollen Köche ordentlich kochen? Man muss sehen: „Was wollen die Leute? Was ist Trend?" Den Feinschliff holt man sich auf der Messe Internorga in Hamburg. „Dort kommen Gastronomen weltweit zusammen. Da darf man nicht fehlen."

Lachsfilet auf Spargelrisotto

Zutaten (für 4 Personen)
150 ml Weißwein, 1 gehackte Zwiebel, 2 EL Olivenöl, etwas Butter, 350 g Risottoreis, 850 ml Fleischbrühe, 250 g grüner Spargel, 800 g norwegisches Lachsfilet, Dill, frische Zitrone, Parmesan (Grana-Padano)

Zubereitung
Die gehackte Zwiebel goldbraun in Olivenöl anschwitzen. Den Risottoreis dazugeben, die Masse einige Minuten auf hoher Flamme verrühren. Mit Salz und Pfeffer würzen abschmecken. Die Fleischbrühe hinzu, bis der Reis bedeckt ist, etwas köcheln lassen. Wenn die Masse dicker wird, etwas Brühe hinzu geben. Reis nicht ganz weich kochen, er sollte noch Biss haben. Mit Weißwein abschmecken.

Den Grünen Spargel an der unteren Seite schälen und klein schneiden. In etwas Butter anschwitzen und zum Schluss in das Risotto geben.
Lachs in Portionsstücke à 200 g schneiden, in der Pfanne leicht braten.
Mit Koriander und frisch gemahlenen Pfeffer verfeinern, salzen.
Den Parmesan und Spargel dem Risotto zufügen. Risotto auf dem Teller anrichten, den Lachs darauf. Mit Zitrone und Dill die Endnote geben.

Legende

Schwalbennest
Eubaer Straße 4
09577 Niederwiesa
Tel.: 03726-712572
www.schwalbennest-
niederwiesa.de
geöffnet: Mo, Mi, Do, Fr
ab 14 Uhr, Wochenende/
Feiertage ab 11 Uhr
Ruhetag: Di
Seit: 1890
Inhaber: Ralf Pönisch
Sitzplätze: 105
Küche: regional, saisonal
Spezialität: monatlich
wechselnd
Preise: Hauptgerichte
ab ca. 5 €
Tipps: Catering, Familien- und
Firmenfeiern, Tanzveranstal-
tungen, Sommer- und Winter-
garten
Schauweberei Tanner
Braunsdorf, Schloss Lichten-
walde

Christa Barth, André Guglielmi, Alexander Seikat und Andreas Giel präsentieren Leckeres aus dem Schwalbennest. Inhaber Ralf Pönisch.

Höllmühle

Penig

Die über vierhundert Jahre alte Waldgaststätte Höllmühle liegt romantisch im Wald an einem großen Teich, dem Höllteich, im Peniger Ortsteil Chursdorf. Die Mühle diente einst als Mahl- und Schneidmühle. Der Ort, ein aus alter Zeit stammendes Waldhufendorf, weist unter neben sehenswerten Baurngehöften unter anderem auch drei sagenumwobene Sühnekreuze auf. Durch das nahe Landschaftsschutzgebiet führen mehrere Wanderwege zu der beliebten Ausflugsgaststätte. Bereits 1902 empfahl ein Reiseführer den „prächtigen Waldweg nach der Höllmühle – gute Bewirtung". Das historische Waldlokal mit seiner großen überdachten Holzterrasse wurde 1992 neu eröffnet. In den verschiedenen Räumen des Restaurants können sich die Gäste auf bürgerliche Kost freuen. Neben Fleisch aus eigener Schlachtung stehen unter anderem auch Wildgerichte und – im Winter – frische Karpfen auf dem Speiseplan. Wer auch daheim von der guten Hausmannskost zehren möchte, dem bietet sich in der Höllmühle auch die Gelegenheit, hausschlachtene Wurst zu kaufen. Neben der Historie des gastfreundlichen Hauses bietet die Umgebung mit der Rochsburg, dem kleinen Ort Amerika oder den Orten Wolkenburg und Kaufungen zahlreiche Gelegenheiten, in der Vergangenheit zu schwelgen. Wanderern sei zudem ein Besuch der Büffelfarm empfohlen, die mit Wasserbüffeln die landwirtschaftliche Tradition der Region auf unkonventionelle Weise weiterführt.

Karpfen Blau mit Kartoffeln und Rotkohl

Zutaten (für 2 Personen)
1 frischer Karpfen (1,5 kg), 4 EL Essig (Weißweinessig), Salz, $1/8$ l Weißwein, Nelken, 1 Lorbeerblatt, ½ Bd. Petersilie, ½ Zitrone, 3 Kartoffeln, Pfefferkörner, Sellerie, Kohlrabi

Zubereitung

Den Fisch vorsichtig ausnehmen und säubern, am besten so wenig wie möglich anfassen, damit die Schleimschicht, welche für das Blauwerden verantwortlich ist, nicht beschädigt wird. Vorsichtig schuppen! Den Fisch auf eine Platte legen. $1/8$ l Wasser und den Essig aufkochen.
Unterdessen den Fischsud aus 2 l Wasser und den Gewürzen bereiten. Den Karpfen in einen großen Topf geben, damit er besser steht. Ich gebe in den Bauch eine dicke rohe Kartoffel und stütze ihn rechts und links mit einer Kartoffel ab.
Den Sud zugießen und ca. 25 Min. ziehen lassen. Der Fisch ist gar, wenn sich die Rückenflosse vorsichtig herausziehen lässt.
Beilagen: *Petersilienkartoffeln und*

Rotkohl. Nach Wahl, Kräuterbutter oder Zitronen-Soße, braune Butter, Rotkohl, Apfelmeerettich.

Legende

Höllmühle
Zur Höllmühle 6
09322 Penig / OT Chursdorf
Tel.: 037381-5575
geöffnet: Mo–Fr ab 11 Uhr, Sa–So ab 10 Uhr
Ruhetag: 24. Dezember
Inhaber: Gerd Richter
Seit: 1992
Sitzplätze: 250 inkl. Terrasse
Küche: bürgerlich
Spezialität: Fleisch aus eigener Schlachtung, Wild, im Winter Karpfen, vegetarische Gerichte
Preise: 2,50–15 €
Reservierung: ab 20 Personen empfohlen
Tipps: Kinderangebote, Veranstaltungen, Familien- und Firmenfeiern

Rochsburg, Büffelfarm, Amerika

Kellnerin Janine Gerstenberger.

Schlossaue

Rochlitz

Man muss die Feste feiern wie sie fallen. Das Team der Schlossaue Rochlitz beherzigt diese alte Weisheit und stellt seine Gaststätte zu den verschiedensten kulturellen Veranstaltungen und jahreszeitlichen Festen zur Verfügung. Ob Kabarettabend, Frauentagsparty oder Himmelfahrtsausflug, Weihnachts- oder Silvesterfeier – in der Schlossaue trifft Gastlichkeit auf Kultur. Ein extra Veranstaltungskalender gibt Auskunft über die aktuellen Termine. Für das dem jeweiligen Anlass angemessene Ambiente sorgen neben dem Restaurant mit einem großen Saal, auch eine Grillecke und der Biergarten. Der Humor kommt bei einem Besuch der Schlossaue nicht zu kurz, was sich nichtzuletzt in der Speisekarte zeigt, die für Kinder auch ein Besteck nur „zum Räubern auf Mamas und Papas Teller" anbietet. Dieses „Räubern" lohnt sich, denn die Auswahl an regionalen Spezialitäten der bürgerlichen Küche reicht von so typischen sächsischen Mittagsgerichten wie Sauerbraten oder Kalbsbraten über Fisch- und Geflügelgerichte bis hin zu verschiedenen Steakvarianten. Nach dem Essen bietet sich ein Rundgang durch das tausend Jahre alte Rochlitz an. In den romantischen Gassen lässt sich an so manchem altertümlichen Haus Rochlitzer Porphyrtuff erkennen, der Stein ist als „roter sächsischer Marmor" über Rochlitz hinaus bekannt geworden. Dem Schloss mit seinen beiden Türmen, der „Finsteren und der „Lichten Jupe", sollte man unbedingt einen Besuch abstatten. Die einstige sächsische Landesburg erhebt sich auf einer Anhöhe neben der Mulde. Aber auch die anmutige Flusslandschaft, der Rochlitzer Berg und das nahe Wechselburg mit seiner einzigartigen romanischen Basilika bieten sich für entspannende Ausflüge an.

Köstritzer Schwarzbierpfanne mit Kartoffelrösti

Zutaten (für 4 Personen)
1 kg Oberschale vom Schwein in Streifen, 0,5 l Köstritzer Schwarzbier, 1–2 mittelgroße Zwiebeln, 400 g Kaisergemüse, Tabasco, Salz, Pfeffer, Ketchup, scharfer und edelsüßer Paprika
Kartoffelrösti: 1000 g geschälte Kartoffeln, 60g Mehl Typ 405 20 g Kartoffelstärke, 1–2 Eier, Salz, Pfeffer, Majoran

Zubereitung

Für die Kartoffelrösti werden die geschälten Kartoffel grob geraspelt. Das Mehl und die Stärke wird mit Salz, Pfeffer und Majoran gemischt und unter die Kartoffelmasse gegeben. Es Formen Sie kleine Rösti und braten Sie diese langsam goldgelb.

Für die Köstritzer Schwarzbierpfanne wird das Fleisch mit Salz, Pfeffer, Tabasco und Paprika gewürzt und mit Tomatenmark vermengt. Über Nacht stehen lassen.

Das Fleisch mit den Zwiebeln anbraten und Köstritzer Schwarzbier dazugeben. Das Kaisergemüse vorgaren und zum Fleisch dazugeben. Alles kurz aufkochen und sofort servieren.

Legende

Restaurant Schlossaue
Sörnziaer Weg 5
09306 Rochlitz
Tel.: 03737-40350
Fax: 03737-40360
www.schlossaue.de
geöffnet: Di–Sa ab 14 Uhr, So ab 11.30 Uhr
Ruhetag: Mo (Abweichungen nach Absprache)
Inhaber: Mario Schmidt
Seit: 1996
Sitzplätze: 112
Küche: regional bürgerlich, vegetarische Gerichte
Spezialität: Sauerbraten, Grillplatte „Schlossaue", Cocktails, Forelle ohne Gräten, Kaffeespezialitäten, Eisbecher
Preise: 2,50–12,90 €
Reservierung: empfehlenswert
Tipps: Kinderangebote, Veranstaltungen
⌂ Rochlitzer Schloss, Rochlitzer Bergwald

Inhaber Mario Schmidt

Zur Remise

Rochsburg

„Seyd willkommen ihr Bauersleut, tretet ein, lasset müh und arebeit sein ... auch ihr riter kommet nun, lasset âventiure ruh'n. Hier wart' gar köstlich Herrenspeis für jeden Stand zum guoten Preis." Das ist das Motto der Burggaststätte „Zur Remise" auf der Burg Rochsburg. Bis zu 65 Gäste können im rustikal und stilvoll eingerichteten Burggewölbe beim flackernden Licht der Fackeln sitzen. Barden erzählen Geschichten von Rittern, Frauen oder Hochzeiten, untermalt von der Musik ihrer Lauten. Währenddessen geniesst man seine rustikalen, mittelalterlichen Speisen sowie die süffigen Biere oder edlen Weine. Angeboten wird das Bauern-, Ritter- oder Königsmahl, die alle von der Magedîn serviert werden. Für Paare, die sich in den altehrwürdigen Mauern der Burg das Ja-Wort geben wollen, wird auch ein Hochzeitsmahl angeboten, das eine historische Zeremonie am romantischen Ort abrundet.

Es wird nach Originalrezepten aus dem Mittelalter gekocht.

Die Besucher können vor oder nach dem Essen die Burg besichtigen, die 1195 zum ersten Mal in einer wettinischen Urkunde erwähnt wurde. 50 Meter thront die Rochsburg über der Zwickauer Mulde und prägt somit auch das Bild des gleichnamigen Ortes. Wer also interessiert ist an der wechselvollen Geschichte dieser Burg, ist herzlich eingeladen, sich in die Zeit des Mittelalters zurückversetzten zu lassen.

Ein guet lecker Koestelin (Ofenkartoffel mit Kräuterquark, frisch gebratenen Putenbruststreifen und Steinchampions)

gn

Zutaten (für 4 Personen)

1 kg festkochende Kartoffeln, 125 g Quark, mind. 20 % Fett, 1 ½ Zweige Dill, 4 Blätter Basilikum, ½ Handvoll Kresse, ½ Pr. getrockneter Oregano, ½ Pr. getrockneter Thymian, 1 Stängel Petersilie, ⅛ Bund Schnittlauch, 1 Knoblauchzehe, 2 EL Sauerrahm, ½ EL Kürbiskernöl oder Sonnenblumenöl, 1 TL Meersalz oder jodiertes Salz, ½ TL bunter, frisch gemahlener Pfeffer, 500 g Putenbrust, Butter, zum Herausbraten, Salz, Pfeffer, 500 g Champignons, kleine (Steinchampignons), 2 Zwiebeln, 2 Knoblauchzehen

Zubereitung

Kartoffeln ungeschält gut waschen. Je nach Größe 20–30 cm Alufolie abreissen und diese dann nochmals halbieren. Mit der glänzenden Seite nach innen die Kartoffel einpacken. Auf ein Blech/Rost legen und im vorgeheizten Backofen auf der obersten Schiene bei 250 ºC je nach Kartoffelgröße bzw. Kartoffelfeste ca. 1,½–2,½ Std. garen. Währenddessen den Quark zubereiten und die frischen Kräuter waschen. Beim Dill nur die Spitzen, bei Basilikum und Petersilie nur die Blätter verwenden, fein hacken. Die Knoblauchzehen hacken. Quark mit Sauerrahm gut verrühren und mit Kräutern, Knoblauch und Kürbiskernöl vermengen. Mit Salz und Pfeffer abschmecken.

Tipp: *Der Quark sollte gut gesalzen sein, da die Kartoffeln nachher nicht gesalzen werden. Kühl stellen.*

Putenbrustfilets: *In Streifen schneiden, salzen, pfeffern und in Butter anbraten. Zwiebel fein hacken und in Olivenöl andünsten, dann die Hälfte der fein gehackten Knoblauchzehe hinzufügen, kurz mit andünsten, die Champignons (falls groß grob würfeln) hineingeben und kurz anbraten und den Rest der Knoblauchzehe zufügen, noch die feingehackte Petersilie drübergeben und genießen. Sobald die Kartoffel mit einer Gabel leicht zu durchstechen sind, aus dem Backrohr nehmen. Folie leicht öffnen, ein Kreuz in die Kartoffeln hineinschneiden und leicht öffnen. Mit dem Kräuterquark füllen und Folie leicht andrücken.*

Legende

Burggaststätte Zur Remise
Schlossstraße 1
09328 Lunzenau/
OT Rochsburg
Tel.: 037383-80440
www.zur-remise.de
geöffnet: Mi–Fr 11.30–22 Uhr,
Sa 11–22 Uhr, So 11–17 Uhr
Ruhetage: Mo, Di
Inhaber: Thomas Scherwenk
Seit: 2005
Sitzplätze: 65, Terrasse 30
Küche: rustikal, mittelalterliche Speisen, vegetarische Gerichte
Spezialität: Remisenfuhre, Gottgelobte Rindviehcherei, Brotschnaps
Preise: 6,60–13,90 €
Reservierung: empfohlen
Tipps: Kinderangebote, Veranstaltungen, Familienfeiern
🏛 Göhrener Eisenbahnviadukt, Rochsburg

Muldenschlösschen

Rochsburg

Wenn in den Tälern des Erzgebirges noch das Schmelzwasser zu Tal rauscht und die Natur noch in der Winterstarre liegt, blühen im Tal der Mulde bei Rochsburg meistens schon die Krokusse und die Forsythien zeigen ihr erstes Grün. Hier, wo die Mulde die hoch auf einem Felssporn gelegene Rochsburg in einer imposanten Schleife umschließt, beginnt der Frühling früher und wer im Sommer auf der sonnigen Terrasse des Muldenschlösschens sitzt, wähnt sich mitunter gar fast schon in südlichen Gefilden. Die idyllische Umgebung mit dem Fluss, der darüberführenden Hängebrücke und der erhabenen Burg hinterlässt einen unvergesslichen Eindruck. Inmitten dieser eindrucksvollen Kulisse steigert das familiär geführte Hotel & Restaurant Muldenschlösschen das Landschaftserlebnis mit seinen umfassenden gastronomischen Angeboten – ob bei einem Glas Bier oder Wein, einem Eisbecher oder einem gepflegten Essen. Die Palette der Speisen reicht vom

Sächsischen Lammbraten mit Prinzessbohnen und Klößen über das Lachsfilet vom Lavasteingrill mit Limettenkräuterbutter an einer großen Ofenkartoffel und frischem Salat bis hin zu Deftigem, wie etwa Spanferkelbraten mit hausgemachtem Bayerisch Kraut und Salzkartoffeln. Das familiär geführte Haus zieht schon seit mehr als hundert Jahren Generationen von Ausflüglern und Gästen an. 1996 erfolgte die komplette Modernisierung des Hotels. Mit komfortablen Doppel- und Einzelzimmern eignet es sich daher auch für erholsame Urlaubstage oder Familienfeiern aber auch für Tagungen und Seminare, die entsprechende Technik ist vorhanden. Es stehen zudem saisonale Angebote zur Verfügung, außerdem können Gäste ein Aktivwochenende buchen, das unter anderem Flußtrekking auf der Mulde und Bogenschießen auf der Rochsburg umfasst. Doch auch wer einfach nur einige Stunden in schöner Umgebung genießen will, findet im Muldenschlösschen stets aufs Neue ein ideales Ausflugsziel.

Ochsenbrust paniert und knusprig mit Bratkartoffeln und hausgemachter Remouladensoße

Zutaten (für 1 Person)
200 g gekochte Ochsenbrust, etwas Senf und Meerrettich, Mehl, Paniermehl, 1 Ei

Kellnerin Peggy Richter.

Zubereitung
Die Scheibe Ochsenbrust dünn mit Meerrettich und Senf bestreichen, dann mehlieren und durch ein gequirltes Ei ziehen. Danach in Semmelmehl panieren. Ausreichend Fett zum Braten im Tiegel erhitzen und die Scheibe goldbraun von beiden Seiten braten. Bestens passen dazu Bratkartoffeln und selbstgemachte Remouladensoße.

Legende

Hotel & Restaurant Muldenschlösschen
Bahnhofstraße 2
09328 Rochsburg
Tel.: 037383-8510
Fax: 037383-85118
www.muldenschloesschen.de
geöffnet: Di–Fr 11.30–22 Uhr, Sa 11–22 Uhr, So 11–20 Uhr
Ruhetag: Mo
Inhaber: Thomas Scherwenk
Seit: 1990
Sitzplätze: 200
Küche: frisch, regional, international
Spezialität: Lavasteingrill, heißer Stein auf Vorbestellung, Vogelbeerschnaps, vegetarische Gerichte
Preise: 5,90–14,80 €
Reservierung: empfohlen
Tipps: Kinderangebote, Veranstaltungen, Familien- und Firmenfeiern, Bar
🏠 Rochsburg, Wechselburg, Töpferstadt Waldenburg, Amerika

Waldhotel am Reiterhof
Seelitz

Ein arabischer Abend in Sachsen? Im Waldhotel am Reiterhof wird dieser Traum aus Tausendundeinernacht möglich. In einem buchbaren Arrangement können sich die Gäste in einem bis zu vierzig Personen fassenden Beduinenzelt mit originaler Ausstattung bei orientalischen Leckerbissen verwöhnen lassen. Doch auch die „reguläre" gutbürgerlich-regionale Küche im Restaurant verwöhnt mit Spezialiäten wie Wildgerichten oder dem Seelitzer Reiterteller. Apropos Reiter: Die Hotelanlage mit der angrenzenden Reithalle und den in der Nähe gelegenen Ställen bietet sich in idealer Weise für Pferdeliebhaber und Reitsportinteressierte an. Bei Veranstaltungen wie Reitturnieren, einer Fohlenschau oder der Fuchsjagd kommen sowohl Aktive als auch Zuschauer auf ihre Kosten. Das 1999 eröffnete Hotel und Restaurant hält für seine Gäste verschieden Räumlichkeiten bereit: Wintergarten, Kaminzimmer und Reiterklause, einen Saal, aber auch Sauna und Solarium.

Die Hotelanlage eignet sich für Familien- und Gruppenfeiern oder Klassenfahrten ebenso wie für Seminare oder Schulungen. Ein Abenteuerspielplatz und Tiere, angebotene Kutschfahrten und Reitstunden machen den Besuch auch für kleine Gäste zum Erlebnis. Wanderer und Radfahrer wiederum finden in der reizvollen Umgebung des Waldhotels Ziele wie das idyllische Muldental, die romantische Schlossburg Rochlitz oder den wechselburger Park mit seiner berühmten romanischen Basilika.

Rotbarsch überbacken, Zwiebelreis & Zucchini mit Chermoula

Zutaten (für 4 Personen)
250 g Kirschtomaten, 500 g Zucchini, 1 Aubergine, 3 Stangen Sellerie, 2 Knoblauchzehen, 2 EL Tomatenmark, 250 g Mozzarella, 1 Zitrone, der Saft davon
Salz, Pfeffer, 25 g italienische Kräuter (TK), 4 EL Olivenöl, Basilikum
Zwiebelreis: 3 Beutel Reis, Salz, 3 EL Butter, 1 ½ Zwiebel

Zubereitung
Fisch waschen, trocknen mit Zitronensaft beträufeln und mit Salz und Pfeffer würzen. Aubergine in Stücke schneiden, mit Salz bestreuen und 10 Min. ziehen lassen. Zucchini ebenfalls in Stücke, Sellerie in Scheiben schneiden. Tomaten halbieren. Knoblauch zerdrücken und mit Zucchini, Aubergine, Sellerie und den Kräutern in 3 EL Olivenöl ca. 10 Min. dünsten. Tomatenmark und die halbierten Tomaten dazugeben und mit Salz und Pfeffer abschmecken. Eine Auflaufform mit dem restlichen Öl ausstreichen, das Gemüse und den Fisch hinein geben, mit Mozzarellascheiben bedecken und mit etwas Basilikum bestreuen. Im vorgeheizten Backofen bei 175 ºC ca. 20 Min. garen.
Reis: nach Anleitung kochen, abtropfen lassen. Zwiebel klein schneiden. Zusammen mit der Butter unter den Reis geben. Mit Salz abschmecken. Die Zutaten können natürlich alle nach Geschmack variiert werden.

Legende

Waldhotel Seelitz
Kolkauer Straße 25
09306 Seelitz
Tel.: 03737-42343
Fax: 03737-770304
www.waldhotel-am-reiterhof.de
geöffnet: Mc–Fr 17–23 Uhr,
Sa–So 11–24 Uhr
Ruhetage: keine
Inhaber: Andreas Lorenz
Seit: 1999
Sitzplätze: 284
Küche: Küche: regional, gut
bürgerlich, vegetarische Gericht
Spezialität: Orientalische
Abende mit Beduinenzelt,
Kamelreiten, Reitstunden,
Kremserfahrten; Seelitzer
Reiterteller, Wildgerichte
Preise: ab ca. 6 €
Reservierung: empfohlen
Tipps: Kinderangebote,
Familien- und Firmenfeiern,
Veranstaltungen
⌂ Schloss Rochlitz,
Basilika in der Wechselburg

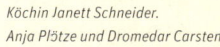

Köchin Janett Schneider.
Anja Plötze und Dromedar Carsten.

Zur Lochmühle

Tauscha

Auf geschichtsträchtigem, uraltem sächsischen Land, zwischen den Orten Kaufungen, Burgstädt und Lunzenau liegt im Tal der Mulde im Peniger Stadtteil Tauscha die Lochmühle. Ihr Name leitet sich vermutlich von ihrer ruhigen Lage in einer kleinen Senke ab. Die am Dorfbach gelegene frühere Pappen- und Papiermühle entpuppt sich heute als modernes Hotel und Restaurant, in dem Gastlichkeit groß geschrieben wird. Im großzügig gestalteten Restaurant mit 72 Sitzplätzen und einem Wintergarten können sich Gäste mit gutbürgerlicher Küche und zahlreichen Spezialitäten aus Küche und Keller verwöhnen lassen. Wer möchte, kann sich zudem für speziell zusammengestellte Arrangements mit Ausflügen in die Umgebung entscheiden. Für Konferenzen, Seminare, Familienfeiern und andere Veranstaltungen stehen bestens ausgestattete Tagungs- und Banketträume zur Verfügung. Eventuell benötigte Technik wird gerne bereitgestellt. Die geschichtsträchtige Region bietet sehenswerte Ausflugsziele. Zum einen ermöglicht die reizvolle Landschaft des Muldentals Rad- und Wandertouren abseits von Lärm und Hektik; zum anderen lockt eine Vielzahl von Burgen und Schlössern im „Tal der Burgen" zur Besichtigung. Besonders hervorzuheben sind in diesem Zusammenhang die Rochsburg, Burg Kriebstein und die Basilika Wechselburg. Für Ausflüge ins Kohrener Ländchen, ins Altenburger Land und ins Erzgebirge, aber auch für Einkaufsbummel in den Städten Chemnitz, Leipzig und Dresden bietet sich die Lochmühle ebenfalls als Ausgangspunkt an. Wer will kann sogar nach Amerika wandern – einem kleinen Ort mit großem Namen nahe Penig. Nach der Rückkehr kann man im Biergarten den Tag Revue passieren lassen oder in der Sauna einmal so richtig ausspannen.

Büffelbraten mit Kartoffelkroketten & Kaisergemüse

Zutaten (für 4 Personen)
1 kg Büffelfleisch, 1 Wurzelgemüse (Zwiebeln, Möhren), Fleischbrühe, ¼ l Rotwein, Bratfett, Lorbeeerblatt, Piment, 2–3 Wacholderbeeeren, Senf, Salz, Pfeffer, Mehl, frischer Estragon, Gemüse

Zubereitung
Das *Fleisch trockentupfen, mit Senf einstreichen, pfeffern und salzen und im heißen Fett von allen Seiten anbraten.*

Dann das Wurzelgemüse, die Lorbeerblätter, Piment und die Wacholderbeeren zugeben und alles schön braun anbraten. Mit Rotwein ablöschen, nach Möglichkeit frischen Estragon hinzugeben. Nach und nach mit Brühe auffüllen und das Fleisch 2 Std. schmoren lassen. Das Fleisch weich herausnehmen und die Soße nochmals abschmecken, Wurzelgemüse passieren und Soße nach Bedarf mit Mehl andicken. Beilagegemüse in Butter schwitzen und würzen. Beilagen nach Wahl dazugeben.

Legende

**Hotel & Restaurant
Zur Lochmühle**
Zur Lochmühle 64
09322 Penig / OT Tauscha
Tel.: 037381-66220
www.zur-lochmuehle.de
geöffnet: Mo–Fr 11–23 Uhr,
Sa 11–24 Uhr, So 11–21 Uhr
Ruhetage: keine
Inhaberin: Elke Klinder
Seit: 1994
Sitzplätze: 152
Küche: regional, gut bürgerlich, vegetarische Gerichte
Spezialität: Büffelgerichte, Brotschnaps Lochmühlengeist, Büffelsahnelikör
Preise: 5–16 €
Reservierung: am Wochenende empfohlen
Tipps: Kinderangebote, Familien- und Firmenfeiern
 Rochsburg, Kellerberge Penig, Wechselburg, Schloss Rochlitz, Muldental, Waldenburg, Wolkenburg, Amerika

Köchin Katrin Schulze.

217

Weitere Restaurants in Mittelsachsen

Landhaus Puschke .... Chemnitzer Straße 62, 09573 Augustusburg, Tel. 037291-29460, www.puschke.de, tägl. 11–23 Uhr

Finkenmühle .... Zur Finkenmühle 4, 09557 Flöha, Tel. 03726-6556, www.finkenmuehle-floeha.de, Di–So ab 11 Uhr, Ruhetag: Mo

Restaurant Athene .... Winklerstraße 35, 09669 Frankenberg, Tel. 037206-81311, www.restaurant-athene.de, tägl. 11.30–14.30 Uhr und 18.30–0.30 Uhr

Räuberschänke .... Zur Räuberschänke 25, 09569 Frankenstein, Tel. 03721-386, www.raeuberschaenke.de, tägl. ab 10 Uhr

Schwanenschlösschen Meißner Ring 33, 09599 Freiberg, Tel. 03731-216533, www.schwanenschloesschen.de, tägl. 10–23 Uhr

Ratskeller .... Obermarkt 16, 09599 Freiberg, Tel. 03731-21151, www.ratskellerfreiberg.de, tägl. 10–24 Uhr

Karpfenschänke .... Dresdener Straße 180, 09326 Geringswalde, Tel. 037382-81380, Di–Sa 11–14 Uhr und 17–23 Uhr, So 11–14 Uhr, Ruhetag: Mo

Zur Kupferpfanne .... Gellertstraße 39, 09661 Hainichen, Tel. 037207-2733, www.zur-kupferpfanne.de, Mo, Di, Do, So 11–14 Uhr und 17–22 Uhr, Fr 11–14 Uhr und 17–23 Uhr, Sa 11–14 Uhr und 17–24 Uhr

Braugut Hartmannsdorf Chemnitzer Straße 2, 09232 Hartmannsdorf, Tel. 03722-631310, www.braugut.de, täglich geöffnet

Waldhaus Lauenhain .... An der Talsperre 10, 09648 Mittweida, Tel. 03727-626190, Apr.–Okt. tägl. ab 11, Nov.–März tägl. ab 11 außer Mi erst ab 17 Uhr

Zum Waldkauz .... Ringstraße 28, 09648 Mittweida/OT Ringethal, Tel. 03727-92760, www.waldkauz-online.de, Mo, Mi, Fr 11–14 Uhr und 17–21.30 Uhr, Sa, So 11–21.30 Uhr

Margarethenmühle .... Naußlitz 24, 04741 Naußlitz, Tel. 03431-702843, www.margarethenmuehle.de, Mo, Do, Fr, Sa, So 10–24 Uhr, Di, Mi 17–24 Uhr

Landhotel .... 09544 Neuhausen, Tel. 037361 4265,
Grünes Gericht www.gruenes-gericht.de, tägl. ab 11 Uhr

Bergrestaurant .... Rochlitzer Berg, 09306 Rochlitz, Tel. 03737-40706,
Türmerhaus www.rochlitzerberg.com, Mo–So 11–20 Uhr

Kleines Vorwerk .... Mühlholzweg 12, 09619 Sayda, Tel. 037365-99910, www.kleines-vorwerk.de, tägl. ab 11 Uhr

Ratskeller .... Niedermarkt 1, 04736 Waldheim, Tel. 034327-51852, www.waldheim-ratskeller.de, tägl. 11–14 Uhr und 17–23 Uhr

Register

Rezeptregister

Bildnachweis

Fotos:

Claudia Dohle	S. 178, 179, 202–205
Ronny Rozum	S. 14–23, 28, 29, 70–119, 124–129, 132–135, 138–154, 160–168
Uwe Rechtenbach	S. 10, 11, 12, 13, 24, 25, 26, 27, 30–45,
Lars Rosenkranz	S. 48–67, 120, 121, 130–131, 156, 157, 170, 171
Wolfgang Schmidt	S. 184, 185
Marcel Weidlich	S. 122, 123
André Wirsig	S. 174–177, 180–183, 186–201, 206–217

Umschlagbilder:

Montagen Steffi und Katja Kassler (vorn: Austelvilla Zwön.tz und
Pavillon im Schloss Wolfsbrunn,
Rückseite: Romantikhotel Schwanefeld, La Bouchée, Drei Schwäne)

Wir danken außerdem den Restaurants für die zur Verfügung gestellten Fotos.

Impressum

Hier schmeckt es uns!
Schöne Restaurants und Gasthöfe in Südwestsachsen
100 Top-Tipps

Herausgegeben von Jens Kraus und Matthias Zwarg
Mitarbeit: Christiane Kern, Christiane Nönnig, Katja Wünsche

Mit Texten von
Anika Friedmann, Katrin Sroka, Ramona Nagel, Anna Neef,
Eveline Rößler, Jens Kraus, Uwe Rechtenbach, Lars Rosenkranz
und Matthias Zwarg

© Chemnitzer Verlag
Das Buchprogramm der Freien Presse
www.freiepresse.de
www.chemnitzer-verlag.de

1. Auflage Juli 2009

Gestaltung: Kassler Grafik Design
Gesamtherstellung: Westermann Druck Zwickau GmbH

ISBN 978-3-937025-23-0